THE EUROPEAN EMPIRES

유럽의 제국들

지은이 J. M. 로버츠
저명한 역사학자 J. M. 로버츠는 1928년 영국 바스에서 태어났다. 그는 톤턴과 옥스퍼드를 졸업했고, 이후 1953년부터 1955년까지 미국에서 커먼웰스 재단의 특별연구원으로 활동하다 다시 옥스퍼드로 돌아와 1979년까지 머튼 칼리지에서 학생들을 가르쳤다. 1979년 사우스햄튼 대학교의 부총장이 되었고, 1985년 머튼으로 돌아가 거기서 학장을 역임하다가 1994년 은퇴했다.

옮긴이 이은경
서울 출생으로 경원대학교 영문학과와 이화여대 통번역대학원 한영번역과를 졸업했다. 현재 프리랜서 번역가로 활동 중이다.

THE EUROPEAN EMPIRES
All Rights Reserved
Copyright © Editorial Debate SA 1998
Text Copyright © J.M.Roberts 1976, 1980, 1983, 1987, 1988, 1992, 1998
Artwork and Diagram Copyright © Editorial Debate SA 1998
(for copyright in the photographs and maps see acknowledgements pages which are to be regarded as
an extension of this copyright)

Korean Translation Copyright © 2007 by ECLIO Publishing Co.,Ltd.
Korean Translation published by arrangement with Duncan Baird Publishers Ltd
through Imprima Korea Agency

이 책의 한국어판 저작권은 Imprima Korea Agency를 통해
Duncan Baird Publishers Ltd와의 독점 계약으로 이끌리오에 있습니다.
저작권법에 의해 한국 내에서 보호를 받는 저작물이므로
무단전재와 무단복제를 금합니다.

히스토리카 세계사

VOLUME 8

유럽의 제국들
THE EUROPEAN EMPIRES

J. M. 로버츠

이끌리오

차례 Cont

1 유럽의 세계 패권 _ 10

ㅣ유럽의 영향력이 지닌 범위ㅣ _ 11
유럽 가치관의 주입 | 짙은 어둠이 드리워진 민족들 | 식민주의자들의 노예 제도 폐지

ㅣ유럽의 영역을 넘어서ㅣ _ 15
유럽 문명의 매개체, 기독교 | 영국의 군사력

ㅣ세계의 경제ㅣ _ 17
세계 무역의 중심, 영국 | 자유 무역의 번영과 쇠퇴 | 경제적 통합 | 문화적 불균형

ㅣ집단 이주ㅣ _ 22
유럽인과 아시아인들이 이주한 이유

ㅣ스페인령 아메리카ㅣ _ 25
스페인과 브라질의 독립 | 독립 후의 라틴아메리카 | 정치적 어려움 | 라틴아메리카의 부 | 미국과의 관계 | 라틴아메리카에 대한 미국의 간섭

ㅣ영국의 식민주의ㅣ _ 33
자치 보호령

ㅣ남아프리카ㅣ _ 35
영국의 영토 확장 | 보어 전쟁 | 보어 전쟁의 결과 | 영국 자치령들의 지원

ㅣ토착민에 대한 대우ㅣ _ 39
유럽의 자기변호

2 유럽의 제국주의와 제국주의 통치 _ 44
러시아의 팽창 | 바다를 호령하던 영국

ㅣ영국의 인도 통치ㅣ _ 46
인도에 대한 새로운 태도 | 동인도 회사의 지배 | 앵글로 인디언

| 세포이 항쟁 | _ 51
　　　　폭동의 신화적 중요성 | 무역의 성장

| 프랑스의 제국주의 | _ 53
　　　　이집트 | 마지막 제국주의의 물결 | 제국주의를 둘러싼 경쟁 | 제국주의와 유럽 열강들 사이의 관계

| 아프리카 쟁탈전 | _ 57
　　　　아프리카의 분할 | 식민주의의 효과 | 아프리카가 유럽에 미친 영향 | 아시아 및 태평양에서의 제국주의

| 미국의 제국주의 | _ 62
　　　　급속한 영토 팽창 | 미국에 함락당한 스페인 식민지 | 파나마 운하 | 식민지 세계

3 세계의 유럽화에 대한 아시아의 반응 _ 68
　　　　중국의 확신 | 급증하는 인구 | 아편 전쟁 | 커져 가는 타도 세력 | 서양인에 대한 적대감 | 농민의 봉기

| 태평천국운동 | _ 73
　　　　태평천국운동이 내세운 이념 | 점점 문을 열게 된 중국

| 식민지나 다름없던 중국 | _ 76
　　　　개혁의 시도 | 의화단 운동

| 쑨원 | _ 78
　　　　중화민국

| 막부시대의 일본 | _ 81
　　　　정치적, 경제적 불안정 | 서양의 영향력에 대한 개방 | 막부시대의 종말 | 메이지 유신 | 일본의 '서구화' | 경제적 변화 | 사회적 대변동 |
　　　　중국 및 한국과의 관계 | 일본을 인정한 서양 | 러시아와의 전쟁 | 아시아의 전환점

| 식민지 인도 | _ 92
　　　　인종적 우월성을 뒷받침하는 사상

차례 cont

| 흔들리는 영국의 인도 통치 | _ 95

고조되는 불만 | 힌두교 민족주의 운동 | 인도국민회의 | 벵골의 분할 | 이슬람교도와 힌두교도 | 공동체 사회에 기반한 정치 | 이슬람교도의 불만

| 동남아시아 | _ 101

프랑스의 손아귀에 든 인도차이나 | 프랑스 통치에 대한 반대

| 인도네시아 | _ 105

네덜란드에 대한 반감 | 아시아에 남겨진 제국주의의 유산

4 체제 내의 긴장 _ 108

인구 과잉에 대한 두려움 | 급속한 경제적 성장 | 산업화된 유럽 속의 빈곤 | 무질서와 혁명에 대한 두려움

| 사회주의 운동 | _ 112

수정 마르크스주의자 | 사회주의 내의 분열 | 산업 보수주의와 정부의 간섭

| 변화하는 사회 속의 여성 | _ 115

초기 페미니즘 운동 | 여성의 새로운 기회 | 기술과 여성의 해방 | 여성의 참정권 | 새로운 대중 정치

| 민족주의 | _ 120

독일의 위협 | 문명화된 전쟁

| 몰락하는 교회 | _ 124

교황의 위신 추락 | 전통적인 믿음에 대한 의문

| 과학의 역할 | _ 126

찰스 다윈 | 과학의 새로운 입지 | 과학 기관의 발달 | 과학적 발견의 실질적인 응용 | 의학의 발전 | 과학의 신화 | 사회학의 탄생 | 다시 고려되는 과거의 가치관 | 유럽의 상호관계

5 제1차 세계 대전의 시대 _ 136
러시아의 문제 | 프랑스 | 1900년의 영국 | 커져 가는 미국의 세력

| 두 차례의 세계 전쟁 | _ 141
미묘한 평화 | 위험을 초래하는 유럽 | 혁명적인 민족주의 | 갈등에 휘말린 유럽 국가 | 유럽의 양대 진영 | 갈등에 연루된 영국 | 대전의 발발 | 전쟁의 현장 | 새로운 형태의 전쟁 | 국제적인 충돌 | 엄청난 규모의 전쟁 | 표적이 된 사회 전반 | 해상 봉쇄와 잠수함의 발명 | 전쟁에 참전하는 미국 | 1917년의 공포

| 볼셰비키 혁명 | _ 154
전쟁에서 이탈하는 러시아 | 러시아에 대한 연합국의 적대감 | 민족주의의 착취 | 전쟁의 대가

| 파리강화회의 | _ 158
베르사유 조약 | 민족의 문제 | 국제연맹의 창설 | 비협조적인 러시아 | 파리강화조약의 약점 | 성공에 대한 환상

| 공산주의와 유럽의 불안 | _ 166
국제적인 공산주의 | 러시아를 두려워하는 동부 유럽

| 혁명 후의 러시아 | _ 168
내부의 정치적 불화 | 스탈린과 산업화

| 이탈리아의 파시즘 | _ 172
베니토 무솔리니 | 파시스트 정부 | 기타 유럽 지역의 권위주의 | 좌절된 민주주의 | 경제의 회복 | 독일의 경제적 취약점 | 미국의 활황과 불황 | 세계 경제의 붕괴 | 유럽 패권의 쇠퇴

연대표_ 182
색인 _ 184
도판 출처 _ 186

유럽의 제국들

역사에서 성공을 거둔 사람들은 이따금 근시안적으로 생각하고 판단한다. 유럽이 다방면으로 세계를 지배했다는 확고한 사실 때문에 인해, 20세기 초의 유럽인들은 그들이 패권을 누린 것이 실은 근래에 시작되어 아주 잠시였을 뿐이라는 사실을 알지 못했다. 게다가 이러한 성공이 언제 끝날지 모르는 불안한 것이라는 생각을 한 사람도 많지 않았다.

그럼에도 불구하고 당시에는 소수의 사람들이 대다수의 사람들을 자신의 이익을 위해 지배하는 일이 가능해 보였다. 물론 정치적 패권에 한정된 이야기겠지만, 유럽의 사상, 제도, 기술이 전 세계에 보급되어 결국 유럽이 누리던 패권이 약해질 것이라 예상한 사람은 거의 없었다.

로마보다 그 세력이 컸지만, 유럽의 패권은 결국 그만큼 오래 지속되지 못했다. 그러나 이렇듯 유럽 패권이 지닌 일시적이고 단기적인 속성이 드러나지 않은 이유는 풍부하고 다양한 방식으로 표현되고 작용됐기 때문이다. 유럽의 패권은 언제나 정치적 혹은 군사적 지배 그 이상의 것이었다. 사실상 유럽의 패권은 이러한 다양성 덕분에 그만큼의 힘을 지니고 유지될 수 있었다.

이와 마찬가지로, 유럽의 패권이 금세 쇠퇴한 이유 역시 단순한 권력의 변화가 아닌 더욱 다양한 사실에서 찾아야 한다. 다시 말해, 자기 반성적이고 분열된 듯 보였던 문화적 전통과 유럽 자체의 대규모 내전, 새로운 중심지로의 경제적 권력의 이동이 모두 유럽이 힘을 잃는 데 한몫을 한 것이다. 그리고 20세기가 시작되기도 전에 예리한 관찰자들은 이러한 현상을 어느 정도 감지하기 시작했다.

19세기 말 대영제국은 세계에서 가장 규모가 큰 유럽 제국이었고, 인도는 대영제국에 있어 '왕관의 보석'처럼 중요한 존재였다. 사진 속에 아내와 함께 모습을 드러낸 커즌 경(1859~1925)은 1903년 왕실 궁정(공식 의회)에서 주도적인 역할을 행함으로써 영국 통치의 힘을 보여 주었고, 1898년에서 1905년까지 인도 총독을 역임했다. 당시 많은 유럽 식민주의자들과 마찬가지로 그 역시 인도를 위한 최선책이 무엇인지 알고 있다고 확신했으며, 인도 회의당과 점차 뜨거워져 갔던 인도의 민족주의를 공공연히 비판했다. 그러나 1918년에 영국 정부가 인도에 자치권을 주겠다고 약속하자 전 세계의 유럽 제국들은 점차 거세지는 독립의 요구에 위협을 받게 되었다.

1 유럽의 세계 패권

프랑스령 알제리의 보그하리에 있는 한 경찰서 앞에서 프랑스의 관리들이 알제리의 토착 지도자들과 함께 포즈를 취하고 있다. 이 사진은 1900년 무렵에 찍힌 것으로 그 무렵 유럽은 전 세계에 엄청난 영향력을 떨치고 있었고, 아시아, 아프리카, 오세아니아의 광활한 영토를 직접 통치했다.

1900년까지 유럽 민족과 해외 곳곳에 있는 유럽계 민족들이 전 세계를 지배했다. 이들은 직접적으로든, 간접적으로든 다양한 방식으로 세계를 지배했다. 그러나 어떻게 지배를 했는가 하는 것보다는 지배를 했다는 객관적인 사실 자체가 더욱 중요하다. 대부분의 경우, 세계는 유럽의 주도권에 반응을 보였고 점차 유럽에 동화되어 갔다.

그러나 이 때문에 세계 역사가 독특하게 발전했다는 사실은 간과하기 쉽다. 최초로 하나의 문명이 지구상에서 최고의 자리를 차지한 것이다. 이러한 이유에서 이 책의 나머지 부분은 한 문명이 주도한 세계 역사를 중점적으로 다루게 될 것이다.

한 가지 중요한 점은 유럽 국가들이 세계의 여러 지역을 공식적으로 직접 통치한 사실만 생각해서는 안 된다는 것이다. 어떤 사람들은 유럽 대신 '서양'이라는 단어를 사용할 수도 있지만, 이에 대해서는 상당히 주의를 기울여야 한다. 아메리카 대륙과 오스트레일리아, 뉴질랜드를 지배한 것은 아시아나 아프리카가 아니라 유럽이 기원이 된 문화였기 때문이다. 게다가 최근 들어서는 이 단어가 정치적으로 좁은 의미로 사용되었기 때문에 불필요하게 많은 뜻을 나타낼 수도 있다.

연대표(1818~1888년)

1800년			1850년			1900년
	1839년 프랑스의 알제리 정복	1842년 중국의 서양 문호 개방		1868년 일본에서 '메이지 유신' 시작		1884~1885년 아프리카 분할을 위한 베를린 회의 개최
1818년 인도가 영국의 자치령이 됨		1834년 영국 식민지에서 노예 제도가 폐지됨		1869년 수에즈 운하 개통		1888년 브라질의 노예 제도 철폐

대영제국(보호령 포함) (1815~1914년)

19세기에 영국은 이미 획득한 캐나다와 인도의 영토를 확장하여 유럽에서 가장 막강한 식민지 제국이 되었다. 제국주의가 절정에 달했을 무렵에는 찰스 5세 초기 시대와 마찬가지로 대영제국은 해가 지지 않는다는 말이 있을 정도였다. 그만큼 대영제국은 엄청난 기세로 세력을 확장했다.

어쨌든 우리는 유럽의 경제적, 문화적 패권 역시 생각해야 한다. 유럽은 세계를 직접 통치했을 뿐만 아니라 영향력을 떨쳐 그 우월성을 드러냈기 때문이다. 당시의 세계는 정복을 일삼는 유럽 세력과 이들이 겨냥한 목표물이자 이들에게 힘껏 저항하지 못했던 토착 문화와 민족으로 나눌 수 있다.

물론 비유럽인들이 항상 불리한 위치에 놓인 것만은 아니었지만, 유럽 세계에 순응한 비유럽인들은 대부분 희생양이 되는 경우가 많았다. 그러나 비유럽인들은 유럽의 진보적인 사상이 지닌 매력에 이끌리거나 유럽식의 교육이나 본보기가 기대하는 바를 실천하고자 할 경우 기꺼이 희생양이 되기도 했다.

유럽의 영향력이 지닌 범위

1900년의 유럽인의 세계는 연속적인 동심원으로 나타낼 수 있다. 이 중 가장 안쪽에 있는 원에는 처음에는 유럽의 자원을, 후에는 세계의 자원을 장악함으로써 3세기 동안 부와 인구를 늘린 유럽이 위치하고 있다. 유럽인들은 점차 많은 양의 세계 상품을 획득하고 소비하면서, 그리고 그들의 환경을 변화시키는 데 사용했던 에너지와 기술을 통해 다른 민족들과 점차 차별화되었다. 유럽의 문명은 19세기에 이미 꽃을 피우고 있었고 그 후로도 무한히 발전해 갔다.

또한 산업화를 통해 유럽은 새로운 자원을 개발하고 생산할 수 있는 자급 능력을 보여 주었다. 게다가 새로운 부를 통해 얻은 권력으로 유럽은 세계 다른 지역의 부까지 거머쥐게 되었다. 유럽은 콩고에서 고무를, 버마에서는 티크 나무를, 페르시아에서는 석유를 착취했으며, 이러한 자원에서 생긴 이득은 고스란히 유럽에게 돌아갔다.

유럽과 미국에서는 빈곤층마저 싼 가격에 원료를 구입할 수 있었고 국민의 사망률 역시 낮아졌다. 이러한 사실은 산업 문명이 국민들에게 더욱 풍족한 삶을 가져다주었다는 점을 말해 준다. 심지어는 유럽 농민들이 저렴한 가격에 의류나 도구를 사서 쓰는 동안에도 아프리카나 인도의 동시대인들은 여전히 석기시대에 머물러 있었다.

한편 유럽 패권의 두 번째 원에는 세계 각지에 흩어진 유럽 문화권이 위치하고 있었다. 이들 역시 부를 공유했다. 그 대표적인 국가가 미국이며, 그 밖에 캐나다, 오스트레일리아, 뉴질랜드, 남아프리카, 남미 국가들이 있다. 이들은 유럽과 저마다 다른 발판을 딛고 서 있었지만 유럽 본토와 함께 '서양 세계'라고 불리기도 했다.

물론 이 국가들은 전 세계에 흩어져 있기 때문에 이들을 통틀어 서양 세계라고 부르는 것은 적절치 않을지도 모른다. 그러나 이 말은 이들이 서로 비슷한 사상이나 제도를 바탕으로 하고 있다는 중요한 사실을 나타낸다. 그러나 사상이나 제도만이 그들을 형성한 것은 아니었다. 그들은 저마다 뚜렷한 국경으로 나뉘어 있었고, 고유의 환경 문제나 독특한 역사적인 환경을 지니고 있었다.

그러나 각자가 처한 문제를 모두 유사한 방식으로 해결했고, 공통적으로 받아들인 비슷한 제도를 제 나름의 방식으로 재형성했다. 20세기 전에는 어떠한 국가도 무신론이라는 이름으로 새로운 땅에 정착하는 일이 없었지

태평양의 통가 왕국은 1900년부터 1970년까지 영국의 보호령이었다. 1900년경에 찍은 이 사진에는 통가에 온 영국 선교사가 유럽식의 옷을 입은 현지 어린이들과 함께 가톨릭 선교 본부 앞에 서 있다.

1830년까지 대부분의 라틴아메리카 국가들은 노예 매매를 금지했다. 그러나 노예 제도 자체는 그 후로도 수십 년간 유지되었다. 19세기의 이 그림은 1835년에서 1852년까지 집권했던 아르헨티나의 독재자 후안 마누엘 데 로사스에 의한 노예 제도 폐지를 기념하고 있다.

만, 그들은 모두 공식적으로 기독교를 신봉했고 유럽식의 법체계에 따라 국가를 다스렸으며 자신들이 쓰는 언어가 속해 있는 유럽의 우수한 문화를 접했다.

유럽 가치관의 주입

1900년의 유럽화된 세계는 '문명화된 세계'로 불리기도 했다. 이는 단순히 유럽화된 세계의 규범이 널리 모범이 된다는 이유에서였다. 이러한 말을 자신 있게 한 사람들은 이 세상에 문명이라 불릴 수 있는 다른 세계가 많이 있다는 사실을 잘 알지 못했다. 그들의 눈에는 무지하고 미개한 이교도나 문명 세계에 발을 들이려고 애쓰는 일부 민족만이 보일 뿐이었다. 이러한 태도는 유럽이 성공을 거두는 데 중요한 것이었다.

유럽의 사상과 가치관이 본질적으로 우월하다고 생각한 사람들은 새로이 세계를 비판했고, 세계를 이해하려는 노력을 기울이지 않았다. 본래 종교에 의해 뒷받침되었던 유럽의 우월성은 18세기 유럽에서 진보적인 사상이 등장하면서 더욱 확고해졌다. 그리고 1800년이 되자 유럽인들은 더 이상 다른 문명을 존중하지 않게 되었다. 유럽인들의 사회적 관습은 세계 다른 곳에서 행해지고 있는, 도저히 납득할 수 없는 야만적 행위보다 확실히 우월한 듯 보였다.

오늘날까지 미국인과 유럽인들은 개인의 권리, 언론의 자유, 국민의 참정권, 여성과 아동의 학대 금지, 심지어 동물의 학대 금지마저도 이상적인 가치로 추구해 왔다. 그런데 이들은 이러한 가치가 무조건 옳다고 믿는 경우가 많았다. 또 박애주의자와 진보주의자들은 유럽의 우월성에 대한 다른 견해들은 비판하면서도, 유럽 문명의 가치관만큼은 유럽의 의학, 공중위생과 마찬가지로 널리 전파되어야 한다고 오래전부터 주장해 왔다.

이와 마찬가지로 과학 역시 미신을 타파하고, 자원을 합리적으로 개발하며, 정식 교육을 실시하고, 오래된 사회 관습을 철폐할 것을 강조하곤 했다. 물론 사실인 경우가 많았지만, 식민지 시대의 사람들은 유럽 문명의 가치관이 토착민의 가치관보다 우월하다고 생각했으며, 이러한 가치관이 악영향을 끼칠 수도 있다는 생각은 좀처럼 하지 못했다.

짙은 어둠이 드리워진 민족들

지배자의 입장에서 볼 때에는 운 좋게도, 빅토리아 시대 찬송가의 한 구절처럼 '짙은 어둠'이 드리워진 땅의 일부 민족들은 1900년까지 유럽 또는 유럽계 민족의 직접 통치를 여러 차례 받았다. 이렇게 지배를 받던 민족들은 유럽 문명의 세 번째 동심원을 구성하고 있다.

식민지로 건너간 개화된 유럽 지도자들은 제도나 관습이 완전히 무너져 버린 토착 민족들에게 철도, 서양식 교육, 병원, 법, 질서와 같은 문명의 혜택을 가져다주려고 애썼다. 이들은 토착 민족들이 무능하기 때문에 유럽 문명에 도전하거나 경쟁하지 못했다고 생각했다. 게다가 토착민의 제도를 보호하고 보존할 경우에도 유럽 식민주의자들의 문화가 우월하다는 생각을 바탕으로 했다.

식민주의자들의 노예 제도 폐지

이러한 의식적인 우월성은 이제 더 이상 칭송되거나 받아들여지지 않는다. 그렇지만 자신들의 우월성을 믿었던 유럽인들은 어떤 면에서는 한 가지 목표를 달성했다. 식민주의를 무조건적으로 찬양하지 않는 비평가들 역시 그 의도를 의심하면서도 이 성과에 대해서는 긍정적인 태도를 보인다. 그것은 유럽 세계가 노예 제도를 폐지하고 나아가 통치하지 않는 지역의 노예 제도까지 폐지하기 위해 무력과 외교를 동원한 일이었다.

영국 의회는 1807년에 최초로 노예 매매를 금지했고, 이어 1834년에는 대영제국 내의 노예 제도를 완전히 폐지했다. 영국의 해군과 정부, 상업 부문은 이를 위해 강력하게 정책을 추진했다. 그러자 다른 유럽 국가들 역시 이를 따랐고, 1865년에는 미국에서 노예 제도가 폐지되었다.

그리고 마지막으로 1888년에 브라질의 노예가 해방되었다. 당시 각국 식민 정부와 영국 해군은 아프리카 대륙과 인도양에서 이루어지고 있던 아랍 노예 상인들의 활동을 엄격하게 단속했다. 또한 지식, 종교, 경제, 정치 분야의 많은 주체들 역시 노예 제도를 뿌리 뽑는 데 참여했고, 이들의 중요성에 대한

메이지 천황 무쓰히토와 황후가 1904년 도쿄에서 열린 산업 박람회 개막식에 참석하고 있다. 그가 집권했던 1868년에서 1912년에 걸쳐 일본의 경제는 서양에서 도입한 새로운 사상과 기술로 변화를 겪었다.

논의는 아직까지도 계속되고 있다. 대규모 노예 매매가 시작된 지 300여 년이 지나서야 사라졌지만, 유럽이 스스로 노예 제도를 폐지한 유일한 문명 사회라는 점은 눈여겨볼 만하다.

20세기에 들어와 유럽에 강제 노동 수용소가 생기면서 노예 제도가 잠시 부활했지만, 이는 오로지 무력에 의한 것이었고 사실 노예 제도라 부를 수도 없었다. 그곳에 수용되었던 불행한 자들에게는 위안이 될 리 없겠지만, 현대의 강제 노동 수용소는 수용자들을 재교육하거나 처벌해야 한다는 위선적인 명분을 내세웠다.

유럽의 영역을 넘어서

유럽의 직접 통치를 받는 국가들이 위치한 가장 바깥쪽의 원 너머에는 나머지 국가들이 있다. 물론 이곳의 민족들 역시 유럽의 영향을 받았다. 중국과 오스만 제국의 경우처럼 이들의 가치관과 제도는 유럽의 영향을 받아 무너졌고, 이 때문에 전통적인 권위가 약해지거나 유럽이 간접적으로 정치에 간섭하기도 했다. 그러나 유럽과의 접촉을 적극적으로 활용한 국가도 있었다. 그 대표적인 예가 바로 일본이다.

당시에 유럽의 영향을 받지 않기란 불가능한 일이었다. 세계 곳곳을 누볐던 유럽 상인만 해도 유럽의 영역을 넓히는 데 한몫을 했다. 그러나 실제로 유럽의 우월성을 가장 강조한 것은 유럽의 직접 통치를 받지 않던 지역들이었다. 유럽의 가치관은 사람들의 야심과 선망 때문에 널리 전파되었고, 지리적으로 먼 지역만이 유럽의 영향력에서 자유로웠다.

그러나 유럽에서 멀리 떨어진 티베트조차

1882년 아프리카 라고스에 있는 항구. 수많은 유럽 선박이 이 항구에 드나들었지만, 19세기 후반에도 그 주변 환경은 서구화의 영향을 받지 않은 듯하다. 라고스는 현재 나이지리아의 수도이며, 아프리카에서 가장 규모가 큰 도시 중 하나다.

도 1904년에 영국의 침략을 받았다. 유일하게 독립을 고수한 국가는 에티오피아였다. 에티오피아는 19세기에 영국과 이탈리아의 침략을 견뎌 냈다. 서양 국가가 아닌 에티오피아는 솔로몬 왕과 시바의 여왕 사이에서 태어난 메넬리크 1세가 에티오피아를 최초로 건국했다는 전설이 있었다. 이는 에티오피아가 기독교 국가였음을 주장할 수 있는 중요한 윤리적 배경이다.

유럽 문명의 매개체, 기독교

어떤 요소에 의해 문호가 개방되든, 문명 전반은 그 요소에 따라 전파되는 경향이 있다. 유럽 문명을 세계에 널리 전파한 가장 중요한 매개체는 기독교였다. 실제로 기독교는 인간 행동의 모든 면에 대해 무한한 관심을 갖기 때문이다. 19세기에 조직화된 교회들이 영역을 넓히고 공식적인 기독교 신자가 늘어나면서, 기원후 1세기 예수 제자들이 활동하던 사도시대 이래 기독교는 최고조로 확장되었다.

이러한 성과는 활발해진 선교 활동 덕분이었다. 가톨릭 교도들은 새로운 질서를 확립했고, 해외 선교를 지지하는 신생 집단들이 생겨났다. 그러나 '영국 국교회 공동 기도서'의 표현처럼, '만인을 위한' 종교가 되어야 할

1891년 프랑스령 아프리카 국경 주둔지의 모습. 그림에서 볼 수 있듯 식민지 군대는 주로 유럽인 지휘관이 이끄는 토착민 병사들로 구성되었다.

기독교가 유럽적인 성격이 강해지는 역설적인 결과가 나타났다. 이 때문에 기독교는 영적인 계시라기보다는 단순히 유럽 문명의 일부로 오랫동안 생각되었다.

또 하나, 사소하지만 흥미로운 예는 선교사들이 의복에 관심을 보이곤 했다는 사실이다. 17세기에 중국에 있던 예수회 선교사들은 중국의 의복을 신중하게 받아들였다. 그러나 19세기의 예수회 선교사들은 아프리카 중남부의 반투족이나 남태평양 도서 지역의 솔로몬 제도에 사는 사람들에게 적극적으로 유럽의 의복을 입혔는데, 그 모습은 때로 괴상하고 우스워 보이기도 했다. 기독교 선교사들은 의복을 통해 종교적인 메시지 이상의 것을 불어넣었다.

선교사들은 또한 유용한 원료와 기술을 제공했다. 기근이 닥쳤을 때는 식량을 공급했고, 농업 기술을 전수했으며, 병원과 학교를 세웠다. 그런데 이러한 문명의 혜택은 이를 받아들인 토착 사회를 붕괴시킬 수도 있다. 이 모든 혜택을 통해 유럽의 진보적인 문명에 대한 믿음이 서서히 퍼져 나갔다.

영국의 군사력

유럽인들은 식민지가 아닌 힘 있는 국가마저도 유럽을 피해 갈 수 없다는 사실을 알고 있었다. 이는 유럽인들의 이념적 확신을 뒷받침하는 것이었다. 당시 유럽은 원한다면 군사력을 동원해 세계의 어느 국가라도 장악할 수 있을 듯했다. 19세기에 무기의 발달로 유럽은 포르투갈이 최초의 군함 대포를 인도의 캘리컷에 발사했던 때보다 더욱 강해졌다. 물론 다른 민족 역시 신식 무기를 구할 수 있었지만 그 사용법을 제대로 알지 못했다.

1898년 영국-이집트 연합군과 수단의 마디파 군대 사이에서 벌어진 수단의 옴두르만 전투에서, 영국군은 약 2km 떨어진 거리에서 적군을 향해 당시 흔히 사용하던 연발총을 발사했다. 그러자 수많은 주요 무장 세력인 마디파 군들은 빗발치는 유산탄과 연발총에 순식간에 목숨을 잃었다. 이들은 영국군의 경계선에 도달하지도 못한 상태였다. 전투가 끝날 때까지 영국-이집트 연합군은 48명이 사망한 반면, 마디파 군은 무려 1만 명이 사망했다.

이 전투가 있고 난 후, 한 영국 시인은 당시 적군과 아군의 상반된 상황을 '우리에게는 최신 무기인 맥심 총이 있어 무슨 일이 일어나든 걱정 없지만 저들은 그렇지 않지.'라고 표현했다. 그러나 실상은 달랐다. 마디파의 지도자는 옴두르만의 무기 저장고에 기관총을 갖고 있었다. 또한 그는 아군과 연락을 취할 수 있는 전신기와 나일 강에 정박해 있는 영국 포함을 폭파시킬 수 있는 전기 기뢰 역시 보유하고 있었다. 그러나 어느 것 하나 제대로 쓰지 못했다. 비유럽 민족이 유럽인들의 장비를 이용해 공격하기 위해서는 기술

◀ 군사적 우월성은 유럽 제국이 신속하게 영토를 확장하는 데 매우 중요했다. 그림은 1898년에 영국-이집트 연합군이 수단의 도시인 옴두르만에 진입하고 있는 모습이다. 최고 사령관인 키치너의 지휘하에 이 군대는 마디파 군대를 손쉽게 물리쳤다.

적 변화뿐만 아니라 정신적 변화 역시 이루어져야 했다.

한편 유럽 문명이 힘에 바탕을 두고 있다는 의견도 있었다. 이는 영국에 의한 세계 평화, 즉 '팍스 브리태니카 Pax Britannica' 때문이었다. 영국은 비유럽 세계를 정복하기 위해 19세기 내내 서로 다투었던 유럽 국가들을 제치고 세계를 제패함으로써 평화를 유지했다. 따라서 19세기에는 직접적인 식민지 통치가 최고조에 달했는데도 17, 18세기처럼 식민 전쟁이 치열하지 않았다. 모든 국가의 상인은 제재 없이 어느 곳이든 바다를 통해 이동할 수 있었다. 이렇듯 유럽 문명은 영국의 해군력을 바탕으로 하여 비공식적으로 확산될 수 있었다.

그러나 이러한 식으로 국가의 역할을 둘로 나누는 건 다소 무리가 있다. 게다가 모든 국가가 이러한 구분법에 들어맞는 것도 아니었다. 한 예로, 1914년에 미국은 대규모 주요 생산국이면서 세계 제일의 산업 제조국이었다. 당시 미국의 전체 생산량은 영국, 프랑스, 독일의 생산량을 모두 합친 것과 같았다.

이러한 구분법으로는 유럽과 비유럽을 정확하게 나눌 수도 없다. 1914년 당시 일본과 러시아는 중국이나 인도보다 빠르게 산업화가 진행되고 있었다. 그러나 러시아는 기독교를 신봉하는 제국주의 유럽 국가였는데도 선진국 대열에 끼지 못했다. 그리고 산업화가 빠르게 진행되고 있었지만 일본은 러시아와 마찬가지로 대다수 인구가 농민이었다. 또한 발칸 유럽에는 경제가 발달한 국가가 한 곳도 없었다.

여기서 내릴 수 있는 결론은 다음과 같다. 즉, 1914년 당시 핵심 선진국들은 전통적인 국가와는 상당히 다른 사회적, 경제적 구조를 갖추고 있었고, 이들은 대서양 국가 집단의 중심으로서 점차 세계의 주요 생산국이자 소비국이 되었다는 것이다.

| 세계의 경제 |

영국의 제해권은 1900년까지 유럽을 중심으로 했던 국제 무역의 틀을 유지했다. 소수의 상인과 진취적인 선장들이 행했던 구식 교역은 17세기부터 점차 통합되어 상호 의존적인 관계로 발전되었다. 그리고 이러한 틀 안에서 산업 국가와 비산업 국가의 역할이 크게 구분되었다. 다시 말해, 비산업 국가는 점차 도시화되는 산업 국가의 인구들이 필요로 하는 것을 충족시키는 주요 생산국이 된 것이다.

비유럽인들은 유럽인들과 싸우기 위해 우선 유럽인의 무기를 손에 넣어야 했다. 1884년에 그려진 이 그림 속에서 수단의 마디파 병사들은 유럽식 총을 갖고 있다. 그러나 서양 군대의 전략과 훈련 없이는 이러한 무기가 있다 해도 전투에서 크게 성공할 수 없었다.

19세기 후반 왕립 거래소 건물은 런던 증권 거래소의 중심이었다.

* **금본위 제도**
금을 기준으로 화폐의 가치를 따지는 제도. 금화는 무겁고 부피가 커서 은행 같은 특정한 곳에 맡기고 증서를 발행받아 이를 금화 대신 사용했다.

* **아편 전쟁**
1840~1842년, 아편 문제를 둘러싸고 청나라와 영국 사이에 일어난 전쟁. 영국의 아편 무역으로 청나라의 피해가 심각해지자 청 왕조가 아편 밀수를 금지하였는데, 이를 빌미로 전쟁이 일어났다. 결국 1842년 청나라가 패하고, 난징 조약이라는 불평등 조약을 맺게 되었다.

세계 무역의 중심, 영국

세계의 경제는 세계 무역의 흐름을 유지하는 금융 서비스가 집중되어 있던 런던을 중심으로 돌아갔다. 세계 비즈니스의 막대한 부분이 영국의 파운드 환어음으로 거래되었다. 그 후 세계의 비즈니스는 국제 금본위 제도*에 의존하게 되었고, 이 덕분에 주요 통화가 비교적 안정적인 관계를 유지하게 되었다. 이렇게 주요 국가가 모두 금본위 제도를 채택하자, 1파운드 금화, 5달러 금화, 프랑 금화 등을 비롯한 금화만 있다면 환전은 걱정 없이 세계 어디든 여행할 수 있었다.

런던은 또 다른 면에서 세계 경제의 중심지였다. 1914년에 미국과 독일의 주요 부문 총생산량이 영국의 총 생산량을 따라잡았지만, 영국은 최대 무역 국가였다. 영국은 세계의 해운업 및 운송업 대부분을 장악했으며, 주요 수입국이자 수출국이었고, 유럽보다 비유럽에 더 많은 제조품을 수출하는 유일한 국가였다. 게다가 최대 규모의 자본 수출국으로, 특히 미국과 남아메리카에 해외 투자를 실시해 엄청난 이득을 봤다.

영국이 세계 무역의 중심으로서 행한 특별한 역할로 국제 무역의 3중 체제가 생겨났다. 즉, 영국은 여러 제품을 유럽으로부터 구입하고 자국의 제품, 현금, 해외 생산물로 지불했다. 그리고 유럽은 세계의 나머지 국가들을 대상으로 제품, 자본, 서비스를 수출하고 그 대가로 식품, 원료, 현금을 받아들였다.

이러한 복잡한 체제는 세계 나머지 국가와 유럽이 제품과 원료를 단순히 교환하기만 하는 관계임을 보여 준다. 미국은 언제나 특별한 경우여서, 수출은 많이 하지 않았지만 자국의 제품 시장에서 점차 큰 비중을 차지했다. 동시에 미국은 여전히 자본 수입국으로 남아 있었다.

자유 무역의 번영과 쇠퇴

1914년 영국의 경제학자 대부분은 자유 무역 체제에 따른 번영과 늘어나는 부가 자유 무역 사상의 진실을 보여 주고 있다고 생각했다. 영국은 이 사상이 절정을 이룬 시기에 가장 번영을 누렸다. 애덤 스미스는 식민지 본국이 무역을 장악하는 폐쇄된 제국주의 체제가 사라져야 계속 번영할 것이라고 주장했다. 그리고 그의 말은 미국의 경우에 사실로 증명되었다. 미국의 독립이 승인된 1783년 이후로 수년 동안 영미 무역이 크게 늘어난 것이다.

1800년에 영국은 이미 유럽 및 다른 지역에 수출을 하고 있었고, 그 후로도 인도 및 동아시아와의 무역이 크게 팽창했다. 이와 같이 영국의 제국주의 정책은 새로운 식민지를 획득하는 것이 아니라 무역이 행해지지 않던 지역을 개방하는 일에 중점을 두었다. 영국은 이러한 지역에서 부가 생겨난다고 믿었기 때문이다. 그 예로 1839~1842년 영국과 중국 사이의 아편 전쟁*을 들 수 있다. 이 전쟁으로 중국의 5개 항구가 유럽에 개방되었고, 홍콩이 영국의 손으로 넘어갔다. 영국은 홍콩에서 사법권을 행사하는 동시에 무역을 지배했다.

19세기 중반 들어 20~30년 동안 자유 무역 사상은 크게 활기를 띠었고, 각국 정부는 그 어느 때보다도 이 사상을 적극적으로 실천하려 했다. 이 시기에 관세 장벽이 철폐되었고, 무역국과 제조국 사이에 최초로 영국의 비교 우위가 지속되었다.

그러나 이러한 현상도 1870년대와 1880년대에 들어 사라져 버렸다. 세계 경제가 침체되고 가격이 하락하자, 1900년까지 선진국 중 유일하게 보호 관세가 없었던 영국은 큰 타격을 받았다. 또 독일과의 경쟁이 점차 치열해지면서 위기감이 고조되자, 영국에서도 자유 무역주의에 대한 의문이 제기되기 시작했다.

경제적 통합

오늘날에 비해 1914년에는 엄청난 경제적 자유와 그에 대한 확신이 있었다. 오랫동안 계속된 유럽의 평화는 무역 관계가 성숙할 수 있는 토양이 되었다. 또 통화의 안정으로 세계의 가격 체제가 상당히 유연해졌다. 뿐만 아니라 외환 관리는 세계 어느 국가에서도 이루어지지 않았고, 러시아와 중국은 다른 국가들과 마찬가지로 세계 시장에 완전히 통합되었다. 운임율과 보험률은 점차 낮아졌고, 식료품 가격은 장기간에 걸쳐 하락했으며, 임금은 장기적으로 상승했다. 또한 금리와 과세율은 낮았다. 이러한 환경에서 자본가의 천국은 언제든 현실로 이루어질 듯했다.

이러한 체제는 점차 확대되어 아시아와 아프리카까지 포함하게 되었다. 이에 따라 유럽

1900년경 중국에 있는 한 아편굴의 모습. 아편 무역은 1800년에 금지되었으나, 1830년까지 중국에는 무려 1,000만 명의 아편 중독자가 있었던 것으로 추정된다. 아편 생산지인 인도로부터 아편을 중국으로 들여온 많은 영국 상인들은 엄청난 이윤을 거두었다.

'1871년의 오일 크리크 골짜기'라는 이 그림은 미국 펜실베이니아에 있는 원유를 끌어올리는 시추 시설을 보여 주고 있다. 펜실베이니아 최초의 유정은 1857년에 가라앉았다. 펜실베이니아에서는 석유 추출을 위한 대규모 작업이 세계 최초로 이루어졌다.

의 사상과 기술이 새로운 땅으로 활발히 전파되고 흡수되었다. 또한 주식회사, 은행, 상품 거래 및 주식 거래가 선진국의 개입과 후진국의 모방에 의해 전 세계로 보급되었다. 그리고 이 모든 것들이 전통적인 상업 구조를 대신하기 시작했다. 세계 무역을 위한 기간 시설인 부두와 철도를 건설하면서 산업 분야가 인력을 고용하기 시작하자, 일부 국가에서는 농민이 노동자 계급, 즉 프롤레타리아로 변모했다.

그러나 이러한 현상이 현지의 경제에 부정적인 영향을 끼치기도 했다. 한 예로, 독일과 영국에서 합성 염료가 개발되자 남색의 염료로 쓰이는 쪽을 재배하던 인도는 큰 타격을 입었다. 또 오랫동안 외부와 단절되었던 여러 토착 지역은 탐험가, 선교사, 군인들의 발길이 닿으면서, 전신과 철도의 보급으로 고립 상태가 깨어져 버렸다. 그리고 20세기에 자동차가 보급되면서 이러한 현상은 더욱 심해졌다.

또한 더욱 깊은 관계 역시 형성되고 있었다. 1869년에 개통된 수에즈 운하는 영국의 상업과 전략을 구체화했을 뿐만 아니라, 지중해가 새로이 중요한 곳으로 부각되게끔 했다. 그러나 이는 특별한 문명의 중심지가 아닌 중간 통로로서 중요해진 것이었다.

문화적 불균형

경제적 통합과 제도적 변화는 문화적 동화와 밀접한 관련이 있다. 종교, 교육 제도, 정부 정책 등의 형식적인 수단은 극히 일부에 지나지 않는다. 예를 들어, 공식적으로 사용되었던 유럽 언어들은 비유럽의 지식층 엘리트들에게 유럽적인 개념을 불어넣었고, 그들이 기독교 문명의 유산뿐만 아니라 세속적이고

19세기 중반부터 영국은 인도에 대규모 철도망을 건설하기 시작했다. 이 사진은 20세기 초 델리 북쪽에 있는, 칼카와 심라를 잇는 철도에 있는 바로우 터널 전경을 찍은 것이다. 1903년에 완공된 이 협궤 철도는 칼카의 마을과 심라에 있는 고원 피서지를 연결했다. 1865년부터 1939년까지 영국 식민 정부는 매해 여름 이 피서지에 모였다.

수에즈 운하

기원전 7세기에 이집트의 왕인 네코 2세는 최초로 홍해와 지중해를 연결하려 시도했지만 실패했다. 그 후 기원전 522년에 페르시아의 왕인 다리우스 1세는 이 운하를 복구하고 건설을 완료하여 이집트와 페르시아를 해상으로 직접 잇는 중요한 통로를 마련했다. 물론 이 운하는 로마시대에 들어와 보완되었으나, 시간이 지날수록 침전물이 퇴적되어 결국 사용할 수 없게 되었다.

1854년 프랑스의 외교관인 페르디낭 드 레셉스는 오스만 제국의 총독인 무함마드 사이드 파샤로부터 수에즈와 지중해를 잇는 운하를 건설해도 좋다는 허가를 받았다. 그리하여 영국 정부의 방해에도 불구하고, 프랑스 투자자들의 재정적인 지원을 받아 1859년에 운하 건설이 시작되었다. 처음에는 건설 작업에 죄수들이 동원되었으나 나중에는 굴착기가 사용되었고, 총 300만m³의 모래를 파냈다. 또한 2만 5,000명의 인부들에게 식수를 공급하기 위해 수질이 깨끗한 운하를 건설해야 했고, 지중해 쪽 운하 끝에 포트사이드라 불리는 새로운 도시가 세워졌다.

1869년 11월, 수에즈 운하의 건설이 최종적으로 완료되었다. 운하 개통식에는 프랑스의 황후 유제니와 기타 유럽 왕실의 인사들을 포함하여 6,000명의 귀빈이 참석했다. 완공된 운하는 길이가 169km에 표면의 폭은 58m, 바닥의 폭은 22m이며 평균 깊이가 8m였다. 또한 이 운하를 통해 홍해와 지중해를 해상으로 오가는 것이 가능해져서 유럽과 아시아 항구 사이의 거리가 7,000km 이상 단축되었다.

1875년 영국은 수에즈 운하 주식회사의 지분을 대부분 인수했고, 1956년 이집트의 대통령 나세르가 운하를 국유화할 때까지 소유했다. 1967년 이집트와 이스라엘 간의 6일 전쟁이 벌어지는 동안 이 운하는 침몰한 배들로 봉쇄되었고, 1975년까지 그 상태로 방치되었다.

1869년 11월 17일 수에즈 운하 개통식 때 이루어진 최초의 항해. 유럽과 아시아 간의 항해 시간을 극적으로 단축시킴으로써 수에즈 운하는 유럽의 상업적 팽창을 위한 필수적인 경로이자 대영제국의 핵심적인 축이 되었다.

'개화된' 유럽의 문화까지 접할 수 있도록 했다. 또 선교사들은 교리나 의료, 교육 서비스를 제공하는 데 그치지 않고, 식민주의 또한 비판할 수 있도록 격려했다. 이는 식민주의 문화가 내세우는 명분과 식민주의의 실제 모습 사이에 차이가 있었기 때문이다.

20세기의 관점에서 볼 때, 유럽이 세계에 끼친 영향력 중에서 가장 지속적이고 중요했

1875년경 일본 군대의 일원들이 독일 군사 자문관들과 함께 찍은 사진. 일본 군사들은 독일군의 제복을 본따 만든 유럽식 제복을 입고 있다. 당시 많은 일본인들은 유럽의 의복을 도입해야 발전할 수 있다고 믿었다.

던 부분은 이렇듯 의도하지 않은 모호한 효과라고 할 수 있다. 특히 당시에는 어울리지 않는 유럽식 의복을 따라 한다든가 유럽의 패권에 저항하기 위해서는 유럽의 방식을 배워야 한다고 주장하는 등, 유럽의 것을 단순히 모방하려는 욕구가 있었다. 그래서 급진주의자나 개혁주의자들은 대개 유럽화를 지지했다. 미국이 독립했던 1776년, 프랑스 혁명이 일어났던 1789년, 유럽 혁명이 일어났던 1848년의 사상은 지금도 여전히 아시아와 아프리카에서 영향력을 발휘하고 있으며, 세계는 지금도 유럽의 관점에서 미래를 논하고 있다.

그러나 이렇듯 독특한 결과는 그냥 넘기기 쉽다. 1900년은 최종 목적지가 아니라 유리한 지점일 뿐이었다. 일본인들은 정교한 예술적 전통을 물려받은, 탁월한 재능을 지닌 민족이다. 그러나 이들은 서양의 산업주의뿐만 아니라 서양의 예술 형태와 의복을 도입했고 심지어 그들의 전통 주류보다 서양의 술을 더욱 선호했다. 일본인들은 위스키와 클라레를 즐겨 마시지만, 일본의 사케는 유럽이나 미국에서 큰 인기를 얻지 못했다.

한편 중국은 19세기 독일의 관념론 및 영국의 사회적, 경제적 사실에 입각한 사유 체제를 주창한 독일 철학자인 마르크스를 공식적으로 신봉했다. 그러나 정작 마르크스 본인은 모욕적인 발언 말고는 아시아에 대해 언급한 적이 없었으며, 일생에 프로이센의 동쪽으로는 한 번도 가 본 적이 없었다.

여기서 흥미로운 사실을 또 한 가지 알 수 있다. 즉, 문화적 영향력의 균형이 지나치게 한쪽으로 치우쳐 있다는 점이다. 나머지 세계 역시 이따금 유럽에 문물을 전파했지만 유럽이 세계에 전파했던 사상이나 제도에 버금가는 영향력을 떨치지는 못했다. 마르크스의 이론은 20세기 아시아에서 오랫동안 큰 위력을 발휘했다. 그리고 유럽에서 마르크스에 버금가는 권위를 지녔던 유일한 비유럽인은 오직 예수 그리스도뿐이었다.

| 집단 이주 |

문화가 물리적으로 전파된 또 다른 예로는 유럽인들이 다른 대륙으로 이동한 것이었다. 미국을 제외하고 예나 지금이나 해외에 유럽인

이 가장 많은 지역은 남아메리카와 백인들이 정착한 영국의 과거 식민지들이다. 이들 식민지는 19세기에 대부분 영국의 직접적인 통치 하에 있었으나, 실제로는 완전한 독립 국가도 아니고 실질적인 식민지도 아닌, 혼합적인 특성을 오랫동안 지니고 있었다.

19세기에는 미국과 마찬가지로 이 지역에 수많은 유럽인들이 유입되었는데, 인구 통계학상 집단 이주에 해당할 정도로 엄청난 인구였다. 1800년 이전에는 영국 제도에서 시작된 이주를 제외하고는 유럽인의 이주가 드물었다. 그러나 그 후 6,000만 명의 유럽인들이 해외로 이동했고, 이러한 움직임은 1830년대에 가장 활발해졌다. 19세기에 유럽인들은 주로 북아메리카로 이주했고 그 후에는 라틴아메리카, 그중에서도 특히 아르헨티나와 브라질, 또한 오스트레일리아, 남아프리카로도 이주했다. 이와 동시에 세계 땅덩이의 6분의 1을 차지하고 있는 러시아 제국 내에서 유럽 인구의 이주가 진행되었는데, 시베리아의 광활한 땅은 이주민들이 정착하기에 충분했다.

사실 유럽 인구의 해외 이주는 제1차 세계 대전이 일어나기 직전인 1913년에 극에 달했다. 당시 무려 150만 명이 넘는 유럽인들이 유럽을 떠났는데, 이들 중 3분의 1 이상이 이탈리아인이었고 영국인은 약 40만 명, 스페인인은 20만 명이었다. 그러나 50년 전만 해도 이주민 중 이탈리아인의 비율은 적었고 독일인과 스칸디나비아인이 더 큰 비율을 차지했다. 어쨌든 영국 제도에서는 꾸준히 유럽인들이 빠져나가 1880년에서 1910년 사이에 850만 명의 영국인들이 해외로 이동했다. 한편 이 기간에 이주한 이탈리아인은 600만 명이었다.

영국인들이 가장 많이 이주한 곳은 미국이었다. 1815년에서 1900년 사이에 영국 이주민의 65%가 미국으로 이주했다. 그러나 자치 식민지로의 이주도 활발했다. 1900년 이후에는 상황이 바뀌어 1914년에는 영국 이주민 대다수가 자치 식민지로 이동했다. 이탈리아인들은 대개 미국을 선호했으나 상당수의 이

19세기 말, 많은 유럽인들은 구세계에 더 이상 존재하지 않는 기회를 잡기 위해 아메리카 대륙으로 가야 한다고 생각했다. 1878년에 그려진 이 그림에서는 독일 함부르크에서 미국으로 향하는 대서양 항로 정기선에 오르는 이주민들을 볼 수 있다.

탈리아인과 스페인인은 남아메리카로 이주했다. 미국은 외국인을 가장 많이 흡수한 국가로, 1820년에서 1950년에 걸쳐 3,300만 명의 유럽인들을 받아들였고 그로 인한 혜택을 누렸다.

유럽인과 아시아인들이 이주한 이유

인구의 이동에 의한 뚜렷한 인구학적 변화를 설명하기란 그리 어렵지 않다. 1848년 이후의 경우처럼 정치적 상황은 인구가 이동하게 만들기도 했다. 유럽에서는 늘어나는 인구 때문에 '실업' 현상이 생기는 등 경제적 기회가 감소했다. 이주가 급속도로 이루어졌던 19세기 후반에도 유럽 농민들은 해외로부터의 경쟁에 압력을 받았다.

그러나 인간은 사상 최초로 다른 땅으로 이주하여 더 나은 삶을 살 수 있는 기회를 갖게 되었다. 노동력이 부족한 곳에서는 일할 수 있는 기회가 있었고, 저렴하고 편리한 교통 수단의 등장으로 여러 국가를 오가는 일이 쉬워졌다. 증기선과 철도는 인구학적 역사를 크게 변화시켰고, 1880년 이후 이 교통 수단은 막강한 영향력을 발휘했다. 그 결과, 지역 내의 이동성이 크게 향상되어 노동 인구의 일시적인 이주와 대륙 내의 이동이 훨씬 쉬워졌다.

영국은 아일랜드의 농민, 웨일스의 광부와 철강 노동자, 잉글랜드의 농민을 이주시켰다. 19세기 말에는 동부 유럽으로부터 유대인 공동체를 받아들였는데, 이들은 영국 사회의 특징적인 요소로 남게 되었다. 또한 프랑스 남부와 같은 국경 지역에서는 노동 인구가 계절에 따라 달라지고, 폴란드인들이 프랑스로 건너와 석탄광에서 일하고 이탈리아인들이 영국에서 웨이터와 아이스크림 장수로 일하게 되면서 노동력의 장기적인 이동 역시 가능해졌다.

또한 정치적인 변화로 북아프리카 해안에 접근할 수 있게 되자, 유럽인들은 이곳으로 단거리 이주를 시작했다. 그리하여 이곳에 온 이탈리아인, 스페인인, 프랑스인들은 해안 도시에 정착하거나 무역을 했으며, 그들이 떠나온 사회와 새로이 정착한 지역의 토착민 사회와는 확연히 이해관계가 다른 새로운 사회를 형성했다.

그러나 다른 국가로 이동하는 일이 쉬워졌다고 해서 유럽인만 이주한 것은 아니다. 1900년에 일본인과 중국인은 북아메리카 태평양 연안에 이미 정착했다. 또한 중국인들은 동남아시아로, 일본인들은 라틴아메리카로 이주했다. 이러한 현상은 인종별로 이주를 제한함으로써 '백호주의'*를 외쳤던 오스트레일리아를 경악케 했다. 그리고 대영제국은 인도인들이 전 세계로 뻗어 나갈 수 있는 기반을 마련했다.

아시아인의 이주는 물론 중요하다. 그러나 19세기의 대표적 현상인 유럽인의 마지막 민족

---

* **백호주의**
오스트레일리아에서 백인 이외의 인종, 특히 황색 인종을 차별하고 백인을 우선시한 정책. 황인종의 이민을 배척하여, 백인 사회가 동질성을 유지해야 한다고 주장한다. 1901년 제1차 연방의회에서 처음으로 '통일이민제한법'이 채택되어 시행되었고, 1965년 폐지되었다.

19세기 중반 미국에서는 많은 이주민들이 몰려들면서 외국인 혐오증이 생겨났다. 1888년에 그려진 이 만화에는, 앞 다투어 미국 상점이라는 광고를 내건 외국 상점들이 즐비한 거리에서 다양한 인종들이 섞인 이주민들이 '이 시대의 진정한 마지막 미국인'을 신기한 듯 쳐다보고 있다. 이러한 편견에도 불구하고, 미국은 다양한 인종들을 하나의 문화로 통합하는 데 비교적 성공했다.

대이동에 비하면 그 중요성이 떨어진다. 이는 4세기 이민족의 침입에 의한 게르만족의 대이동을 뜻하는 '폴케반데룽Völkerwanderung' 만큼이나 미래를 크게 좌우했던 것이다.

| 스페인령 아메리카 |

이탈리아인과 스페인인을 대거 받아들였던 라틴아메리카는 남유럽인들에게 상당히 친숙했다. '라틴아메리카'라는 명칭은 19세기 중반에 생겼다. 어쨌든 이곳에는 가톨릭이 가져다준 문화적, 사회적 삶의 틀이 존재했고, 라틴 언어가 사용되었으며, 라틴 사회의 관습이 행해졌다. 정치적, 법적 구조 역시 과거 제국주의 시절을 반영했고, 과거의 제도 일부는 19세기 초의 정치적 격변기까지 지속되었다.

이 격변기에 라틴아메리카 본토에 대한 스페인과 포르투갈의 지배가 실질적으로 막을 내렸다. 유럽의 여러 상황으로 인해 과거 식민 제국들이 지닌 치명적인 약점이 드러났기 때문이었다. 그러나 스페인이 노력하지 않았던 것은 아니었다. 북쪽의 영국과 달리, 스페인 본국 정부는 18세기에 과감한 개혁을 실시했다. 1701년 부르봉 왕가가 마지막 합스부르크 왕가 대신 스페인 왕위를 차지하자, 스페인의 제국주의는 새로운 시대를 맞이하게 되었다.

물론 이 시대는 확고하게 뿌리를 내리는 데 몇 십 년이 걸렸다. 어쨌든 스페인은 재편 작업에 이어 '계몽' 개혁을 실시했다. 그리하여 국왕을 대신하여 부왕이 통치하던 부왕령이 1700년에는 두 곳이었지만 이제 네 곳으로 늘어났다. 이 중 늘어난 두 곳은 에콰도르, 콜롬비아, 베네수엘라에 이르는 지역 및 파나마를 포함하는 뉴그라나다와 라플라타 강 어귀에서 페루 국경에 이르는 라플라타였다.

그리고 이러한 구조적 합리화에 이어 폐쇄적이었던 상업 체제가 완화되었다. 이 정책은 처음에는 마지못해 수용되었지만, 후에는 번영을 위해 적극 권장되었다. 그리고 이 정책으로 식민지와 스페인 일부 지역, 특히 지중해 연안의 경제가 활발해졌다. 이 지역은 그때까지 세빌리아에 한정되어 있던 식민지 무역의 독점이 끝나면서 혜택을 누렸다.

그러나 이렇듯 바람직한 성과는 스페인 식민 정부가 갖고 있던 심각한 약점 때문에 빛을 발하지 못했다. 수차례의 폭동은 식민지에 깊이 뿌리내렸던 고질병을 드러냈다. 실제로 파라과이(1721~1735), 콜롬비아(1781), 페루(1780)에서는 식민 정부를 위협하는 심각한 반란이 일어났고, 이를 저지하기 위해 상당한 군사력이 필요했다.

무엇보다 반란을 막기 위해서는 식민지의 시민군을 징집하는 이중적인 편법을 써야 했다. 스페인 정부의 군사 훈련을 받았던 크리올인들이 이를 역이용해 스페인에 저항할 수도 있기 때문이었다. 스페인의 식민 사회에

그림 속의 아일랜드인 가족처럼, 19세기의 가난한 이주민들에게는 아메리카 대륙으로 향하는 여정이 길고도 힘겨웠다.

***먼로주의**
1823년 12월 2일 먼로 대통령이 발표한 미국 외교 정책의 기본 방향. 유럽과 신대륙은 서로 다른 정치 체제를 가지고 있으므로 별개의 지역으로 남아야 한다고 선언했다. 미국이 유럽 열강의 문제에 개입하지 않고, 미국 역시 아메리카 대륙의 기존 식민지와 보호령을 인정하지만, 아메리카 대륙에서 식민지를 더 만드는 것은 금지하고, 유럽 열강이 아메리카 대륙의 어떠한 나라라도 억압하고 통제하려고 한다면, 이는 미국에 대한 적대 행위로 간주한다는 것을 골자로 한다.

서는 인디오와 스페인 혈통의 식민지 이주자들 사이의 대립이 가장 심각했다.

그러나 스페인령 아메리카에서 스페인인을 부모로 하여 태어난 크리올인과 스페인 태생의 이주민인 페닌술라레스 사이의 대립이 정치적으로 더욱 중요했다. 이들 사이의 대립은 시간이 갈수록 심해졌다. 크리올인들은 고위 관직에서 배제되자, 북아메리카의 영국 식민지 주민들이 제국주의 정권을 성공적으로 몰아냈던 점에 주목했다. 그들은 프랑스 혁명 역시 처음에는 위험이라기보다 가능성으로 생각했다.

스페인과 브라질의 독립

식민지에서 폭동이 일어날 무렵 스페인 정부는 다른 일로 곤란을 겪었다. 누트카 해협에서 촉발된 사태로 영국과 분쟁을 일으킨 결과, 1790년에 스페인은 북아메리카에서 다른 국가의 무역이나 정착을 금할 수 있는 권리가 스페인 정착지의 약 50km 내에서만 유효하다는 조항에 동의해야 했다. 이로써 스페인은 과거 교황의 칙서에 따라 주장해 왔던 아메리카 대륙에 대한 통치권의 일부를 내주게 되었다.

그 후 스페인은 프랑스와 전쟁을 치렀고, 영국과는 두 번의 전쟁을, 마지막으로 나폴레옹 전쟁에서 프랑스와 또 한 번의 전쟁을 치렀다. 그 결과 스페인은 산토도밍고, 트리니다드, 루이지애나를 잃었고, 1808년 나폴레옹에 의해 스페인 왕이 퇴위했다. 또 스페인 해군은 트라팔가르 해전에서 이미 모든 군사력을 잃은 상태였다.

이러한 혼란 속에서 스페인이 프랑스의 침략에 무너지자, 크리올인들은 속박에서 벗어나 자유를 찾기로 결심했다. 그리하여 1810년 뉴그라나다, 라플라타, 뉴스페인에서의 봉기를 시작으로 독립 전쟁이 일어났다. 크리올인들은 처음에는 성공을 거두지 못했다. 그리고 멕시코에서 인디오들이 백인에게 저항할 수 있는 기회를 얻자, 백인인 크리올인들은 이들과 인종 전쟁을 치러야 할 상황에 처하게 되었다.

그러나 스페인 정부는 이러한 반란군들을 자기편으로 끌어들일 수 없었고, 그 외의 반란을 막을 여력도 없었다. 그리고 영국 해군 때문에 보수적인 유럽 국가들도 스페인을 돕기 위해 개입할 수 없었다. 따라서 실질적으로 먼로주의*가 지속되었다. 결국 과거 스페인 제국의 일부 지역에서는 군대에 의해 통치되는 공화국이 생겨나게 되었다.

반면 포르투갈령 브라질의 상황은 달랐다. 1807년 프랑스의 침략으로 포르투갈은 새로운 국면에 접어들었으나, 이는 스페인 제국의 경우와는 달랐다. 포르투갈의 섭정 왕자는 리스본에서 브라질의 리우데자네이루로 도피했고, 그곳은 포르투갈 제국의 사실상 수도가 되었다. 그는 왕의 신분으로 1820년에 다시 포르투갈로 돌아갔으나, 아들은 브라질에 남겨 두고 갔다. 아들은 브라질에 대한 통치권을 다시 차지하려는 포르투갈 정부의 노력에 앞서서 저항했으며, 상대적으

이 수채화는 1822년에 아구스틴 데 이투르비데가 새로 독립한 멕시코의 황제가 된 것을 기념하고 있다. 그러나 2년 후 이투르비데는 공화파의 봉기로 왕위에서 물러났다. 오랫동안 신생 라틴아메리카 국가들은 정치적 불안과 내란을 겪었다.

식민지 브라질에서는 노예의 노동력이 경제에 크게 기여했다. 18세기의 이 그림에서는 채찍을 든 백인 감독들이 다이아몬드 광산에서 일하는 노예들을 감시하고 있다.

로 적은 횟수의 전투를 치르고 나서 1822년 독립을 선언한 브라질의 황제가 되었다.

독립 후의 라틴아메리카

오늘날 라틴아메리카 지도를 살펴보면, 1776년 북아메리카 식민지들의 독립과 1810년부터 진행된 라틴아메리카 식민지들의 독립 사이의 가장 큰 차이점을 알 수 있다. 북아메리카 13개 식민지가 독립하여 아메리카 합중국이 생겨난 반면, 라틴아메리카에서는 독립의 결과 라틴아메리카 합중국이 생겨나지 않았다는 것이다. 위대한 독립 영웅이자 지도자인 볼리바르*는 1826년 새로 독립한 라틴아메리카 국가들의 연맹을 결성할 목적으로 개최된 파나마 회의에서 큰 성과를 기대했으나 아무것도 얻지 못했다.

* **볼리바르**
크리올 출신의 남아메리카 군인이자 정치가. 오늘날의 콜롬비아, 베네수엘라, 에콰도르, 볼리비아 등지에서 스페인 통치에 맞서 혁명을 이끌었다. 1820~1830년대 콜롬비아와 페루의 대통령이자 실질적인 독재자였다.

유럽의 세계 패권 27

탈식민시대의 라틴아메리카

1810년에서 1822년에 이르는 동안 가이아나를 제외한 라틴아메리카 전체가 독립을 선언했다. 인구가 거의 없는 지역은 그냥 통과하는 경우가 많았다. 또한 새로운 국경 지역은 자리를 잡는 데 얼마간의 시간이 걸렸으며, 몇 차례의 갈등을 겪었다. 19세기에 일어난 충돌 사태 중 가장 중요한 사건은 1864년에서 1870년까지 계속된 3국 동맹 전쟁으로, 이 전쟁에서 아르헨티나, 브라질, 우루과이는 파라과이를 이겼다. 또 다른 전쟁은 1878년에서 1883년까지 치러진 태평양 전쟁으로, 칠레는 페루와 볼리비아를 이겼다.

그러나 북미와 남미의 경우가 다른 이유를 쉽게 찾을 수 있다. 북아메리카에 있는 열세 개의 영국 식민지들은 각기 다른 다양성과 어려움을 지녔지만, 독립 후 해상을 통해 비교적 쉽게 왕래할 수 있었고 넘지 못할 지형상의 장애물도 드물었다. 또 이들 식민지는 서로 협력하기도 했고, 영국의 통치를 받던 시절에도 자국의 문제를 다스릴 수 있는 규범이 있었다. 이러한 장점과 더불어, 각각 독립한 이 열세 개 주의 영향력은 막강해서 중앙 정부에 제한적인 권력만을 부여하는 헌법이 제정되었다.

그러므로 스페인의 식민지였다는 공통점에도 불구하고 라틴아메리카의 공화국들이 대륙상의 통일을 이루지 못한 사실은 이해할 만하다. 그러나 이들 국가를 통합하는 요소가 없다고 해서 불리한 것은 아니었다. 19세기 초의 라틴아메리카 대륙에는 통일을 절실히 필요로 하는 위기 상황이나 기회가 없었기 때문이다. 이들은 외부 세계에 대해 영국과 미국의 보호를 받았다.

한편 라틴아메리카 대륙 내에서는 독립 후의 발전 문제가 생각보다 심각했고, 이는 인위적으로 통일을 이룬다고 해서 성공적으로 해결되지는 않을 듯했다. 실제로 약 150년 이후의 아프리카에서처럼, 식민 통치가 끝난 후 지리적 위치와 공동체 사회별로 정치적 단위를 구성하는 일은 쉽지 않았다. 이와 달리 과거 식민지 시절에는 행정 구역별로 정치적 단위가 구성되었다.

그리고 독립 운동을 이끌었던 도시의 소수 민족들이 그들을 따랐던 지지자들을 이끌 수 없게 되자, 독립 이후 생겨난, 영토는 거대하나 인구가 적은 국가들은 언제 분열될지 모르는 위기에 처했다. 실제로 일부 국가는 해체되기도 했다. 뿐만 아니라 인종 문제 역시 존재했는데, 이러한 사회적 불평등 문제는 독립 후에도 사라지지 않았다.

물론 모든 국가가 같은 방식으로 사회적 불평등을 겪은 것은 아니었다. 한 예로, 아르헨티나에서는 상대적으로 수가 적은 인디오들이 군대에 의해 몰살되다시피 했다. 그 결과 19세기 말에 이 국가는 인구의 대부분이 유럽 혈통이라는 점에서 유럽과 비슷하다는 긍정적인 평가를 받았다. 이와 반대로, 브라질은 인구 대다수가 흑인이었으며, 독립 당시 대부분 노예 상태였다. 또한 다른 민족 간의 결혼을 기피하지 않아서 오늘날 브라질은 전 세계에서 가장 성공적으로 인종적 혼합을 이룬 국가로 평가되고 있다.

정치적 어려움

새로운 라틴아메리카 공화국들은 각자가 처한 문제를 해결하기 위해 자치 정부의 전통에도 결코 의지할 수 없었다. 식민지 시절에 그들을 지배했던 스페인 정부는 전제주의를 추구했고 대의 제도를 허용하지 않았기 때문이다. 그래서 공화국 지도자들은 정치적 원칙을 마련하기 위해 프랑스 혁명을 본보기로 삼았다. 그러나 이들에게 프랑스의 사상은 너무도 선진적이었다. 몇 안 되는 지식인들은 프랑스에서는 일반적으로 인정되는 관습조차 받아들일지 말지에 대해서도 의견이 분분했다. 결국 이들은 의견 일치를 이루지 못했다.

더구나 혁명의 원리에 따라 교회는 신속하게 정치에 관여하게 되었다. 교회가 막강한 토지 소유자로서 대중에 큰 영향을 미친다는 사실을 생각하면, 이는 피할 수 없는 결과였다. 그러나 이러한 사실은 이미 불행을 겪고 있던 라틴아메리카 대륙에 반성직자주의까지 일으키게 되었다. 상황이 이렇다 보니 각 공화국의 사정은 엄청난 세력으로 군대를 이끌었던 군대장 카우디요와 그 파벌에 의해 좌우되는 경우가 많았다.

내전이라는 대립 상황과 때로는 엄청난 피를 불렀던 신흥 국가 간의 전쟁을 겪은 라틴아메리카는 1900년에 이르러 오늘날의 지도

스페인에 승리를 거두고 난 후, 1819년의 독립 운동을 지도했던 시몬 볼리바르(1783~1830)는 콜롬비아 공화국의 대통령이 되었다. 콜롬비아 공화국은 현재의 베네수엘라, 콜롬비아, 에콰도르에 해당한다. 상투페루는 그를 기념하여 볼리비아로 명칭이 바뀌었다.

토착 인디오의 피를 물려받은 멕시코인인 베니토 후아레스는 1857년 멕시코의 진보적인 헌법의 제정에 참여했으며, 1861년에 대통령으로 선출되었다. 후아레스는 프랑스의 침입에 맞서 싸웠는데, 당시 프랑스로 인해 오스트리아의 막시밀리안은 일시적으로 멕시코의 황제가 되었다. 1870년에 막시밀리안 황제를 퇴위시킨 뒤 후아레스는 다시 대통령이 되었고, 1872년에 사망할 때까지 재임했다.

스티소* 사이의 사회적 대립과 1870년 이후 이주가 활발해지면서 수가 늘어난 유럽 혈통 이주자와 인디오 사이의 사회적 대립이 팽배해 있었다. 1800년 라틴아메리카의 인구는 1,900만 명이었고 1세기 후에는 6,300만 명이 되었다.

라틴아메리카의 부

이주민을 대거 받아들이면 국가는 어느 정도 부유해지기 마련이다. 라틴아메리카 국가 대부분은 저마다 중요한 자연 자원을 보유하고 있었다. 유럽과 미국은 이러한 자원들을 놓고 다투기도 했다. 이들 국가에서 산업화가 가속화되면서 자원이 어느 때보다도 중요해졌기 때문이다. 세계에서 가장 풍부한 목초지가 있는 아르헨티나는 1880년대 냉동선의 발명으로 잉글랜드에 육류와 곡물을 공급했다. 그 결과 19세기 말에 아르헨티나는 라틴아메리카에서 가장 부유한 국가가 되었다.

한편 칠레는 1879~1883년 태평양 전쟁 중 볼리비아와 페루에서 칠레 초석 산지를 획득했고, 베네수엘라는 석유가 풍부했다. 그리하여 이 두 국가는 20세기 들어 더욱 입지가 중요해졌다. 멕시코 역시 석유를 보유하고 있었다. 또한 브라질은 석유를 제외한 모든 자원을 보유하고 있었고, 특히 커피와 설탕이 유명했다. 이 밖에도 많은 자원이 있으나, 라틴아메리카가 부유해진 것은 무엇보다도 주요 농산물 덕분이었다. 이를 활용하기 위한 자본이 유럽과 미국에서 들어왔으며, 이를 토대로 해외의 유럽 국가와 유럽 본토 사이에 새로운 유대 관계가 형성되었다.

그런데 이러한 부의 성장은 두 가지 결점에 관련되었다. 하나는 이들 국가의 부가 늘어났다고 해서 부의 불균형이 해소되지는 않았다는 점이다. 오히려 부의 불균형이 심해졌

라틴아메리카에서 군사력은 정치적 투쟁의 결과에 영향을 미쳤다. 1891년 칠레에서 일어난 짧은 내전의 모습을 그린 이 그림에서 해군은 개혁주의 대통령인 호세 마누엘 발마세다에 반대하는 보수주의 의회를 지원해, 발파라이소의 항구를 공격하고 있다.

* **메스티소**
라틴아메리카에서 스페인계 백인과 인디언의 혼혈 인종을 이르는 말. 라틴아메리카 인구의 70% 정도를 차지한다. 때에 따라 유럽식 복장과 관습을 받아들이는 순수한 인디언도 메스티소라 부른다.

와 상당히 유사해졌다. 과거 스페인 식민지의 최북단이었던 멕시코는 북쪽의 영토를 미국에 빼앗겼다. 그리고 중앙아메리카 본토에 네 개의 공화국이 생겨났고 두 개의 섬 국가인 도미니크공화국과 아이티가 생겨났다. 쿠바는 독립을 눈앞에 두고 있었고, 남쪽으로는 열 개의 남아메리카 국가가 있었다. 모든 국가는 공화국의 형태였고, 브라질은 1889년에 군주제를 폐지했다.

모든 국가가 극심한 시민 사회의 혼란을 겪었지만, 안정을 이룬 정도와 헌법의 적법성은 크게 달랐다. 실제로 멕시코에서는 1860년대에 인디오 출신 대통령이 선출되었다. 그러나 나라 전반에는 인디오와 혼혈 인종인 메

을 가능성이 크다. 따라서 인종적 대립과 마찬가지로 사회적 대립 역시 대부분 해결되지 못한 채 남아 있었다. 유럽화된 도시의 엘리트들은 일반 인디오나 메스티소들과는 완전히 다른 삶을 살았다.

이러한 현상은 라틴아메리카가 외국 자본에 의존하면서 더욱 뚜렷해졌다. 당연히 외국 투자자들은 안전을 추구했다. 그리고 이러한 경향으로 인해 그들은 기존의 사회적, 정치적 세력을 지지하는 경우가 많았다. 따라서 기존 권위층은 이를 통해 부를 더욱 축적했다. 이러한 상황 속에서 얼마 지나지 않아 멕시코 혁명*이 일어났다.

미국과의 관계

라틴아메리카 국가들로부터 빚을 회수하지 못해 불안감과 실망을 느낀 외국 투자자들은 이따금 외교적 분쟁이나 무력 개입을 일으켰다. 물론 채무를 징수하기 위해 식민주의를 부활시키지는 않았으나, 유럽 정부는 강경한 의사를 표시하고 이따금 군사력을 동원하기도 했다. 1902년 영국, 독일, 이탈리아는 빚을 갚지 않았다는 이유로 베네수엘라에 해상 봉쇄를 실시했고 이를 계기로 미국은 먼로주의 이상의 조처를 취하게 되었다.

텍사스 공화국* 시절 이후로, 미국과 그 주변국과의 관계는 예나 지금이나 결코 평탄치 못했다. 그 이면에는 수많은 복잡한 요인들이 있었다. 미국의 먼로주의는 아메리

1827년 리우데자네이루 거리의 모습. 노예들이 입은 세련된 제복은 이 도시에 거주하는, 교양 있고 유럽화된 가족들이 누렸던 엄청난 부를 보여 준다.

* 멕시코 혁명
1910~1917년 멕시코에서 여러 당파들이 30년에 걸친 독재를 무너뜨리고 입헌공화정을 세운 혁명. 포르피리오 디아스라는 인물의 독재에서 비롯되었다. 그를 타도하고 외국 자본의 경제 지배에서 벗어나기 위해 1917년 민주적인 새 헌법을 제정하여 현대 멕시코의 터전을 마련했다.

* 텍사스 공화국
1836~1845년 멕시코의 텍사스주가 분리·독립하여 성립한 공화국. 초대 대통령은 텍사스군을 지휘한 새뮤얼 휴스턴이었다. 이후 공화국의 국무장관인 오스틴의 노력으로, 1845년 미국의 스물여덟 번째 주로 흡수되었다.

1854년 산티아고 데 칠레의 독립 광장의 풍경. 이 광장에는 인상적인 유럽식 건물이 늘어서 있다.

카 대륙을 유럽의 간섭에서 보호하려 했고, 1889년 미국은 최초로 전미 회의를 결성하여 이러한 정책에 또 다른 획을 그었다. 그러나 미국이 영국으로부터 독립했음에도 영국과의 관계를 끊지 못했듯, 이러한 정책 역시 미국과 유럽과의 경제적 연대를 끊지 못했다.

더욱이 한 세기가 끝날 무렵, 먼로주의의 배경이 되었던 전략적 상황은 변화하게 되었다. 이러한 변화는 증기선의 등장과 극동 및 태평양 지역에 대한 미국의 늘어 가는 관심 때문이었다. 특히 이 때문에 미국은 운하 건설이 점차 현실화되고 있던 중앙아메리카와 카리브해의 개발에 상당히 민감해졌다.

라틴아메리카에 대한 미국의 간섭

여러 지역에 대한 미국의 관심이 커져 가면서 20세기 초 주변국들에 대한 미국의 정책은 더욱 강압적이고 오만해지기까지 했다. 미국은 스페인과 짧은 전쟁을 치른 후 쿠바에 독립을 선사했고, 스페인으로부터 푸에르토리코를 빼앗았다. 그리고 쿠바가 위성국으로 남도록 하는 구속적인 특별 조항을 쿠바의 새 헌법에 첨부했다. 또한 콜롬비아의 국정에 개입하여 파나마 운하의 영토를 획득했다.

그리고 베네수엘라의 채무 불이행 사태 이후 미국은 그 어느 때보다도 강력하게 자국의 힘을 주장했다. 이는 먼로주의의 '필연적인' 결과였다. 다시 말해, 미국은 국내의 사정이 혼란스러워 유럽의 간섭을 필요로 하는 서반구 국가에 대해 개입권을 행사하겠다고 한 것이었다.

이를 근거로 1912년에 미국의 대통령은 중앙아메리카 중부의 니카라과에 해병대를 파견했고, 1914년에 또 다른 대통령은 멕시코 정부를 억압할 목적으로 베라 크루즈의 멕시코 항구를 장악했다. 또, 1915년에 협약을 통

19세기 멕시코 시티의 모습. 앞쪽에는 농민 가족이 야영을 하고 있다. 이러한 풍경은 점차 확대되어 가는 멕시코의 도심지와 전통적인 생활 방식을 고수하는 시골의 모습이 뚜렷이 다르다는 것을 보여 준다.

해 아이티를 보호령으로 삼아 40년 동안 군사적 점령을 계속했다.

그러나 미국과 그 주변국과의 불행한 관계는 그것으로 끝이 아니었다. 어쨌든 이들 사이의 중요한 관계로 말미암아 라틴아메리카 국가들은 유럽과의 관계에서 입장이 모호해질 뿐이었다. 유럽 문화에 뿌리를 두고 유럽과 경제적으로 연관되어 있음에도, 라틴아메리카는 정치적인 제약 때문에 유럽과 깊은 관계를 맺을 수 없었다.

그렇다고 해서 유럽과 그 나머지 국가들로 점차 분리되는 세계 속에서 라틴아메리카가 백인의 세계에 속하지 못한 것은 아니었다. 보통 '라틴아메리카인' 하면 유럽인들은 인디오 또는 흑인이 아닌, 도시에 거주하는 지식인 특권 계층에 속하는 유럽 혈통의 소수 민족을 떠올렸다.

| 영국의 식민주의 |

열세 개의 영국 식민지의 독립에 이어 스페인 제국마저 붕괴하자, 많은 사람들은 대영제국의 다른 식민지들 역시 제국주의 정권을 몰아내지 않을까, 하고 생각하게 되었다. 어찌 보면 이는 현실로 이루어졌으나, 예상했던 바와는 다른 방식이었다.

19세기 말 영국의 잡지인 「펀치」에는 영국을 상징하는 사자가 제복 차림의 무장한 새끼 사자들의 폭동을 만족스럽게 지켜보고 있는 시사 만화가 실렸다. 이 새끼 사자들은 해외의 영국 식민지를 나타낸 것이었다. 그럴듯한 군사 복장을 갖춘 이들은 대영제국의 여러 지역에서 자발적으로 파견된 부대로, 남아프리카의 전쟁에서 영국을 위해 싸웠다.

그러나 한 세기 전만 해도 식민지 본국을 위해 식민지의 병사를 이용한다는 생각은 누구도 하지 못했다. 미국의 독립이 인정된 1783년은 영국 정치가들의 마음속에 깊이 사무쳤다. 이들은 식민지가 운영이 어렵고 많은 비용이 들며 별다른 도움이 되지 않을 뿐 아니라, 본국 정부와 다른 국가 및 토착민 사이의 헛된 충돌을 일으키고 결국에는 자신들에게 도움을 준 본국에 도리어 해를 끼친다는 생각을 하게 되었다.

이러한 생각 때문에 식민지와의 관계를 불신하게 되면서, 18세기 말 동쪽에 관심을 가지고 있던 대영제국은 아시아 무역으로 눈을 돌리게 되었다. 동아시아 지역은 유럽 이주

KITH AND KIN.

nada (to Britannia). "IF I CAN BE OF ANY ASSISTANCE, COMMAND ME." (And so say Victoria and New South Wale

1885년 2월 21일, 영국의 잡지인 「펀치」에 실린 이 만화는 대영제국을 위해 충성을 다해 싸울 것을 맹세하는 캐나다 자치령을 의인화하여 보여 주고 있다.

1880년 영국의 캐나다 자치령의 몬트리올에서 열차가 얼어붙은 세인트로렌스 강을 지나고 있다. 그림을 살펴보면 철도 침목을 지지하기 위한 두꺼운 들보들이 얼어붙은 강 표면에 설치되어 있음을 알 수 있다. 이는 상당한 기술적 발전이었다.

＊ 와이탕기 조약
1840년 영국의 윌리엄 홉슨 대령과 뉴질랜드에 거주하는 영국인 거주자들, 45명의 뉴질랜드 원주민 마오리 족장이 와이탕기에서 서명한 조약. 뉴질랜드의 주권을 영국에 이양하고, 마오리족의 토지 소유는 계속 인정하지만 이후 토지 매각은 영국 정부에게만 하며, 마오리족은 영국 국민으로서의 권리를 인정받는다는 내용으로 되어 있다.

자로 인한 복잡한 문제가 없었고, 많은 비용을 들여 군사력을 동원할 필요가 없었다.

자치 보호령

19세기 내내 영국의 관리들은 문제를 일으킬 소지가 있는 식민지들에 대해 신중한 태도를 보였다. 따라서 이들은 각 식민지의 복잡한 문제를 경제적이고 물의를 일으키지 않는 방식으로 해결했다. 그리하여 영토가 넓은 캐나다와 오스트레일리아의 경우, 개별적인 식민지들이 자체적인 정부를 갖는 연방 구조로 통합되었다. 그 결과 1867년에는 캐나다 자치령이, 1901년에는 오스트레일리아 연방이 생겨났다.

각 국가는 연방의 형태를 띠기에 앞서 원래의 식민지에 책임 정부를 수립했고, 저마다 특수한 문제를 겪었다. 캐나다의 경우 가장 큰 문제는 퀘벡 지방에 있는 프랑스계 캐나다인 공동체였고, 오스트레일리아의 경우는 1867년까지 영국에서 그곳으로 유배되어 간 죄수들과 이주자들 사이의 이해 충돌이었다. 그리고 두 국가 모두 인구는 적고 영토는 넓으므로 하나의 국가라는 인식을 불어넣기 위해서는 점진적인 통합이 필요했다.

각 국가의 경우 통합 과정은 더디게 진행되었다. 1885년이 되어서야 캐나다-태평양 철도 회사의 대륙 횡단 철도가 최종적으로 완성되었고, 오스트레일리아의 대륙 횡단 철도는 각 주의 선로 궤간이 달랐기 때문에 오랫동안 완공이 미뤄졌다. 그러던 중 미국의 경제적 역량, 아시아인의 이주, 영국과의 충돌 등 외부의 위협에 대한 인식이 커지면서 두 국가의 민족주의는 성장하게 되었다.

한편 뉴질랜드 역시 책임 정부를 수립했으나, 영토가 훨씬 좁아 정부의 권한이 분산되는 정도가 낮았다. 유럽인들은 1790년대부터 이곳에 오기 시작했고 복잡한 고도의 문화를 지닌 원주민 마오리족을 타락시키기 시작했다. 그 후에 온 선교사들은 이주민과 상인들의 무질서한 행동을 바로잡기 위해 노력했다. 그러나 선교사들 역시 그들과 똑같았다. 후에 한 프랑스 기업가가 뉴질랜드에 눈독을 들이며 이권을 주장하자, 선교사와 일부 이주자들은 영국이 뉴질랜드에 주권을 행사해야 한다고 주장했다. 결국 이에 마지못해 응한 영국 정부는 1840년에 와이탕기 조약＊을 체결해 뉴질랜드를 식민지로 삼았다.

1856년 뉴질랜드에는 책임 정부가 수립되었지만 마오리족과의 전쟁으로 1870년까지 영국 군대가 주둔해 있었다. 그로부터 얼마 후 뉴질랜드의 지방들은 남아 있던 입법권을 잃게 되었다. 19세기가 끝날 무렵, 뉴질랜드 정부는 놀랄 만한 독립성과 적극성으로 선진화된 사회 복지 정책을 추진했고, 1907년에는 완전한 자치 정부를 수립했다.

이는 런던에서 열린 식민지 회의에서 실질적으로 백인 정착 식민지를 뜻하는 모든 자치 보호령을 '자치령'이라 명하자는 결정이 내려진 후의 일이었다. 1914년 전까지 자치령의 자격이 없었던 또 한 국가는 1910년에 생겨난 남아프리카 연방이었다. 이는 대영제국의 역사에서 가장 불행한 시기이자 험난하고 긴 역사의 마지막 장이었으며, 한편으로는 아프리카 역사의 또 다른 불행을 알리는 출발점이었다.

남아프리카

1814년 영국이 전략상의 이유로 희망봉에 있는 네덜란드 식민지를 차지하기 전까지는 영국 이주자는 남아프리카에 정착하지 않았다. 그러나 그 후 수천 명의 영국인들이 '케이프 식민지'로 불리는 이 지역으로 왔다. 이들은 네덜란드 이주자들보다는 수가 적었으나, 영국 정부의 후원으로 영국의 법과 제도를 도입할 수 있었다.

그리고 이때부터 네덜란드어로 '농부'를 뜻하는 보어인이 누리던 특권이 줄어들기 시작했다. 무엇보다도 보어인들은 마음대로 흑인 원주민들을 부리던 자유에 제약이 가해지자 자극을 받았다. 특히, 영국의 노예제 철폐로 인해 그들이 소유하고 있던 3만 5,000명의 흑인 노예들이 해방되었고, 이에 대해 충분한 보상을 받지 못했다고 생각한 그들은 크게 분노했다.

이러한 상황 속에서 영국이 토착 흑인에게 유리한 정책을 지속할 것이라 생각한 보어인들은 1835년에 집단 이주를 감행했다. 오렌지 강 이북으로의 대이주는 남아프리카 태생 네덜란드계 백인들의 의식을 일깨웠다는 점에서 중요하다. 이로써 영국인과 보어인이 때로는 각자, 때로는 함께 살아가기 위해 노력했던 긴 역사가 시작되었다. 그러나 그럴 때마다 아프리카 흑인의 운명은 타인에 의해 좌지우지되었다.

영국의 영토 확장

얼마 지나지 않아 영국은 보어인들이 북동부

남아프리카의 줄루족을 패배시킨 뒤 영국은 이들과 합의에 이르렀다. 그림 속에서 1883년 줄루족의 왕인 케츠와요는 다시 왕위에 오르는 의식을 행하고 있다. 유럽식 제복을 입은 케츠와요 왕은 백성들 사이에서 눈에 띈다.

로 이주해 세운 나탈 공화국을 식민지로 삼았다. 이는 보어인들이 아프리카인들을 착취하는 것을 막고, 보어인들이 네덜란드 항구를 세워 영국과 극동 지역 간의 왕래를 위협하지 못하도록 하기 위해서였다. 그러자 이번에는 남아프리카공화국 동부 발강의 북쪽으로 보어인들의 대이주가 시작되었다. 이를 계기로 영국은 남아프리카에서 최초로 영토를 확장하게 되었고, 이 후에도 영토 확장은 반복적으로 이루어졌다.

인도주의적 이유는 둘째치고라도, 영국 정부와 이주민들은 아프리카인과 좋은 관계를 유지해야 할 필요성을 절실히 느꼈다. 과거에 줄루족이 보어인을 적대시했던 것과 마찬가지로, 아프리카인과 원만한 관계를 맺지 못하면 영국의 안전에 위험이 따를 수도 있었다. 이는 지난 세기에 아메리카 대륙 식민지의 인디언들이 일으킨 상황과 다르지 않다.

19세기 중반, 북쪽에는 오렌지 자유국과 트랜스발이라는 보어인 공화국이 있었다. 그리고 케이프 식민지와 나탈은 영국의 통치를 받았는데, 각각 의회가 존재했고 경제적 자격을 갖춘 몇몇 흑인은 의원을 선출하기 위해 투표를 할 수 있었다. 한편 영국의 보호를 받는 토착 국가들도 있었다. 그중 하나인 바수톨란드는 보어인들을 흑인 사법권하에 두어 보어인들의 반감을 샀다.

이러한 상황에서는 좋은 관계가 유지될 리 없었고, 어쨌거나 영국 정부는 1872년 이후 자체적인 책임 정부를 세운 희망봉의 식민 이주자들과 자주 의견 충돌을 일으켰다. 한편 새로운 상황도 발생했다. 오렌지 강 이북 지역에서 다이아몬드가 발견되자 영국은 이곳을 장악함으로써 보어인들의 노여움을 샀다. 게다가 보어인들이 타도한 바수토인들을 영국 정부가 지원하자, 보어인들은 더욱 분노했다.

마지막으로 케이프 식민지의 총독은 트랜스발공화국을 병합하는 어리석은 짓을 저질렀다. 그리고 이에 대항해 보어인들이 성공적으로 봉기를 일으키고 영국 군대를 크게 격파하자, 경각심을 느낀 영국 정부는 1881년 이 공화국에 다시 독립을 선포했다. 그러나 그때부터 남아프리카 내 영국 정책에 대한 보어인의 불신은 극에 달했다.

보어 전쟁

독립을 되찾은 지 20년도 채 되지 않아 보어인과 영국인 사이의 긴장감은 전쟁으로 이어졌다. 이는 예상치 못한 두 차례의 변화 때문이었다. 한 가지 변화는 1886년에 금이 발견

1883년에서 1900년까지 트랜스발공화국의 대통령이었던 폴 크루거. 그는 영국과의 보어 전쟁(1899~1902)에서 보어인들을 지휘했다.

보어 전쟁 첫해에 트랜스발에서 전투 중인 영국 군인들.

된 트랜스발공화국에서 소규모 산업 혁명이 일어난 것이었다. 그 결과 수많은 광부와 투기업자들이 유입되었고 외부의 재정적인 이해관계가 남아프리카의 내부 사정과 얽히게 되었다. 또한 부를 축적한 트랜스발공화국이 그동안 마지못해 인정해 왔던 영국의 지배에서 벗어날 수 있다는 가능성이 생겼다. 이러한 변화 속에서 태어난 요하네스버그는 짧은 기간에 인구 10만의 도시로 성장했으며, 아프리카 잠베지 강 이남에서 유일한 도시로 성장했다.

두 번째 변화는 1880년대와 1890년대에 기타 유럽 국가들이 아프리카의 나머지 지역을 장악하기 시작했고, 이에 대해 영국 정부는 그 누구도 케이프 식민지에 통치권을 행사할 수 없다고 강력하게 대응한 것이었다. 당시 케이프 식민지는 동쪽으로의 해로를 통제하는 데 중요했고, 트랜스발공화국을 오고가는 수송량에 그 수입을 의존하고 있었다. 따라서 영국 정부는 트랜스발공화국이 자체적으로 인도양에 접근하게 되는 것을 우려했다.

그리고 이러한 우려 때문에 영국 정부는 이상주의적 제국주의자, 케이프 식민지의 정치가, 영국 민중 지도자, 암흑가의 자본가 등 각계각층의 사람들로부터 압력을 받게 되었다. 이들은 1899년 보어인과 대립했고, 결국 트랜스발공화국의 폴 크루거 대통령이 최후통첩을 하면서 보어 전쟁이 일어났다. 어린 시절 북쪽으로 대이주를 한 경험이 있는 크루거 대통령은 영국인에 대한 반감이 깊었다.

보어 전쟁의 결과

빅토리아 시대 영국 군대의 널리 알려진 전통은 그 시대의 마지막 전쟁인 보어 전쟁에서도 유감없이 드러났다. 일부 고위 사령관과 관리들은 서툴고 무능했으며, 반면에 연대장과 그 부하들은 공격적이고 무장 상태가 철저해 대적하기 힘들었던 적군에 맞서 싸워 용맹을 떨쳤다. 그러나 전쟁의 결과는 의심할 여지가 없었다. 그 누구보다도 전략적으

1899년 철갑을 두른 영국의 열차를 공격하고 있는 보어인 병사들.

로 판단을 내린 영국 여왕의 말대로, 영국이 패할 가능성은 없었다.

남아프리카는 영국의 해상력으로 둘러싸여 고립되어 있었다. 유럽 국가는 보어인들을 도울 수 없었고, 영국 본국으로부터 많은 병사와 물자가 도착해 보어인들을 물리치는 것은 시간문제였다. 그리하여 25만 명이 넘는 병사가 남아프리카로 파견되는 등 보어 전쟁은 상당한 대가를 치렀고, 이는 결국 영국 정치가들에게 반감을 불러일으켰다.

게다가 보어 전쟁은 외부 세계에 그리 좋게 비춰지지 않았다. 보어인은 억압받는 민족으로 여겨졌고, 실제로도 그러했다. 그러나 다른 경우에서도 그랬듯, 19세기 시대의 사람들은 민족주의에 대한 열망이 지나친 나머지, 그로 인한 부정적인 결과는 생각하지 못했다. 다행히도 영국 정치가들의 양심이 상당히 회복되어, 전쟁터에서 보어인들이 죽어 나간 1902년에는 전쟁을 끝내는 관대한 조약이 체결되었다.

이로써 트랜스발공화국과 오렌지 자유국은 영국의 식민지가 되었다. 그러나 신속하게 양보가 이루어져 1906년에 트랜스발공화국은 책임 정부를 세우게 되었다. 이곳에는 광산업을 위해 이주해 온 많은 외국인들이 있었는데도, 보어인들은 다음 해 선거에서 승리해 이 책임 정부를 이끌게 되었다. 그런데 이들은 곧바로 아시아 이주민, 특히 인도인에게 불리한 법을 제정하기 시작했다. 그 무렵 젊은 인도인 변호사였던 마하트마 간디가 인도인 공동체를 대변하기 위해 정치계에 입문했다.

한편 1909년에는 남아프리카 연방의 헌법 초안이 통과되었는데, 이는 네덜란드어와 영어로 동등하게 작성되었다. 가장 중요한 점으로서, 이 헌법은 각 지방의 선거 규정에 따라 선출되는 의회로 정부를 구성할 수 있게 했다. 한편 보어인의 지방에서는 선거권이 백인에게만 있었다.

그 당시 남아프리카 식민지에 대해서 말들

이 많았다. 사람들은 남아프리카의 '인종 문제' 하면 화해가 가장 시급한 영국인과 보어인 사이의 관계를 떠올렸다. 남아프리카가 지닌 결함들이 드러나는 데는 시간이 걸릴 터였다. 이는 사람들이 생각하는 것보다 보어인들이 역사 속에서 더욱 강하게 비춰졌기 때문이다. 또한 산업화에 의해 남아프리카 사회가 멈출 수 없이 빠른 속도로 변화했고, 이를 통해 아프리카 흑인 문제에 큰 힘이 실렸기 때문이기도 하다.

영국 자치령들의 자원

영국의 다른 백인 자치령들과 마찬가지로, 남아프리카의 경제는 세계 경제의 흐름에 크게 영향을 받았다. 미국과 마찬가지로 캐나다는 유럽 최대의 곡창 지대 중 하나인 자국 영토에 철도를 건설했다. 오스트레일리아와 뉴질랜드는 유럽의 공장들이 필요로 하는 양모를 생산하기 위해 최초로 자국의 넓은 목초지를 이용했다.

그 후 냉동 장치가 발명되자, 오스트레일리아와 뉴질랜드는 목초지에서 육류를 생산했고 뉴질랜드는 유제품까지 생산했다. 그 결과, 이 두 신생국은 주요 산물을 생산하게 되면 담배나 쪽을 재배하던 17세기보다 더욱 많은 부를 축적할 수 있음을 알게 되었다.

그러나 뒤늦게 광물 생산국으로 떠오른 남아프리카의 경우는 이와 달랐다. 남아프리카는 다이아몬드 산업을 통해 처음 그 모습을 드러냈는데, 그 존재가 급속도로 알려진 계기는 1880년대에 금이 발견된 것이다.

그리하여 금을 채취하기 위해 엄청난 양의 자본과 전문 기술이 동원되었고, 결국에는 다른 광물 역시 채취할 수 있게 되었다. 그 결과 유럽의 기업과 주주들은 남아프리카에서 많은 이익을 거두어 들였다. 또한 세계의 금 공급량까지 늘어나 미국 캘리포니아에서 금이 발견되었던 1849년만큼이나 유럽의 상업이 촉진되었다.

19세기 영국령 남아프리카 케이프 식민지에 있는 다이아몬드 채굴지. 시굴자들이 강둑에서 흙을 걸러 내고 있다.

| 토착민에 대한 대우 |

당시 영국에서는 선교 활동과 인도주의가 성장하고 있었고, 영국 식민성은 언제나 그랬듯 식민지 이주자들의 요구를 불신하고 있었다. 따라서 미국이 북미의 평원 인디언들을 외면했던 당시처럼 백인 자치령의 원주민들을 외면하기는 어려웠다.

그러나 영국의 식민지에서 근대의 영향을 받은 원주민들은 고대 문명 사회가 아닌 원시 사회에 살고 있었다. 이들 사회의 일부는 발달의 정도가 상당히 낮아 구석기 또는 신석기시대 정도의 수준을 보였고, 따라서 외부 세력에 매우 취약했다. 캐나다 인디언과 에스키모인들은 상대적으로 수가 적었고 북미의 평원 인디언들이 자신들의 사냥터를 보호하기 위해 맞서 싸웠던 것과는 달리, 서부 및 북서부 지역의 개발에 큰 위협이 되지는 않았다.

한편 오스트레일리아의 경우는 더욱 처참했다. 오스트레일리아의 아보리진 원주민들

19세기 중반 마오리족 대장과 그의 아내의 모습. 폴리네시아계인 뉴질랜드의 마오리족은 오스트레일리아의 아보리진족보다 더욱 융통성이 있었고 고도의 기술을 지니고 있었으며 매우 호전적이었다.

은 수렵 채집 사회가 식민지 건설에 의해 파괴되자 격분했고, 백인들의 부당한 잔학 행위에 맞서 폭력을 행사했으나 새로 발생한 질병으로 많은 사람이 목숨을 잃었다. 오스트레일리아 식민지의 초기는 아보리진 원주민 대학살로 얼룩진 시기였다. 게다가 식민지 후기는 살아남은 원주민들을 방치하고 괴롭히고 착취한 시기로 악명이 높았다. 과거 영국 영토 내에서 아보리진족만큼 아메리칸 인디언과 같은 운명을 거친 민족은 없을 것이다.

한편 뉴질랜드의 경우, 최초로 백인이 이주하면서 총이 도입되었다. 이곳의 원주민인 마오리족은 총을 받아들였고, 결국 이 때문에 그들의 토착 사회가 붕괴되었다. 이후에는 영국 정부와 마오리족과의 전쟁이 일어났다. 전쟁의 근본적인 원인은 살 땅을 찾지 못한 백인

19세기 중반 오스트레일리아의 아보리진족이 춤 의식을 행하고 있는 모습. 영국인들이 오스트레일리아에 도착했을 무렵 그곳에는 수렵과 채집으로 살아남은 수십만 명의 아보리진족이 살고 있었다. 그러나 20세기 초까지 아보리진족의 수는 5만 명으로 줄어들었다.

정착민들이 마오리족을 그들의 땅에서 몰아냈기 때문이었다. 결국 정부는 부정한 토지 매수를 금하기 위한 조처를 취했지만, 개인 소유라는 영국의 개념이 도입되면서 부족의 소유지는 분열되었고 세기 말에 마오리족들은 토지를 잃었다.

마오리족 역시 그 수가 줄어들었으나 오스트레일리아의 원주민인 아보리진족의 경우처럼 심각하지는 않았다. 현재는 마오리족의 수가 1900년 당시보다 많으며, 유럽 혈통의 뉴질랜드인보다 빠르게 늘어나고 있다.

한편 남아프리카의 상황은 위의 경우를 합친 것과 같다. 영국의 보호로 일부 토착민들은 20세기까지 선조들의 땅에서 큰 변화 없이 살아왔다. 그러나 쫓겨나거나 몰살당하는 토착민들도 있었다. 여기서 중요한 점은 남아프리카 원주민들의 운명은 언제나 남의 손에 달려 있었다는 사실이다. 원주민들은 그들의 땅에서 식민 정부의 이해관계와 자비심, 식민지 이주자들의 요구와 전통, 경제적 기회와 위기가 어떻게 균형을 이루느냐에 따라 생존이 결정되었다.

물론 단기적으로 본다면 원주민들은 케츠와요 치하의 줄루족이나 게릴라전을 펼쳤던 마오리족의 경우와 같이 군사적인 위협을 가할 수도 있었다. 그러나 이들은 결국 아스텍족이 스페인의 멕시코 정복자인 코르테스에 맞서 저항한 경우와는 달리, 자신들이 가진 자원으로 훌륭한 저항 수단을 만들어 내지 못했다. 외세에 저항하기 위해 비유럽 민족들은 유럽화되어야 했다. 해외에 새로운 유럽 국가를 건설하는 일은 언제나 토착민의 희생을 필요로 했던 것이다.

유럽의 자기변호

유럽 통치하의 원주민들이 받은 고통만으로 식민지주의에 대해 이야기해서는 안 된다. 여기서는 유럽인들이 식민지주의를 어떻게 정당화하는지 하는 문제로 살펴보아야 한다. 유럽인들은 원주민 사회가 파괴되고 분열되는 것을 목격했지만 이를 내버려 두었다. 그러나 이들이 모두 부도덕하고 탐욕스럽다고 영국의 「일러스트레이티드 런던 뉴스」에 수록된 이 삽화에서 빅토리아 여왕(1819~1901)은 1886년 5월에 열렸던 식민지 인디언 박람회의 남오스트레일리아 전시장을 둘러보고 있다.

비난만 하기에는 부족한 면이 많다. 게다가 일부 유럽 인도주의자들은 식민지에서 선의적인 활동을 했으므로 유럽인들을 무조건 비난하는 것도 무리가 있어 보인다.

답은 사물을 보는 관점에 있다. 많은 유럽인들은 백인이 선의에 의해서 토착민과 접촉했다 할지라도 토착민들이 고통을 받는다는 것을 이해할 수 있었다. 그러나 이미 뿌리내린 토착 문화를 백인 문화가 부식시킨다는 것은 이해할 수 없었다. 이를 이해하기 위해서는 유럽이 아직도 깨닫지 못한 인류학적 지식과 통찰력이 필요하다. 특히 많은 토착 문화가 실제로 미개하고 야만적이었거나 선교에 대한 유럽인들의 확신이 강했을 경우에는 백인 문화가 토착 문화를 좀먹는다는 사실을 납득시키기가 더 어려웠다.

유럽인들은 자신들이 진보와 발전의 편에 서 있다고 생각했으며, 예수의 고난을 함께 지고 간다고 생각하는 사람들 역시 여전히 많았다. 이러한 생각은 백인 정착 식민지의 건설, 영토의 직접 통치, 종속 사회와의 협약 체결 등 유럽이 팽창한 모든 면에서 나타났던 확신이다. 더욱 수준 높은 문명권에 속해 있다는 우월감은 초기 기독교의 경우와 같이, 약탈 행위를 감행할 수 있는 권리일 뿐만 아니라 많은 면에서 십자군과 비슷한 오만한 태도의 근원이었다.

그러나 유럽인들이 토착 사회에 보다 나은 무언가를 가져다주었다는 생각은 그들의 확신일 뿐이다. 유럽인들은 이러한 확신에 눈이 멀어 부족의 권리를 개인의 재산 소유권과 맞바꾸고, 자연에서 모든 것을 얻는 수렵 채집인을 임금 노동자로 변모시켰다. 그러나 유럽인들은 자신들의 행위가 실제로 어떠한 결과를 초래했는지는 알지 못했다.

2 유럽의 제국주의와 제국주의 통치

타민족과 다른 땅에 대한 유럽인의 통치는 이들이 세계를 지배하고 있음을 보여 주는 확실한 예였다. 제국주의가 무엇인가에 대한 논의는 지금까지도 끊이지 않고 있지만, 우선은 직접적이고 공식적인 지배라고 한정짓는 편이 좋겠다. 물론 이 개념이 비유럽 세계에 대한 다른 형태의 지배와 혼동될 수도 있음은 감안해야 한다. 여기서는 오랜 시간에 걸친 연구와 논의를 필요로 했던 제국주의의 원인이나 동기를 다루지는 않을 것이다.

제국주의가 시작된 데에는 다양한 원인이 작용했으며, 이를 이끈 동기가 모두 납득할 수 없거나 자기기만적인 것은 아니었다. 게다가 제국주의는 어느 한 시대가 아닌, 역사 속에서 계속적으로 나타난 현상이었다. 이는 또한 유럽이 비유럽을 지배하는 관계였던 것만도 아니었다. 제국주의 통치는 해상은 물론 육로를 통해서도 이루어졌으며, 일부 유럽인이 다른 유럽인을 지배하거나 비유럽인이 유럽인을 지배하는 경우도 있었다.

그럼에도 불구하고 19, 20세기가 되자 제국주의라는 말은 유럽의 팽창을 뜻했고, 그로부터 세계 나머지 지역에 대한 유럽의 직접적인 지배는 그 어느 때보다도 확실해졌다. 비록 19세기 초 아메리카 대륙의 상황은 과거 3세기 동안 건설된 유럽 제국들이 쇠락하고 있음을 보여 줬지만, 그 후 수백 년 동안 유럽의 제국주의는 더욱 발달하여 효율성이 최고조에 달했다.

이 과정은 두 가지 특징적인 단계를 거쳤다. 그 첫 번째 단계는 1870년으로 거슬러 올라간다. 당시 일부 제국주의 국가들은 놀라운 기세로 영토를 늘려 갔는데, 러시아, 프랑스, 영국이 이에 해당했다. 반면 네덜란드, 스페인, 포르투갈 등은 영토의 규모가 그대로거나 줄어들었다.

러시아의 팽창

러시아의 팽창은 얼핏 보면 북미 대륙을 차지하고 힘없는 주변국들을 장악했던 미국이나 인도를 통치했던 영국의 경우와 비슷해 보이지만, 사실은 상당히 특별했다. 러시아의 서쪽으로는 유럽 선진국들이 있어 그곳에서는 영토를 늘릴 수가 없었다. 또한 다뉴브 지역의 터키 영토로 진입하는 일 역시 가능

1884년 프랑스의 탐험대가 인도차이나에 있는 통킹의 산을 지나고 있다. 무장 호위대는 모두 원주민으로 구성되어 있다.

제국주의

흔히 무력 정복을 통해 한 민족이 다른 민족을 통치하는 행위를 뜻하는 제국주의는 최초의 문명이 시작될 때부터 세계 각지에서 이루어졌다. 그러나 제국주의란 용어는 19세기 중반 이후부터 사용되었는데, 이는 당시 행해지고 있던 유럽의 대규모 식민주의 팽창을 일컫는 말이었다.

제국주의의 원인에 대해서는 현재까지도 논의가 이어지고 있다. 그중에서 일부 역사가들은 국내 문제에 대한 국민의 관심을 다른 곳으로 돌리고 국제적인 위상을 되찾아야 할 필요성 등 정치적 원인을 제시했다. 이 밖에 경제적 이유를 주장한 자들도 있었다. 즉, 19세기의 많은 제국주의자들은 식민지를 돈벌이가 되는 시장으로 생각했다는 것이다. 한편 제국주의자들이 심리학적, 사회적 이유에서 식민지를 건설했다는 의견도 있었다. 제국주의자들은 유럽인들은 타인종에 비해 선천적으로 우월하며 그러므로 타민족을 지배할 의무가 있다는 사회 다윈주의를 인용하곤 했다. 그러나 많은 식민지는 단순히 국제적 경쟁의 산물로 생겨난 경우가 대부분이었다.

1903년 8월 프랑스령 인도차이나의 토착민 기병대의 모습. 대부분의 경우, 유럽의 부대 단위로 편성되어 유럽 사령관의 지휘를 받는 토착민 군대가 식민지의 치안을 유지했다.

성이 별반 없었다. 그곳에서는 언제나 다른 국가들의 이해관계와 충돌해야 했고, 결국에는 견제당할 확률이 높았기 때문이다.

따라서 러시아가 자유롭게 세력을 확장할 수 있는 곳은 남쪽과 동쪽뿐이었다. 그리고 19세기 후반까지 러시아는 이 두 지역에서 대대적으로 영토를 늘렸다. 남쪽으로는 1826년에서 1828년에 걸친 페르시아와의 전쟁에서 승리를 거둬 아르메니아의 영토를 획득했고, 카스피해에 러시아의 해군력을 확립하게 되었다. 중앙아시아에서는 투르키스탄과 더불어 오아시스 도시인 보하라, 히바로 꾸준히 진격했고, 1881년에 드디어 트랜스카스피아 전역을 자국 영토에 포함시켰다.

또한 시베리아에서 적극적으로 확장한 결과 아무르 강의 좌안을 차지했고, 1860년에는 극동부의 도시인 블라디보스토크를 세웠다. 그리고 얼마 후 러시아는 알래스카를 미국에 팔아 아메리카 대륙에 있는 자산을 정리했다. 이는 러시아가 아메리카 대륙보다는 아시아·태평양의 주체 세력이 되고자 했음을 보여 준다.

바다를 호령하던 영국

러시아 외에 그 시대의 대표적인 제국주의 국가였던 프랑스와 영국 역시 해외로 세력을 넓혔다. 그러나 영국이 영토를 확장하는 데는 프랑스의 희생이 따랐다. 이런 점에서, 프랑스 혁명 전쟁과 나폴레옹 전쟁*은 18세기에 치러진 영국과 프랑스 간 식민지 경쟁의 마지막 접전이라 할 수 있었다.

1714년과 1763년의 경우와 마찬가지로, 나폴레옹 전쟁에서 승리한 1815년에 이루어진 영국의 영토 확장은 주로 자국의 해군을 강화하기 위한 것이었다. 몰타, 세인트루시아, 이오니아 제도, 희망봉, 모리셔스, 트링코말리는 모두 이러한 이유에서 확보한 지역이었다. 그리고 영국 해군 기지에 증기선이 머물게 되어 석탄을 보급하는 일이 중요해지자 영토를 추가로 늘려야 했다.

* 나폴레옹 전쟁
1797~1815년 프랑스 혁명 당시 프랑스가 나폴레옹 1세의 지휘 아래 유럽의 여러 나라와 싸운 60여 회의 전쟁을 통칭하는 말. 제2차 백년 전쟁 혹은 프랑스 혁명 전쟁이라고도 한다. 이를 통해 프랑스는 유럽 대부분의 지역에서 일시적인 주도권을 잡지만, 나폴레옹이 권력을 장악하면서 왜곡된 민족주의로 변질된다.

1880년 영국의 빅토리아 여왕과 딸 베아트리체 공주의 모습. 1837년에서 1901년에 이르는 빅토리아 여왕의 오랜 재임 기간 동안 대영제국은 전성기를 누렸다. 1876년에 빅토리아 여왕은 '인도의 여황'이라는 칭호를 받았다.

한편 1839년 오스만 제국 내부에서 대변동이 일어나자 영국은 인도로 통하는 중요한 전략적 기지인 아덴을 거머쥘 기회를 잡았고 다른 국가들 역시 이에 따를 태세였다. 그러나 트라팔가르 해전* 이후 누구도 영국의 세력 확장에 감히 도전할 수 없었다. 물론 한데 합치면 영국의 제해권을 무너뜨릴 수 있는 자원들이 여러 국가에 없었던 것은 아니었다.

그러나 영국에 도전하기 위해서는 많은 노력이 필요했다. 어느 국가도 영국의 해군과 맞먹을 만큼 많은 선박과 기지를 갖지 못했기 때문이다. 대신 다른 국가들은 세계 최대의 상업국인 영국이 모든 국가에 유리한 해상 규제를 실시하도록 함으로써 이득을 볼 수 있었다.

영국의 제해권 덕분에 식민지들은 당시 눈부시게 성장했던 무역 체제에 참여할 수 있었다. 미국의 독립혁명 이전에 영국은 스페인이나 프랑스보다 더욱 적극적으로 상업 활동을 장려하고 있었다. 덕분에 기존 식민지들은 부를 축적해 번영했고, 이후 생겨난 자치령들 역시 그 혜택을 누릴 수 있었다.

반면 미국의 독립혁명 이후 영국 본토에서는 이주 식민지에 대한 관심이 줄어들었다. 이제 이주 식민지는 많은 비용과 문제를 일으키는 것으로밖에 비춰지지 않았다. 그러나 19세기 초 영국은 유럽에서는 유일하게 새로운 이주자들을 기존 식민지로 보냈다. 그리고 그들이 식민지에 정착한 덕분에 본국인 영국은 국외로 통치권을 넓힐 수 있었다.

영국의 인도 통치

일부 영국 식민지, 특히 남아프리카에서는 아시아와의 제국주의적 왕래에 대해 새로운 관심이 생겨났다. 이는 상당히 복잡한 문제였다. 미국의 독립과 먼로주의로 인해 서반구는 제국주의가 확장되는 지역으로서 매력이 없었다. 그러나 남태평양의 개방과 아시아 무역의 성장 등 영국이 동쪽으로 관심을 돌릴 만한 계기는 이미 1783년 이전부터 존재했다. 당시 프랑스의 위성 국가였던 네덜란드와 치른 전쟁으로, 영국은 새로이 오늘날의 말레이시아 지역과 인도네시아에까지 손을 뻗치게 되었다.

무엇보다도 영국은 인도에 점차 깊이 관여

하게 되었다. 이미 1800년에 인도 무역은 영국의 상업과 식민주의에서 중요한 요소로 자리 잡았다. 1850년이 되자 대영제국의 식민지 대부분은 오직 인도의 전략상 필요에 의해 획득한 것이라는 주장까지 생겨났다. 그리고 바로 그 시점에 영국은 실질적으로 인도에서 세력 확장을 완료했다. 이 지역은 영국 제국주의의 핵심이었다.

이는 아무도 예측하지 못한 일이었다. 1784년 피트 총리의 인도법으로 영국 정부와 동인도 회사가 인도를 공동으로 다스린다는 '이중 통치 체제'가 생겨나자, 영국에서는 인도의 영토를 더 이상 합병하지 말자는 움직임이 일어났다. 이미 아메리카 대륙의 반란을 경험한 영국 본토에서는 이제 더 이상 식민지를 늘려서는 안 된다는 의견이 우세해진 것이다.

그러나 문제가 계속 있었다. 이는 세입 관리로 인해 동인도 회사의 업무가 토착 인도의 정치와 행정에 어쩔 수 없이 연관된다는 점이었다. 이 때문에 민간 무역이 행해지던 초기에는 눈감을 수 있었던 회사 관리들의

월권 행위를 막는 일이 그 어느 때보다도 급해졌다.

그러던 중 인도에 정부를 두는 일이 영국 의회로서는 중요한 사안이라는 공감대가 점차 형성되기 시작했다. 이는 대대적인 후원을 끌어낼 수 있을 뿐 아니라, 영국 본국은 인도인들에게 좋은 정부를 제공해야 할 책임이 있기 때문이었다. 따라서 신탁통치라는 개념이 생겨나기 시작했다. 한 세기 동안 유럽에서는 정부가 국민의 이익을 대변해야 한다는 개념이 지지를 얻었으므로 이 원칙은 식민지의 민족들에게도 당연히 적용되어야 했다.

라스카사스* 시절 이후로 원주민을 착취하는 일은 거센 비판을 받았다. 18세기 중반에 출간된 프랑스 작가 아베 레이날의 저서인 『두 인도의 유럽인 정착지와 상업에 대한 철학 및 정치사』는 30판까지 발행되고 20년 동안 여러 언어로 번역되었는데, 이 책에서 그는 세속적인 계몽 인도주의에 입각하여 성직자들을 비판했다. 그리고 이를 토대로 1783년 에드먼드 버크는 영국 하원에서 있었던 인도에 대한 토의에서 '국민 위에 서 있는 모든 정치적 권력은······ 어떤 식으로든 근본적으로 그들의 이익을 위해 행사되어야 한다.'라고 말했다.

1887년 오늘날 미얀마 지역의 중, 북부인 상 버마에 있는 만달레이의 한 거리에서도 영국 식민지화의 영향력이 이미 나타나고 있었다.

* **트라팔가르 해전**
1805년 10월 21일 넬슨의 영국 함대가 나폴레옹의 프랑스와 스페인 연합 함대를 에스파냐 남서쪽 트라팔가르에서 격파한 해전. 연합 함대는 침몰 5척, 포획 17척, 전사자 8,000명이라는 참패를 당했고, 반면 영국은 이때 제해권을 확립하였다.

* **라스카사스**
에스파냐의 성직자이자 역사가(1474~1566). 아메리카에 파견된 도미니크 수도회의 선교사로 인디언에 대한 전도와 보호 사업을 벌였다. 유럽인의 인디언 탄압을 폭로하고 인디언 노예제의 철폐를 주장한 최초의 유럽인이다. 저서로는 『인디언 통사』 등이 있다.

◀ 1886년 벵골 보병대의 군사들이 오늘날의 미얀마 지역인 버마의 한 마을을 장악하고 있다. 같은 해 영국은 상 버마를 점령함으로써 버마를 완전히 정복했다.

1773년에서 1784년까지 인도의 총독을 역임한 워런 헤이스팅스는 관직에서 물러난 뒤 부패 행위로 인해 상원에 의해 재판을 받게 되었다. 그는 끝내 혐의에서 풀려났으나, 당시 인도에 있던 영국 관리들 사이에서는 부패가 만연해 있었다.

* 플라시 전투
1757년 인도에서 영국의 동인도 회사와 벵골의 태수太守 시라지 웃다울라 사이에 벌어진 전투. 영국의 동인도 회사가 자행한 밀무역이 벵골의 지역 경제에 큰 타격을 준다는 데서 비롯되었다. 그러나 태수군의 부장部將들이 영국에 이미 매수되어 전투는 영국의 승리로 끝났고, 이를 통해 영국은 벵골의 지배권을 확보했다.

인도에 대한 새로운 태도

인도에 대한 태도가 변화하고 있었다. 최초로 무굴 제국의 궁정에 갔던 유럽 상인들은 놀라움과 경외심을 금치 못했다. 그러나 2세기에 걸쳐 무굴과의 관계가 가까워지면서, 그들의 미개함, 미신, 열등함을 보고 유럽인들은 경멸감을 드러내게 되었다.

그러나 또 다른 변화가 나타나기 시작했다. 플라시 전투*를 승리로 이끌었던 클라이브는 자진해서 인도어를 배운 적이 없었던 반면, 초대 인도 총독이었던 워런 헤이스팅스는 옥스퍼드 대학교에서 페르시아어 교수직을 얻기 위해 노력했다. 또 그는 인도에 최초의 인쇄기를 도입하고 최초로 벵골어 활자를 만들도록 장려했다.

그리고 인도 문화의 복잡성과 다양성이 높이 평가되기 시작했다. 그래서 1789년 캘커타에서는 최초의 동양학 학회지인 「아시아적 학술연구Asiatick Researches」가 발행되기 시작했다. 한편 더욱 실질적으로 정부 차원에서 살펴보면, 동인도 회사의 재판관들은 이슬람인이 연관된 가족 소송에 이미 이슬람법을 적용하고 있었고, 마드라스의 세무당국은 힌두교 사원과 축제에 대한 규제와 재정 지원을 모두 담당했다. 또한 동인도 회사에서 운영하는 헤일리버리 대학에서는 1806년부터 인도어 수업이 실시되었다.

그리고 영국과 인도의 관계 변화에 따라 동인도 회사의 특허장이 정기적으로 갱신되었다. 한편 정부의 책임은 점차 늘어갔다. 그리하여 1813년에는 영국 정부의 권한을 더욱 강화하고 동인도 회사가 인도에 행사하던 독점 무역권을 폐지하는 내용의 특허장이 갱신되었다. 당시 프랑스와의 전쟁으로 영국은 이미 인도 남쪽에 진출한 상태였다. 이는 영토의 합병과 토착민 지도자들과의 조약 협상을 통해 인도 외교 정책을 통제할 수 있게 되면서 가능해졌다.

특허장이 또다시 갱신되었던 1833년까지, 동인도 회사의 직접적, 간접적 통치를 받지 않았던 주요 지역은 인도 북서부뿐이었다. 그리고 1840년대가 되자 펀자브와 신드가 영국에 합병되었고, 카슈미르에서 보여 주었던 우월성 덕분에 영국 정부는 실질적으로 인도 전역을 장악하게 되었다.

동인도 회사의 지배

동인도 회사는 상업적 기구에서 정부 기구가 되었다. 1833년에 발행된 특허장에 따라 동인도 회사는 인도와의 무역 기능은 물론 중국 무역의 독점 기능까지 잃게 되었다. 또한 당시의 추세에 따라 아시아 무역은 그때부터 자유 무역에 기반하게 되었고, 동인도 회사는 행정적인 역할만을 담당하게 되었다.

이러한 환경 속에서 인도는 실질적으로나 상징적으로 과거와 단절되었고, 결국에는 세계의 근대화에 참여할 수 있게 되었다. 상징적으로 말해, 무굴제국 황제의 이름이 인도

화폐에서 사라지게 된 것이다. 그러나 이는 페르시아어가 법적 언어로서 인도의 공식적인 기록과 사법에 더 이상 쓰이지 않는다는 사실만을 의미하지는 않는다.

이는 영어가 인도의 공용어로 채택되고 영어 교육이 공식적으로 실시됨을 의미한다. 또한 인도 공동체들 간의 세력 균형이 깨진다는 것을 의미하기도 한다. 분명 영국화된 힌두인들은 진취성이 덜한 이슬람인보다 더욱 발전할 것이기 때문이었다. 다양한 집단으로 분할되어 있는 인도에서 영어는 행정 언어로 채택되었고, 이를 보완하기 위해 초등 교육의 수업이 영어로 진행되었다.

한편 영국 총독들이 인도에서 꾸준히 추구했던 계몽전제주의*는 물질적, 제도적 성과를 보이기 시작했다. 도로와 운하가 건설되었고 1853년에는 인도 최초의 철도가 개통되었으며 법체계가 도입되었다. 또한 동인도 회사의 영국 관리들은 직원들을 위해 설립된 대학에서 특별 교육을 받았다. 그리고 1857년에는 인도 최초로 세 개의 대학이 건립되었는데, 이들 대학은 이전에 세워진 교육 기관들을 토대로 삼았다. 그 밖의 교육 시설 중에는 1791년에 한 스코틀랜드인이 베나레스에 세운 산스크리트 대학인 루르드 오브 힌두이즘이 있다.

이렇듯 인도가 서서히 변혁을 겪게 된 것은 정부가 직접 변화를 위한 정책을 추진했기 때문이 아니라 다양한 여러 기관이 좀더 자유롭게 활동할 수 있게 되었기 때문이다. 1813년에 선교사들이 인도에 도착한 후부터, 영국 내에서는 인도의 상황에 관심을 갖는 또 다른 집단이 서서히 생겨났다. 이들은 복음주의자들이었다. 그리하여 기존의 공리주의와 복음주의라는 두 철학이 앞 다투어 정부로부터 긍정적인 행동을 끌어내려 했다.

다시 말해, 공리주의는 행복의 증진을 추구

했고 복음주의 기독교는 영혼의 구원을 추구했다. 이 두 철학은 모두 인도를 위한 최상의 길이 무엇인지 알고 있다고 자부했으며, 그러한 생각 때문에 오만했다. 그리고 이 두 철학 때문에 영국인의 태도는 시간이 가면서 미묘하게 변화했다.

앵글로 인디언

19세기 중기선의 발명은 인도를 가깝게 만들었다는 점에서 의미가 깊었다. 그리하여 많은 잉글랜드인과 스코틀랜드인들이 인도에서 보금자리를 마련하고 일을 하기 시작했다. 이를 계기로 인도에서는 영국인의 입지가 차츰 변화하기 시작했다.

물론 18세기에는 동인도 회사 관리들의 수가 상대적으로 적었다. 그래서 이들은 상업적인 기회를 얻고 이따금 인도인들과 긴밀히 접촉하는 사회생활에서 위안을 찾으며 망명자로서의 삶을 사는 데 만족했다. 이들은 대개 인도인 신사처럼 생활했고, 인도의 의복과 음식을 받아들이거나 인도인 아내와 첩을 맞이하는 자들도 있었다.

그러나 개혁 정신이 투철한 관리들은 미개하고 야만스러운 원주민 관습을 뿌리 뽑겠다

1782년 인도 남부 마이소르의 이슬람 왕자 하이더 알리 칸이 프랑스의 해군 제독인 피에르 드 쉬프랑을 맞이하고 있다. 헤이스팅스가 이끄는 영국 군대를 격퇴하기 위한 이들의 협력은 수포로 돌아갔고, 이들은 결국 패배했다.

* **계몽전제주의**
18세기 후반 독일, 이탈리아, 러시아 등에 나타난 절대주의 군주제의 변형된 형태. 계몽주의를 받아들인 군주에 의한 절대주의로, 군주 자신이 '위로부터의 근대화'를 추진하기 위해 채택한 것이다. 주로 관료행정의 확충을 통해 여러 가지 개혁을 시도했으며 '계몽절대주의'라고도 한다.

18세기 인도의 세밀화는 '펀자브의 사자'라고도 불렸던 마하라자 란지트싱(1780~1839)의 모습을 담고 있다. 그는 1792년 아버지의 뒤를 이어 시크교* 공동체를 이끌었다. 영국의 확고한 동맹자였던 그는 서양 군사들로부터 훈련을 받은 군대의 도움으로 1799년 라호르를 장악했고, 펀자브 지역에 막강한 시크교 독립 국가를 세웠다.

* **시크교**
힌두교인인 나나크가 힌두교의 신애(信愛) 신앙과 이슬람교의 신비 사상을 융합하여 창시한 종교. 인도 서북부의 펀자브 지방에 널리 퍼졌다. 그러나 그 세력이 점점 확대되자 무굴제국의 박해를 받았고, 이에 대응해 교단 자체가 전투 집단화되었다.

는 의지를 보였다. 여아 살해나 순장 같은 풍습은 특히 이들이 우려하는 것이었다. 또 선교사들은 이 땅에 기독교를 전파하겠다는 신념을 품었는데, 이로 인해 힌두교 및 이슬람교 사회의 전반이 무너지게 되었다. 또 영국인 여성들은 인도에 일자리를 마련한 배우자와 함께 인도로 건너와 2~3년간 가정을 꾸리기도 했다. 그리고 이 모든 것들은 인도에 사는 영국인 공동체의 속성을 변화시켰다.

그리하여 인도의 영국인들은 점차 원주민들과 동떨어진 삶을 살기 시작했고, 자신들은 우월하며 그렇기 때문에 문화적으로나 도덕적으로 열등한 인도인들을 지배할 수 있다고 굳게 믿었다. 나아가 이들은 지배의 대상인 인도인들과 의식적으로 거리를 두려 했다.

한 예로, 어느 영국인은 자국민들을 '호전적인 문명'의 대표자라고 높이 평가했다. 또한 그들의 임무를 인도라는 나라에 유럽 문명의 중요한 요소들을 도입하는 것이라고 말했다. 그의 말에 따르면, 인도는 인구가 많고 한없이 무지하고 우상을 숭배하는, 미신에 사로잡혀 있는 나라였다. 또 인도인들은 게으르고 운명론적이며, 부도덕한 행위에 무감각하고, 이를 없애려 하기보다는 굴복하는 경향이 있었다는 것이다.

이렇듯 확고한 신념은 18세기 영국인들이 지녔던 신념과는 확실히 달랐다. 과거의 영국인들은 인도에서 돈을 버는 일 외에는 다른 의도가 없었다. 그러나 이제 토착민의 이해관계를 적대시하는 새로운 법이 제정되면서, 자신들이 우월하다고 굳게 믿은 영국인들은 인도인과의 사회적 접촉을 점차 줄여 갔다. 그들은 인도의 지식인들을 정부의 하급직으로 내몰기 시작했고, 폐쇄되었으나 확실한 특권을 누리는 자신들만의 삶에 테두리를 형성했다.

물론 초기의 영국인 정복자들은 인도 사회에 어느 정도 흡수되었다. 그러나 빅토리아 시대의 영국인들에게는 본토와의 접촉을 유지시켜 주는 현대 기술이 있었고 자신들의 지적, 종교적 우월성에 대한 굳은 믿음이 있었다. 따라서 초기의 정복자들과 달리 아무런 영향도 받지 않은 채 인도에서 점차 동떨어져 갔다.

19세기 인도에서 영국 관리 부부들이 한데 모여 테니스 파티를 즐기고 있는 모습. 사진 속의 인도인들은 대부분 손님이 아닌 하인들이다. 여기서 볼 수 있는 영국인들의 의복, 가구 그리고 테니스 파티 자체는 식민주의자들이 영국의 생활 방식을 굳게 고수하고 있음을 보여 준다.

물론 영어와 영국식 아침, 저녁 식사에 남아 있는 흔적을 보면 알 수 있듯, 이들이 인도의 영향을 전혀 받지 않은 건 아니었다. 그러나 이들은 완전히 영국의 것도 아니고 완전히 인도의 것도 아닌 문명을 만들어 냈다. 19세기의 '앵글로 인디언'이라는 말은 영국과 인도의 혼혈인이 아니라 인도에서 직업적으로 성공한 영국인을 뜻하는 말로, 문화적, 사회적 차별성을 나타냈다.

| 세포이 항쟁 |

인도와 앵글로 인디언 사회는 1857년에 일어난 세포이 항쟁*으로 사실상 완전히 분리되었다. 이 반란으로 영국인들의 확신은 돌이킬 수 없을 만큼 타격을 받게 되었다. 본래 이 사건은 신성 모독이라는 이유로 힌두교 병사들이 동물의 기름이 발린 신식 탄약통의 사용을 거부하면서 일으킨 반란이 그 시초였다. 동시에 여러 폭동이 연쇄적으로 일어난 결과로 일어난 것이었다.

이 사소한 발단은 그 파장이 엄청났다. 폭동의 대부분은 혁신과 근대화에 대한 전통 사회의 자발적이고 반동적인 반응이었다. 강

* 세포이 항쟁
1857~1859년 일어난 인도 최초의 민족 항쟁. 델리 근교에 있는 소도시 메러트에서 영국 동인도 회사의 인도인 용병들인 세포이가 영국의 식민지 지배에 반대하며 항쟁을 일으켰다. 그러나 통일된 지도 조직이 없어 승리를 기대할 수 없었다.

유럽의 제국주의와 제국주의 통치 51

19세기 세포이 항쟁 당시 영국군과 인도군의 전투 모습. 그림은 당시의 항쟁을 신화적으로 보여주고 있다.

압적인 방식에 자극을 받은 이슬람교와 힌두교 원주민 통치자들은 자신들의 특권을 잃은 사실을 후회했고, 이번 기회로 인도가 독립성을 되찾을 수 있을지 모른다고 생각했다.

무엇보다 영국인의 수가 적었다. 그러나 수적으로 불리한 영국인들의 반응은 즉각적이고 무자비했다. 그리고 충성스러운 인도 군사들의 도움으로 영국은 인도 반란군을 격퇴했다. 그러나 이는 일부 영국인 인질들이 학살당하고 반란군의 영토인 러크나우에서 영국 군대가 몇 개월간 포위를 당한 후의 일이었다.

폭동의 신화적 중요성

상황은 어느 정도 진정되었으나 세포이 항쟁과 그 진압은 영국령 인도에 참담한 결과를 가져다주었다. 이 사태로 영국은 끝내 무굴 제국을 공식적으로 멸망시켰다. 그러나 그 사실은 그리 중요하지 않았다. 게다가 후에 인도 민족주의자들이 주장했던 바대로, 인도의 국가적인 자유 운동이 탄압을 받아 인도에 비극이 찾아온 것도 아니었다.

국가를 세우는 데 필요한 많은 일화와 마찬가지로, 세포이 항쟁은 하나의 신화이자 고무적인 사건으로서 중요했다. 실제로는 혼란스럽고 반동적인 저항이었던 이 항쟁은 사건의 실상보다는 후대에 어떻게 전해지는가가 더욱 중요했다. 그리고 이 반란은 실제로 영국의 선의와 확신에 상처를 주었고 비참하고도 중대한 결과를 초래했다.

겉으로 드러난 영국 정책의 의도가 어떠했든, 그때부터 영국인들의 머릿속에는 인도인들을 절대적으로 신뢰할 수 없다는 생각이 자리 잡게 되었다. 인도인은 물론 앵글로 인디언들 사이에서도 세포이 항쟁이 지닌 신화적 중요성은 시간이 갈수록 커졌다. 항쟁 당시 인도인들이 저질렀던 만행은 물론 비난 받아 마땅했겠지만, 영국 정부는 일어나지도 않았던 잔학 행위까지 일어났다고 추측했고, 이를 억압과 사회적 배제 정책의 구실로 삼았다.

결론적으로, 세포이 항쟁은 즉각 제도적인 차원에서 새 시대를 열게 되었다. 이를 계기로 동인도 회사 정부가 해산되었기 때문이다. 그 결과 인도 총독은 영국의 내각 장관에 해당하는 여왕의 부왕이 되었다. 이러한 구조는 대영제국이 존재하는 내내 영국 통치의 기반이 되었다.

무역의 성장

세포이 항쟁은 오직 기존의 전통을 더욱 확고히 고수함으로써 인도의 역사를 변화시켰다. 인도에서는 이 사건 못지않게 혁명적이었으나 그 여파는 더욱 점진적이었던 성과가 하나 더 있었다. 이는 19세기에 꽃을 피웠던 영국과의 경제적 연대 관계였다. 당시 상업은 영국인이 인도에 머무는 근본적인 이유였고, 이는 계속해서 인도의 운명을 좌우했다.

영국과 인도의 경제적 관계는 인도가 중국 무역의 거점으로 자리 잡을 무렵 처음으로 두드러지게 발전했다. 1830년대와 1840년대 들어 몇 가지 이유로 중국으로의 접근이 쉬워지자 중국 무역은 크게 늘어났다. 그와 동시에 영국의 인도에 대한 수출, 특히 직물의 수출 역시 최초로 가파른 성장을 보였다. 따라서 세포이 항쟁이 일어났던 시기에는 과거 동인도 회사 시절보다도 더 많은 영국인과 상업 회사를 포함하는 대규모 상업적 이해관계가 인도에 존재했다.

이제 영국과 인도 간의 무역은 영국 제조업의 확장은 물론 세계의 상업과도 연관을 맺게 되었다. 수에즈 운하는 아시아로의 상품 운송의 비용을 크게 줄였다. 또한 19세기 말이 되자 영국과 인도와의 무역량은 네 배 이상 증가했다. 이로 인한 효과는 두 국가 모두에서 나타났으나, 산업화에 제약을 받았던 인도에서 더욱 결정적이었다. 인도의 산업화는 영국과의 경쟁이 없었다면 더욱 빠르게 진행되었을 것이다.

따라서 역설적이게도, 무역의 성장은 인도의 근대화와 과거와의 단절을 지연시키는 결과를 낳았다. 그러나 인도의 근대화를 촉진시키는 요소는 또 있었다. 19세기 말 영국의

영국령 인도

1858년 세포이 항쟁을 일으켰던 반란군들이 진압되고 나자, 기존의 영국 동인도 회사는 해체되었고 영국 정부가 직접 인도를 통치하게 되었다. 그러나 왕자들이 독립적으로 다스렸던 인도의 공국들은 영국의 보호하에 있었음에도 불구하고 식민 통치가 끝날 때까지 살아남았다.

지배가 제공한 틀 안에서 문화적 영향에 자극을 받으면서 인도는 불가피하게 근대화를 거칠 수밖에 없었다.

프랑스의 제국주의

19세기 초에 영국만큼 식민지를 많이 보유하고 있는 국가는 없었다. 그러나 프랑스 역시 1815년에 남아 있던 자국 영토에 상당한 수의 식민지들을 더했다. 19세기 중반 이후에도 프랑스는 서아프리카나 남태평양 등 다른 지역에 여전히 관심을 보였다. 그러나 프랑스 제국주의의 부활을 알리는 최초의 징후는 알제리에서 나타났다.

프랑스의 화가 에밀 베르네의 1834년 작품. '아랍 지도자들의 평의회 회의'라는 제목의 이 그림은 프랑스 점령 당시 알제리의 모습을 보여 준다.

* 파샤
오스만 제국과 북아프리카에서 신분이 높은 사람이나 고위직에 있는 사람을 가리키는 말. 주로 군인들과 고위 문관들은 파샤가 됐으나 성직자들은 될 수 없었다. 그리고 19세기 이집트의 경우를 제외하고는 순전히 개인적인 것이어서 세습할 수 없었다.

　당시 오스만 제국이 쇠락하면서 북아프리카 대륙 전역은 유럽이라는 포식자들의 제국주의에 무방비로 노출되어 있었다. 또한 남부 및 동부 지중해 연안에서는 이러한 상황 때문에 터키가 분할될 위기에 처해 있었다. 그러므로 프랑스가 이 지역에 관심을 갖는 것은 당연했다. 프랑스는 레반트 무역이 활발했던 18세기와 나폴레옹의 지휘하에 이집트 원정이 이루어졌던 1798년으로 돌아갔다.

　알제리의 정복은 1830년에 불확실하게 시작되었다. 프랑스는 그곳 원주민들과 수차례 전쟁을 치르고 모로코의 술탄과도 1870년까지 전쟁을 계속한 후에야 알제리의 대부분을 정복할 수 있었다. 그러나 그때부터 팽창의 새로운 시대가 열렸다. 이후 프랑스는 튀니스에 관심을 돌렸고, 이 지역은 1881년에 프랑스의 보호령이 되었다.

　그리고 한때 오스만 제국의 속국이었던 알제리와 튀니스, 이 두 지역에 프랑스, 이탈리아, 스페인으로부터 유럽인들이 꾸준히 이주해 오기 시작했다. 이들은 몇 개 도시에 이주민으로서 정착했는데, 이들 때문에 후에 프랑스의 통치가 복잡해지게 되었다.

　아프리카의 알제리인들이 아스텍족이나 아메리칸 인디언, 오스트레일리아의 아보리진족과 같이 몰살당하거나 위기에 처하던 시절은 이미 지나갔다. 한때 유럽에 훌륭히 맞서 싸웠던 이슬람 문명의 가혹한 시련으로 단련된 알제리는 어떠한 상황에서도 강력하게 저항했다. 그렇지만 알제리인들은 특히 토지법의 도입으로 고통을 겪었다. 이 법은 그들의 전통적인 관습을 파괴하고 농민들을 혹독한 시장 경제에 노출시켜 그들을 가난하게 만들었다.

이집트

아프리카 연안의 동쪽 끝에 위치한 이집트에서는 국가적인 차원에서 자각이 일어났다. 그 결과 비유럽에서는 최초로 근대화를 추구한 민족주의 지도자이자 이집트의 파샤*인 메흐메트 알리가 등장했다. 유럽을 동경한 그는 오스만 제국의 술탄으로부터 독립해야 한다고 주장했고, 유럽의 사상과 기술을 도입하려 했다. 후에 그리스 독립 전쟁 당시 오스만의 술탄이 도움을 요청하자 메흐메트 알리는 그 대가로 시리아를 요구했다.

오스만 제국에 대한 위협은 1830년대의 국제적인 위기를 초래했으며, 프랑스는 그의 편을 들었다. 이들은 성공하지 못했으나, 후에 프랑스는 레반트와 시리아에 관여하는 정책을 지속적으로 추진했다. 결국 이 정책은 결실을 거두어 20세기에 프랑스는 단시간 내에 이 지역에서 입지를 확고히 굳혔다.

마지막 제국주의의 물결

19세기 초반 영국과 프랑스가 주어진 기회를 잘 활용했다는 생각으로 인해, 다른 국가들 역시 제국주의의 움직임에 동참한 것은 사실이었다. 그러나 선망에서 비롯된 모방만으로는 19세기 후반 '제국주의 물결'이라 불렸던 이 급작스럽고 적극적인 현상을 충분히 설명하지 못한다. 1914년까지 남극 대륙과 북극을 제외하고, 유럽 또는 유럽 식민지의 지배를 받지 않던 지역은 전 세계 육지 면적의 5분의 1 미만이었다. 그리고 이들 지역 중 일본, 에티오피아, 오늘날의 태국 지역인 시암만이 진정한 자치를 누리고 있었다.

그중에는 유럽의 기세가 축적되어 큰 힘을 발휘했기 때문이라는 주장도 있었다. 유럽의 패권은 힘을 축적함에 따라 저항할 수 없는 세력이 되어 갔다. 어찌 보면 제국주의의 이론과 이데올로기는 유럽 세계가 한순간에 거머쥔 엄청난 권력을 단순히 합리화하는 수단이었다.

한 예로, 의약품이 발명되어 열대 지방의 전염병을 퇴치할 수 있게 되고 증기선으로 빠른 운송이 가능해지자, 아프리카에 영구적인 기지를 건설하고 침범하는 일은 쉬워졌다. 즉, 오랫동안 흥미의 대상이었던 이 검은 대륙은 1870년대 들어서야 개척할 수 있었던 것이다. 이렇게 기술이 발전되자 무역과 투자를 촉진, 보호할 수 있는 유럽 세력이 확장될 가능성이 생겼고, 매력적인 곳이 되었다.

그러나 가능성만 보고 품었던 기대는 대개 근거가 없거나 실망스러운 결과로 이어지는 경우가 많았다. 아프리카의 '개척되지 못한 영토' 또는 수백만의 빈곤한 중국인들로 이루어진 거대한 소비재 시장이 어떠한 매력을 지녔든, 산업 국가들은 여전히 다른 산업 국가를 최고의 고객이자 무역 협력자로 생각했다. 또한 해외 자본 투자가 이루어지는 곳은 대개 새로운 식민지가 아닌 과거 혹은 현재의 식민지였다. 그때까지 영국은 대부분 미국과 남아메리카에 해외 투자를 하고 있었다. 한편 프랑스 투자자들은 아프리카보다는 러시아를 선호했고, 독일은 터키에 투자를 실시했다.

제국주의를 둘러싼 경쟁

경제적 기대는 많은 이들을 고무시켰다. 그

1836년 11월, 프랑스 보병대가 말을 타고 후퇴하는 알제리인 무리를 향해 총을 쏘고 있다. 프랑스가 군사적으로 훨씬 우세했는데도 1836년의 전투는 프랑스에게 큰 타격이 되었다.

> ### 식민주의의 '짐'
>
> 영국의 작가인 루디야드 키플링(1865~1936)은 식민주의를 찬양하는 유명한 시를 썼다. 이 시에서 그는 식민주의를 식민주의자들이 식민화된 자들을 이롭게 하기 위해 짊어진 짐이라고 비유하고 있다. 그는 이 시를 통해 미국이 필리핀에 대해 이러한 의무를 질 것을 권유하고 있다. 그의 시는 이렇게 시작한다.
>
> 백인의 짐을 짊어져라
> 그대가 기른 훌륭한 자식들을 보내라
> 그대가 정복한 자들을 위해 봉사하도록
> 그대의 아들들을 머나먼 땅으로 보내라
> 제멋대로이며 광폭한 자들
> 반은 악마요 반은 어린 아이인
> 그대의 음침한 새 백성들을
> 두꺼운 갑옷을 입고 맞이하라
>
> 백인의 짐을 짊어져라
> 인내심을 갖고 기다리며
> 공포의 위협을 감추어라
> 그리고 자만심을 보이지 말라
> 백번이나 분명하게 이야기한
> 단순하고 솔직한 말로써
> 다른 자의 이익을 추구하고
> 다른 자의 이득을 위해 일하라
>
> 백인의 짐을 짊어져라
> 평화를 위한 잔인한 전쟁들이
> 굶주린 입을 가득 채우고
> 욕설을 멈추게 하도다
> 그대의 목적지가 가까워지면
> 다른 자들이 추구하는 바도 끝나니
> 그대의 모든 희망을 물거품으로 만들
> 나태와 이교도적인 우둔함을 경계하라
>
> 루디야드 키플링이 1899년에 쓴 『백인의 짐』의 첫 세 연.

리고 이들 때문에 제국주의적 팽창은 언제나 일반화가 어렵게 만드는 임의적인 요소를 지니고 있었다. 탐험가, 무역업자, 모험가들은 정부가 자발적으로든 혹은 마지못해서든 더 많은 식민지를 세우도록 부추겼다. 이들은 대부분 국민적 영웅인 경우가 많았다. 유럽의 제국주의가 가장 활기를 띠었던 이 시기에는 국민의 정치 참여 역시 크게 활발해졌기 때문이다. 신문을 읽고 투표에 참여하고, 또는 거리에서 만세를 외치면서 대중들은 제국주의적 경쟁을 일종의 국가 간 경쟁으로 강조하는 정치에 점차 관여하게 되었다.

게다가 값싼 가격에 구입할 수 있었던 신문이나 잡지는 흔히 탐험이나 식민 전쟁을 극적으로 표현함으로써 이러한 상황을 이용했다. 게다가 일부에서는 해외로 세력을 확장하면 국내의 사회적 불만을 외부로 돌림으로써 이를 완화시킬 수 있다는 의견도 있었다. 물론 전문가들은 이러한 식민지 건설이 비용만 초래할 뿐이라고 생각했다.

그러나 이윤 추구만이 제국주의의 목적이 아니듯 냉소주의 역시 이야기의 전부가 아니다. 몇몇 제국주의자들을 고취시켰던 이상주의는 그보다 더 많은 사람들의 양심에 위안이 되었다. 자신이 진정한 문명을 지녔다고 생각했던 사람들은 선의에서 타인을 지배하는 일이 그들의 의무라고 생각했다. 키플링이 쓴 유명한 시에는 미국인들에게 백인의 전리품이 아닌 백인의 짐을 짊어지라는 구절이 있다.

이 모든 요소는 1870년 이후 더욱 복잡하게 얽히기 시작했다. 이 요소들은 식민지 문제에 자체적인 논리를 적용하던 변화하는 국제 관계 속에서 저마다 한자리를 차지해야 했다. 전반적인 상황을 자세히 설명할 필요는 없으나 지속적으로 나타났던 두 가지 특징은 살펴볼 필요가 있다.

한 가지 특징은 영국이 절대적인 제국주의 국가라는 이유로 가장 많이 다른 나라와 식민지 분쟁을 치렀다는 점이다. 영국의 식민지는 세계 어디에서나 존재했다. 그리고 영국의 주요 관심사는 인도뿐만이 아니었다. 영국은 희망봉 항로와 수에즈 운하를 통해 또 다른 항로를 보호하기 위해 아프리카 영토를 점령했고, 인도의 중립적인 완충 지역에 가해지는 위험을 경계했다. 이 모든 사실은 영국이 인도만을 염두에 두고 있지 않음을 보여 준다.

한편 1870년에서 1914년에 이르는 동안, 영국과 다른 강대국 간의 전쟁을 일으킬 만했던 비유럽 문제로 인한 유일한 위기는 바로 러시아의 아프가니스탄 점령과 나일 강 상류의 상 이집트를 차지하려던 프랑스의 시도였다. 영국의 관리들은 또한 프랑스의 서아프리카 및 인도차이나 진출과 페르시아에 가해지던 러시아의 영향력을 상당히 우려했다.

제국주의와 유럽 열강들 사이의 관계

식민지 문제로 인한 국제 사회의 불화는 지속적으로 나타났던 두 번째 사실을 보여 준다. 40여 년 동안 유럽 국가들이 해외 식민지 문제로 서로 충돌했고 미국이 스페인과 전쟁을 치렀지만, 비유럽 세계의 분할은 놀랄 만큼 평화스럽게 이루어졌다는 것이다. 1914년에 제1차 세계 대전이 일어나자, 식민지 문제로 줄곧 분쟁했던 영국, 러시아, 프랑스는 나란히 한편에 서게 되었다. 당시 전쟁의 원인은 식민지 경쟁이 아니었다.

물론 1900년 이후 단 한 번, 모로코에서 비유럽 지역에 대한 다툼으로 두 유럽 강대국 간에 전쟁이 일어날 뻔한 경우가 있었다. 그러나 이 경우도 실질적인 원인은 식민지 경쟁이 아니었다. 이 사건의 쟁점은 독일이 다른 나라의 방해를 받지 않고 프랑스를 협박할 수 있느냐 하는 것이었다. 1914년 이전에, 비유럽 문제로 인한 분쟁은 사실상 그보다 더 위험한 유럽 자체의 경쟁을 막아 줄 수

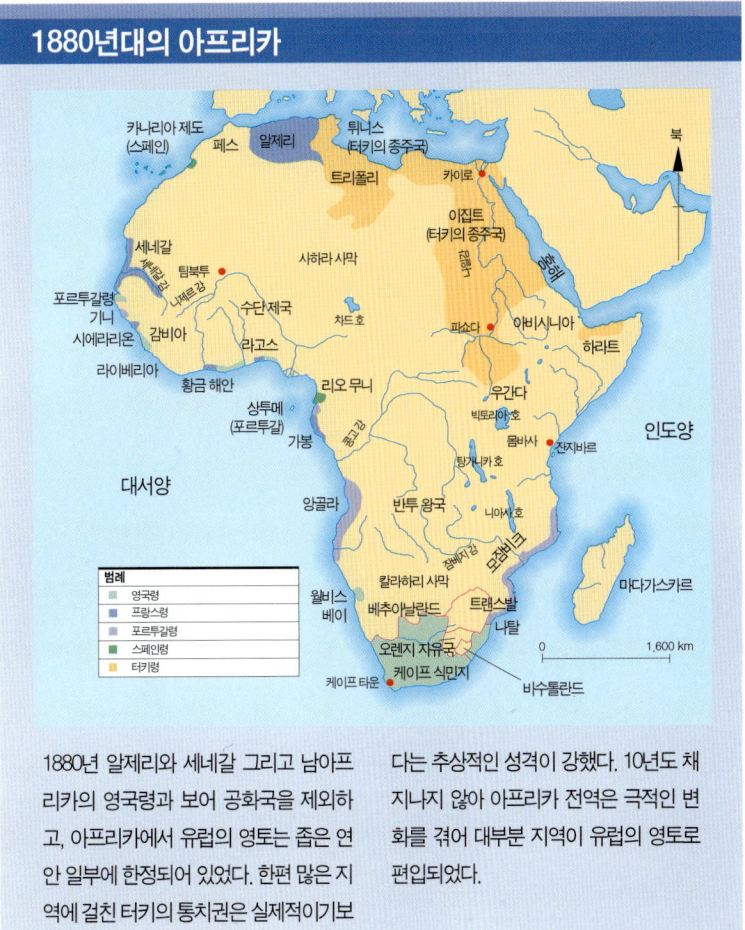

1880년대의 아프리카

1880년 알제리와 세네갈 그리고 남아프리카의 영국령과 보어 공화국을 제외하고, 아프리카에서 유럽의 영토는 좁은 연안 일부에 한정되어 있었다. 한편 많은 지역에 걸친 터키의 통치권은 실제적이기보다는 추상적인 성격이 강했다. 10년도 채 지나지 않아 아프리카 전역은 극적인 변화를 겪어 대부분 지역이 유럽의 영토로 편입되었다.

있는 긍정적인 역할을 했던 것으로 보인다. 이러한 분쟁은 유럽의 평화를 유지하는 데 도움이 되었는지도 모른다.

| 아프리카 쟁탈전 |

제국주의 경쟁은 자체적인 추진력이 있었다. 즉, 한 국가가 새로운 식민지를 얻으면 다른 국가들 역시 어김없이 자극을 받아 그보다 더 나은 것을 얻으려 한 것이다. 제국주의의 물결은 이처럼 자급적이었다. 그리고 1914년이 되자 아프리카에서 가장 주목할 만한 결과들이 나타났다.

다시 말해, 19세기 초 노예 제도에 반대했

1914년의 아프리카

1914년이 되자 라이베리아와 아비시니아(에티오피아)를 제외한 아프리카 전 지역이 유럽의 통치권에 들어갔다. 라이베리아는 1816년에 미국 사회가 세운 국가로 해방된 노예들이 이곳에 정착할 수 있었다. 그리고 아비시니아는 기독교 왕국으로 1896년에 프랑스의 첫 번째 침략을 물리쳤으나 1936년 두 번째 프랑스 침략에는 항복했다.

던 탐험가, 선교사, 운동가들의 활동 덕분에, '검은 대륙'으로 유럽 세력을 넓히는 일은 계몽과 인도주의, 즉 문명의 혜택을 보급하는 일이라는 믿음이 생겨난 것이다. 한편 아프리카 연안에서 수세기에 걸쳐 무역을 행한 끝에, 유럽인들은 이득이 되는 귀중한 산물은 아프리카 내륙에 있음을 알게 되었다. 남아프리카 케이프 식민지의 백인들은 이미 내륙으로 진출한 상태였다. 물론 이는 영국 통치에 대한 보어인들의 분노 때문인 경우가 많았다.

어쨌든 이 모든 사실은 언제 터질지 모르는 폭발물처럼 한데 뭉쳐져 1881년에 드디어 폭발하고 말았다. 당시 영국은 민족주의 혁명을 진압하던 이집트 정부를 보호하기 위해 이집트에 군대를 파견했다. 이는 이집트의 혁명이 성공을 거둘 경우 수에즈 운하가 위험해질 수 있었기 때문이다. 이집트 민족주의자들의 사상적 기반이 되었던 유럽 문화의 부식력으로 인해, 형식적으로는 여전히 이집트를 지배하고 있던 오스만 제국은 또 다른 쇠퇴기를 맞이했고 이른바 '아프리카 쟁탈전'이라는 시대가 열리게 되었다.

아프리카의 분할

영국은 이집트에서 신속히 군대를 철수하려 했지만 1914년에도 군대는 여전히 이집트에 머물러 있었다. 당시 영국 관리들은 실질적으로 이집트의 행정을 맡고 있었고, 남쪽으로는 영국과 이집트의 통치가 수단 지역으로 확대된 상태였다. 한편 서쪽으로 살펴보면, 리비아와 트리폴리타니아에 있는 터키의 서부 지방은 이탈리아에 뺏겼고 알제리는 프랑스의 영토였으며 프랑스는 스페인령을 제외한 모로코 나머지 지역을 임의적으로 다스릴 수 있었다.

아프리카 북서부의 모로코에서 남쪽으로 희망봉까지 이르는 해안선은 고립된 흑인 공화국인 라이베리아를 제외하고 영국, 프랑스, 독일, 스페인, 포르투갈, 벨기에의 영토로 확연히 나뉘어 있었다. 또 아프리카 북부에 있는 사하라의 텅 빈 황무지는 프랑스의 소유였고, 세네갈의 분지와 콩고의 분지 북쪽 역시 프랑스의 소유였다. 한편 벨기에는 콩고의 나머지 지역을 차지했는데, 그곳이 아프리카에서 가장 풍부한 광물 산지임은 나중에야 드러났다.

더 동쪽으로 살펴보면, 희망봉에서 위쪽으로 로디지아와 콩고 국경까지가 영국의 영토였다. 동쪽 해안에서 영국의 영토는 독일 소유인 탕가니카 해안과 포르투갈령 동아프리카로 인해 끊겨 있었다. 그리고 동부 해안의 케냐 항구인 몸바사로부터 우간다를 지나 수단 국경과 나일강 상류까지 길게 이어졌다. 또한 영국, 이탈리아, 프랑스 치하에 있었던 소말리아와 에리트레아는 에티오피아를 고립시켰다.

에티오피아는 라이베리아를 제외하고 아프리카에서 유일하게 유럽의 통치를 받지 않은 국가였다. 고대 국가이면서 기독교를 신봉하는 에티오피아의 통치자는 1896년 아도와에서 이탈리아 군대를 전멸시키는 군사적인 성공을 거둠으로써 19세기 비유럽권에서 유일하게 식민지화의 위협을 피했다.

그러나 다른 아프리카인들은 거세게 저항할 힘이 없었다. 1871년 프랑스의 알제리 폭동 진압, 1902년과 1907년 포르투갈의 앙골로 반란 진압, 영국의 줄루족과 마타벨레족 탄압, 그리고 가장 최악의 사태로 1907년 남서아프리카에서 벌어졌던 독일의 헤레로족 대학살이 그러한 예였다.

식민주의의 효과

대개 1881년 이후 엄청난 기세로 뻗어나간 유럽의 세력은 아프리카의 역사를 변화시켰다. 유럽 협상가들의 거래, 발견으로 인한 우연한 사건들, 식민 통치의 편리성은 결국 아프리카에 근대화를 일으키는 계기를 마련했다. 또한 아프리카 일부 지역에서는 부족 간의 전쟁을 막고 기본적인 수준의 의료 서비

1884년 이집트 수비대가 수단의 마디파 군의 접근을 대비해 수단의 요새를 방어할 준비를 하고 있다. 2년 전 이집트는 영국의 보호령이 되었다. 당시 오스만시대부터 이어져 온 이집트의 수단 통치는 종교 지도자인 마디가 이끄는 봉기로 위협을 받게 되었다. 그는 1885년에 사망했고, 1898년이 되자 그의 후계자인 칼리프는 영국에 패배했다.

1908년 다호메이의 왕인 아드지카-토피아의 모습. 엎드려 있는 백성들 앞에 앉아 있는 왕은 유럽식 제복을 입고 있다. 그의 왕국은 1892년 프랑스에 정복당했다.

스를 도입했을 뿐인데도 인구가 크게 증가했다. 그리고 몇 세기 전 아메리카 대륙에서처럼, 새로운 작물이 도입되어 많은 인구가 식량을 얻게 되었다.

그러나 각국의 식민 정부는 저마다 다른 문화적, 경제적 영향을 미쳤다. 그리하여 식민지 통치가 끝나고 한참 시간이 흐르면, 프랑스가 지배하던 지역과 영국이 지배하던 지역이 큰 차이를 보이게 될 터였다. 전 대륙에 걸쳐 아프리카인들은 새로운 형태의 일을 발견했고, 식민 정부가 운영하는 유럽식 학교나 공공시설에서 유럽의 관습을 배웠다. 또 그들은 이제 자신들의 삶을 다스리게 된 백인의 관습 속에서 본받아야 할 점과 배척해야 할 점을 발견했다.

그리고 일부 영국 식민지에서처럼, 전통적인 토착 제도에 의한 통치가 매우 중요시되었지만 그 후부터 이러한 제도는 새로운 환경 속에서 운영되어야 했다. 이러한 상황 속에서 부족 및 지역 공동체는 계속해서 자신들의 권리를 주장하곤 했으나, 이들의 행동은 식민주의가 형성한 새로운 구조를 점차 거스르게 되어 후에는 독립적인 아프리카의 유산으로 남게 되었다.

어쨌든 여러 언어, 기독교의 일부일처제, 기업가적인 태도, 새로운 지식 등은 모두 아프리카에서 새로운 자기 의식과 발전된 개인주의가 탄생하는 데 한몫을 했다. 그리고 이러한 요소들을 바탕으로 20세기의 새로운 아프리카인들이 등장하게 되었다. 좋든 나쁘든 제국주의가 없었다면 이러한 요소는 그만큼 효과적이고 신속한 영향력을 발휘하지 못했을 것이다.

아프리카가 유럽에 미친 영향

아프리카와 달리, 유럽은 아프리카를 개척한 것으로 인해 영향을 별로 받지 않았다. 그러나 아프리카의 일시적인 영향력을 크게 해석하기는 쉽다. 확실히, 유럽은 쉽게 개발할 수 있는 부를 손에 넣었다. 그러나 오직 벨기에만이 아프리카의 자원을 개발하여 국가의 미래를 변화시켰다.

유럽 국가에서 아프리카의 개발은 정치적 반대에 부딪히기도 했다. 실제로 19세기 후반 일부 탐험가들은 16세기 신대륙 정복자들 이상으로 악명이 높았다. 벨기에 레오폴드 왕의 콩고 정부와 포르투갈령 아프리카의 강제 노동이 대표적인 예였다. 그러나 다른 지역에서도 제국주의 정부가 눈감아주는 가운데 유럽인들이 인적, 물적 자원을 비롯한 아프리카의 자연 자원을 무차별적으로 개발, 약탈해 이득을 취했고, 이는 곧 반식민주의 운동을 일으켰다. 또한 일부 국가는 유럽에 복무시킬 목적이 아니면서 아프리카 병사들을 소집했다. 유럽에서는 프랑스만이 이를 이용해 독일군과의 경쟁에서 수적인 열세를 극복하고자 했다.

한편 일부 국가는 국내의 사회적 문제를 완화시키기 위해 아프리카를 이주민의 배출구로 삼았다. 그러나 유럽인들이 아프리카에 정착할 가능성은 국가마다 크게 엇갈렸다. 아프리카에서 정착민들이 많이 모여 있는 두 지역은 남부에 있었고, 나중에 영국은 백인 농민들이 경작하기에 알맞은 토지가 있는 케냐와 로디지아를 개방했다. 이와 별개로, 프랑스령 북아프리카에는 몇 개 도시가 있었고, 앙골라에는 포르투갈 공동체가 성장하고 있었다.

반면 이탈리아인들은 정착지로서 아프리카에 많은 기대를 걸었으나 이내 실망했고, 독일인들의 경우에는 극소수만이 아프리카에 이주했으나 그것도 아주 잠시였다. 그리고 러시아, 오스트리아, 헝가리, 스칸디나비아 국가 등 일부 유럽 국가는 사실상 아프리카로 이주하지 않았다.

아시아 및 태평양에서의 제국주의

물론 19세기 제국주의의 대상은 아프리카뿐만이 아니었다. 태평양은 아프리카만큼 극적으로 분할되진 않았으나 결국 독립적인 정치 공동체는 전혀 살아남지 못했다. 또한 영국, 프랑스, 러시아는 아시아에서 대대적으로 세력권을 넓혔다. 프랑스는 인도차이나를 차지했고 영국은 인도로 통하는 길을 확보하기 위해 말레이 반도와 버마를 차지했다. 반면 오늘날의 태국인 시암은 이 두 강대국 사이에서 완충 작용을 했기 때문에 독립을 유지할 수 있었다. 영국은 인도를 보호할 목적으로 티베트를 원정하여 우월성을 과시했다.

러시아가 육로를 통해 점령했던 지역들과 마찬가지로, 이들 지역은 대부분 공식적으로 중국의 종주권하에 있었다. 이들의 역사는 무

식민 통치하에서도 전통적인 아프리카 생활 방식의 일부는 변하지 않은 채로 남아 있었다. 프랑스의 화가 모리스 베르셰르가 그린 이 그림에서 누비아의 아이들은 작물을 지키려고 새들을 쫓아 내고 있다.

19세기에 태평양 섬은 많은 유럽인들에게 '문명'을 벗어나 새로운 삶을 찾을 수 있는 안식처로 인식되었다. '해변의 여인들, 타히티에서'라는 제목의 이 그림을 그렸던 프랑스의 후기 인상파 화가 폴 고갱(1848~1903)은 1891년 타히티에 정착했고 여생을 그곳에서 지냈다.

* **명백한 운명**
1840년대 미국의 영토 확장주의를 정당화한 말. 미국이 서쪽으로 태평양까지, 나아가 그 너머까지 미국 영토를 확장하는 것은 불가피하다는 이론이다. 이 말은 존 L. 오설리번이 "신이 마련해 준 이 대륙을 확장하는 것이 우리의 명백한 운명을 완수하는 것"이라고 한 데서 비롯되었다.

너져 가는 중국 제국 역사의 일부였다. 중국의 역사는 세계의 역사에 큰 중요성을 지녔으나, 유럽에 의해 무너진 오스만, 모로코, 페르시아 제국의 역사와 그 궤를 나란히 했다. 한때는 중국 쟁탈전 역시 아프리카의 분할의 경로를 따를 것처럼 보였다. 그러나 사실은 달랐다. 태평양의 경우처럼, 중국 세력권에서의 제국주의 물결은 아프리카와 달랐던 것이다. 이는 미국이 참여했기 때문이다.

| 미국의 제국주의 |

미국인들은 예로부터 신이 주셨다는 아메리카 대륙을 벗어나 제국주의적 모험을 하는 행위에 대해 불편한 심기와 의구심을 드러냈다. 심지어 제국주의의 위상이 하늘을 찌를 때에도, 유럽과 달리 미국에서는 제국주의가 가려지고 감춰져야만 했다. 이는 미국이 제국주의 세력에 반란을 일으켜 탄생한 국가였기 때문이다.

그래서 미국 헌법에는 식민지 영토의 통치에 관한 조항이 없었다. 그 결과 미국 헌법상에서는 미국 통치하에 남아 있는 비미국인들은 물론이고 결국 완전한 독립 국가가 되지 못한 영토가 어떠한 지위를 갖는지 규정하기가 매우 어려웠다.

그런데도 19세기 미국의 영토 확장은 제국주의와 별반 다를 것이 없었다. 물론 이를 '명백한 운명*'으로 받아들이는 미국인들은 이런 사실을 인식하지 못할 수도 있다. 어쨌든 이에 대한 가장 대표적인 예는 1812년에 영국과 벌인 전쟁과 19세기 중반 멕시코에 대한 처우였다. 그러나 그 밖에도 미국이 인디언들을 강탈한 것과 먼로주의가 시사하는 바가 무엇인지를 생각해 봐야 한다.

한편 미국은 1890년대가 되어서야 육로를 통한 영토 확장을 끝냈다. 이로써 자국 내로 정착을 제한하던 국경선이 사라지게 되었다. 이와 동시에 경제가 성장하자 경제적 민족주

1886년 미국령 사모아의 수도인 파고파고에 있는 항구의 모습.

의와 높은 보호 관세로 표현되던 미국 정부의 상업적 이해관계가 지닌 영향력이 매우 중요해졌다. 이로 인해 미국인들은 해외, 특히 아시아로 관심을 돌리게 되었다.

일부에서는 미국이 유럽 국가들에 의해 아시아 무역에서 배제당할 수도 있다는 의견이 제기됐다. 캘리포니아의 급속한 인구 성장과 함께 태평양을 새롭게 인식하는 시대가 열리자, 1820년대에 최초로 미국 극동 함대를 파견하면서 형성했던 과거의 유대 관계는 위기에 처하게 되었다. 그리고 19세기 말에는 반세기에 걸쳐 계속되었던, 중앙아메리카를 가로지르는 운하에 대한 논의가 대두되었다. 이에 따라 미국이 먼로주의를 유지하기 위해서는 분쟁을 피할 수 있는 중립적인 완충 지대가 태평양에 있어야 한다는 전략가들의 의견에 관심이 쏠렸다.

급속한 영토 팽창

이 모든 움직임이 한데 작용해 결국에는 폭발적인 영토 확장이 이루어졌다. 이는 오늘날까지도 미국 제국주의의 독특한 사례로 여겨지고 있다. 한동안 미국은 새로운 해외 영토의 합병을 제한했던 전통적인 규제를 무시했기 때문이다. 미국이 이러한 행동을 하게 된 것은 1850년대와 1860년대에 중국과 일본이 미국과의 무역을 점차 개방하고, 미국이 영국, 독일과 함께 사모아의 행정에 참여하게 되면서였다. 1878년에 미국이 손에 넣은 사모아의 해군 기지는 아직도 미국 소유로 남아 있다.

그 후 미국은 20년에 걸쳐 하와이공화국의 내정에 점차 깊숙이 간섭하게 되었다. 왕국에 대한 미국의 보호는 1840년대부터 계속된 것이었다. 당시 미국의 무역업자와 선교사들은 대거 하와이로 건너가 정착해 있었다. 그리고 1890년대에 이루어졌던, 하와이를 미국으로 합병하려는 시도는 하와이인들의 지지 덕분에 수월해지게 되었다. 미국 본국은 이미 진주만을 해군 기지로 이용하고 있었지만, 하와이에서 혁명이 일어나자 그곳에 해병대를 파견했다. 그리고 마침내 미국 정부는 하와이 이주민들의 미국 합병 요청을 받아들였다. 그리하여 짧은 시간 존재했던 하와이공화국은 1898년에 마침내 미국령이 되었다.

미국에 함락된 스페인 식민지

1898년 스페인의 식민지였던 쿠바의 아바나 항에서는, 의혹스러운 폭발 사건으로 미 해군 함정 메인호가 침몰했다. 이를 계기로 미국은 스페인에 대항해 쿠바인들의 독립 전쟁에 참여했다. 당시 스페인은 오랫동안 쿠바의 반란을 진압하지 못하고 있었고, 쿠바에 뚜렷한 경제적 이해관계를 둔 미국은 쿠바의 반란군들을 지원하고 있었다. 또 후에 건설될, 파나마 운하에 어떻게 카리브해를 통해 접근할 것인가 하는 문제 역시 중요해졌다.

한편 아시아에서는 필리핀 역시 미국의 도움을 받아 스페인에 맞서 봉기를 일으켰다. 그러나 필리핀이 스페인의 통치에서 벗어나 미국의 영향하에 놓이게 되자 반란군들은 과거에 도움을 주었던 미국을 외면했으며, 그로부터 게릴라전이 시작되었다. 이로써 미국은 아시아에서 최초로 점령한 식민지와의 전쟁을 위해 길고도 험난한 여정을 시작한 것이다. 중국 제국이 멸망할 조짐을 보였던 당시에는 미국이 뒤로 물러서지 않는 편이 최선의 방책인 듯했다.

한편 카리브해에서는 아메리카 대륙을 점령했던 스페인 제국의 길고 긴 역사가 끝을 맺게 되었다. 푸에르토리코는 미국으로 넘겨졌고, 쿠바는 미국의 지배를 보장하는 조건으로 독립을 얻게 되었다. 미국은 이러한 조건을 내세워 1906년에서 1909년 그리고 다시 1917년에 쿠바를 점령할 목적으로 군대를 파병했다.

파나마 운하

카리브해에서 스페인의 통치가 끝나자 미국의 제국주의 물결은 이곳에서 마지막으로 큰 성과를 거둘 수 있는 기회를 잡게 되었다. 파나마 운하의 건설은 19세기 중반부터 논의되었고, 수에즈 운하의 완공으로 파나마 운하 개통의 실현 가능성은 더욱 커지게 되었다. 미국은 영국의 참여를 피할 수 있는 방향으로 운하 건설을 위한 협상을 진행했다.

이에 따라 모든 준비는 순조롭게 진행되었으나, 1903년 콜롬비아로부터 운하 지대를 제공받기 위한 협약이 콜롬비아 상원에서 거부되면서 운하 건설은 어려움에 부딪혔다. 그리고 운하가 지나가게 될 파나마에서 반란이 일

1900년 필리핀의 섬인 민다나오에서 미국 군인들과 이슬람 원주민들이 함께 있는 모습. 미국이 필리핀에 대한 스페인의 통치권을 빼앗자 이전에 스페인에 맞서 싸웠던 필리핀의 게릴라들은 미국에 저항하게 되었다.

어났다. 그러나 미국은 콜롬비아 정부의 파나마 반란 진압을 막았고, 그 결과 새로 탄생한 파나마공화국은 미국에 보답이라도 하듯 치안 유지를 위해 자국 내정에 관여할 권리와 함께 운하 건설에 필요한 영토를 주었다.

이렇게 시작된 파나마 운하의 건설은 1914년에 드디어 완료되었다. 그리고 대서양에서 태평양으로의 항해 시간이 단축되자 미 해군의 전략 역시 크게 변화했다. 이는 또한 루스벨트 대통령이 내세웠던 먼로주의 '수정안'의 배경이 되었다. 즉, 파나마 운하 지대가 서반구의 해상 방어에 중요해지자, 카리브해 국가들 사이에서 세력이 막강한 미국이 이 지역을 안정적으로 지배·보호하는 일이 그 어느 때보다 중요해진 것이다. 이제 미국은 카리브해에 대해 적극적으로 간섭하려 했다.

식민지 세계

미국 제국주의의 동기와 수법은 유럽과 달랐다. 실제로 미국인들은 자국이 새롭게 차지한 땅에 영구적으로 정착하지 않았기 때문이다. 그러나 미국의 행위는 유럽 민족들이 마지막으로 행했던 대대적인 영토 확장의 일부였다. 라틴아메리카를 제외한 거의 모든 국가가 이러한 움직임에 동참했고, 심지어 오스트레일리아까지 뉴기니를 합병하려고 노

파나마 운하

포르투갈의 항해자인 안토니오 갈바오는 1550년에 쓴 저서에서 파나마에 있는 다리엔 지협에 운하를 건설한다는 아이디어를 최초로 제안했다. 수에즈 운하의 경우와 마찬가지로, 대서양 연안의 콜론과 태평양의 파나마를 연결하는 이 운하를 건설해도 좋다는 허가를 받은 것은 프랑스의 자본가 집단이었다. 프랑스의 외교관이자 수에즈 운하 건설을 이끈 경험이 있는 페르디낭 드 레셉스는 1879년에 대양간 운하 만국회사를 설립했다. 그리고 이듬해부터 파나마 운하의 건설이 시작되었으나 2억 8,700만 달러의 비용을 소요하고 2만 명 이상의 인명 피해를 냈던 이 사업은 1889년에 회사가 파산하면서 끝을 맺게 되었다.

그러나 파나마 운하 건설의 꿈은 끝나지 않았다. 1903년에 미국 정부는 파나마의 독립을 도왔고, 그 대가로 운하 개통권을 부여받았다. 그리고 1906년, 미국 파나마 운하 위원회의 최고 기술자인 존 F. 스티븐스는 운하 건설을 위한 최종 계획을 마련했다. 그는 해수면 운하보다는 고수면의 운하를 선호했다. 이는 각 호수를 연결하고 6쌍의 거대한 갑문을 설치하여, 선박들이 26m 차이가 나는, 해수면과 가장 수면이 높은 호수인 가툰호 사이를 항해할 수 있도록 하는 체제다.

과거에 프랑스가 이 운하를 건설했을 때와는 달리, 미국의 작업자들은 대부분 말라리아와 황열병의 위협에서 무시했다. 그러나 기술적 문제가 운하 건설을 가로막았다. 그중 가장 심각했던 문제는 산에서 12km에 달하는 인공 협곡을 파내야 했던 게일라드 컷에서 발생했다. 즉, 내부의 압력으로 인해 파냈던 흙이 위로 솟았고 협곡 벽면에 산사태가 발생했던 것이다. 그리하여 처음에는 좁은 골짜기로 계획했던 것이 경사가 완만한 거대한 골짜기로 변했다.

우여곡절 끝에 파나마 운하는 1914년에 공식 개통되었고 그때부터 이 운하는 미국이 관리했다. 그러나 1977년에 체결된 파나마 운하 조약에 따라 운하의 소유권은 2000년에 파나마로 넘겨지게 되었다. 그러나 최근 들어 운하 지류의 물의 양이 줄어들자 몇 년 내에 운하의 체계가 무너질지도 모른다는 우려가 일고 있었다.

1914년 8월 15일, SS 앤콘호가 쿠카라차의 산사태가 났던 곳을 지나고 있다. 앤콘호는 파나마 운하를 통과한 최초의 선박이었다.

1911년 델리에 있는 붉은 성에서 거행된 두르바 대관식에 참석한 영국의 왕 조지 5세와 메리 여왕의 모습. 이들은 집권하고 있던 영국의 군주로서는 최초로 인도를 방문했다. 이 장엄한 의식은 영국 왕권에 대한 인도 백성의 충성심을 되살리기 위한 의도에서 열린 것이었다. 그러나 이러한 행사도 이미 진행 중이던 인도의 독립 운동을 막지는 못했다.

력했다. 그 결과, 1914년에는 전 세계 육지 면적의 3분의 1이 영국과 러시아의 식민지가 되었다.

물론 러시아의 영토 중 어디까지를 실제 식민지로 볼 것인가에 대해서는 의견이 분분하다. 러시아를 제외하고, 영국은 1914년에 본토를 제외하고도 4억 명의 인구를 통치했고 프랑스는 5,000만 명 이상을, 독일과 이탈리아는 각각 약 1,400만 명의 인구를 통치했다. 이렇듯 공식적인 권력이 한데 모여 큰 힘을 발휘한 경우는 사상 처음이었다.

그러나 그 당시에도 해외로 뻗어나간 제국주의가 활력을 잃을 조짐은 이미 나타나고 있었다. 독일과 영국은 스페인 제국과 마찬가지로 곧 멸망할 듯 보였던 포르투갈 제국의 분할 가능성을 논의했지만, 분할할 영토가 별반 없었던 중국은 유럽 열강들에게 끝내 실망만을 안겨 주었다. 이제 남은 지역 중 유럽의 제국주의 세력을 뻗치기에 가장 유력한 곳은 스러져 가는 오스만 제국이었다.

1912년에 이탈리아가 트리폴리를 점령하고, 터키에 대항해 조직된 발칸 동맹이 그 다음 해에 터키의 남은 유럽 영토 대부분을 차지하자 오스만 제국의 해체는 끝내 눈앞에 온 듯했다. 그러나 아프리카 분할의 경우에서 그랬듯, 이 경우 역시 강대국 간의 충돌을 면치 못할 것 같았다. 그곳에는 열강들 간의 더욱 중요한 사안들이 걸려 있었다.

3 | 세계의 유럽화에 대한 아시아의 반응

예리한 중국인이라면 강희제의 궁에 머물렀던 예수회 선교사들이 끝내 겪어야 했던 불명예스러운 사건이 무엇인지 알아내야 했을 것이다. 이 사건은 선교의 성과가 저조하다는 이유로 본국에서 교황 밀사가 파견되어 이들을 감독한 것이었다. 한 세기가 넘도록 이 유능한 선교사들은 신중하고 조심스러운 태도로 중국인들의 환심을 사기 위해 노력했다. 이들은 종교에 대한 이야기는 일절 피했고, 그저 중국어를 배우는 데 만족했다. 또한 중국의 의복을 입어 좋은 인상을 남겼다.

궁의 정원에 있는 청나라 황제의 모습. 만주족 기원의 청 왕조는 1644년부터 1912년까지 중국을 통치했다.

이들의 노력은 좋은 반응을 일으켰다. 그러나 선교 활동의 효율성은 급격히 떨어지게 되었다. 선교사들이 중국의 의식과 신념을 받아들이고 기독교 교리를 중국화한 결과 선교 활동의 능률이 떨어졌고, 이를 감시하기 위해 두 명의 교황 밀사가 중국에 파견되었다.

이 일은 주목할 만했다. 확실히 유럽인들은 중국을 정복했던 다른 민족과는 달리 중국의 문화적 영향력에 쉽게 굴복하지 않았다. 유럽 문화의 비타협성을 보여 준 이 사건은 아시아 전역에 강한 메시지를 전달했다. 이 메시지는 유럽인들이 중국에 들여왔던 기술보다도 아시아의 현재와 미래에 중요한 것이었다. 후에 중국의 역사에서 알 수 있듯, 이는 동양의 제국들이 일시적으로 혹은 고유하게 지녔던 약점들보다도 더욱 결정적으로 영향을 미쳤다.

강희제 이후의 만주족 청나라는 이미 전성기를 지난 상태였다. 과거에 여러 왕조가 주기적으로 흥망을 거듭한 것을 볼 때, 서서히 진행되었으나 후에는 치명적이었던 청나라의 쇠락은 당연한 현상이었다. 청 왕조의 운명이 과거의 왕조와 달랐던 이유는 청이 충분히 오랫동안 중국을 지배했음은 물론 상당히 새로운 위협, 즉 전통적인 중국보다 더욱 강력한 문화권이 가한 위협에 직면했기 때문이다. 2,000년 만에 처음으로, 중국 사회는 새로운 이방인 정복자들로부터 받아들인 문화가 아닌, 스스로에 의해 변화를 시도해야 했다. 얼마 지나지 않아 중국에서는 신해 혁명이 일어났다.

중국의 확신

18세기의 중국 관리들은 그 누구도 청조의 몰락을 예상하지 못했다. 1793년 영국의 매카트니 경이 중국에 와서 동등한 입장에서 외교와 자유 무역을 하자고 요구했을 때에도, 수세기에 걸친 중국의 확신은 변함이 없었다. 이렇듯 중국에 접근해 침투하려던 서양 최초의 시도는 성공적으로 견제되고 봉쇄되었다.

영국의 왕 조지 3세를 대표해 중국을 방문했던 매카트니 경은 중국의 황제로부터 '당신의 나라는 광활한 바다에 둘러싸여 세상으로부터 고립된, 멀고 외딴 섬이다.' 라는, 정중하지만 완고한 거절의 대답을 들을 수밖에 없었다. 이로도 모자라 중국의 황제는 조지 3세에게 '이렇게 사절단을 보내어 극진한 충성심을 표한 데 대해' 축복의 말을 전하며 '후에는 더욱 큰 헌신과 충성심을 보일 것'을 당부하기까지 했다.

중국의 문화적, 도덕적 우월성은 당시 중국 지식층의 정신 세계의 일부로서 의심할 여지 없이 명백한 사실이었다. 이는 유럽과 미국의 선교사와 박애주의자들이 자신들의 문화적, 도덕적 우월성을 굳게 믿었던 것과 똑같은 것이었다. 어쨌든 이러한 사실은 중국의 세계관을 구체적으로 나타냈다. 즉, 모든 국가가 천명을 타고난 중국 황제에게 조공을 바치고 있으며 중국은 이미 고도의 문명에 필요한 모든 자원과 기술을 지니고 있으므로, 광저우에서 제한적으로 허용되던 무역의 범위를 넘어서서 유럽과 관계를 형성할 경우 시간과 노력만 허비하는 것일 뿐이라는 생각이었다.

한편 1800년에 광저우에서는 약 1,000명의 유럽인들이 무역을 하고 있었다. 그러나 무역은 별다른 성과가 없었다. 약 3세기에 걸쳐 중국과의 무역이 이루어졌는데도, 유럽의 기계 장난감과 시계 외에 중국인들은 유럽의 상품에 별다른 관심을 보이지 않았다. 유럽의 중국에 대한 무역은 은 또는 기타 아시아 상품을 중국에 수출하는 것이 대부분이었다. 18세기 중반 한 영국 상인의 말을 빌자면, '동인도 회사의 무역에서...... 우리는 금, 은

19세기 중국의 한 호화스러운 저택에서 결혼식을 준비하는 모습. 당시 중국에는 서양의 영향력이 곳곳에 배어 있었으나 중국의 전통적인 생활 방식은 크게 변하지 않았다.

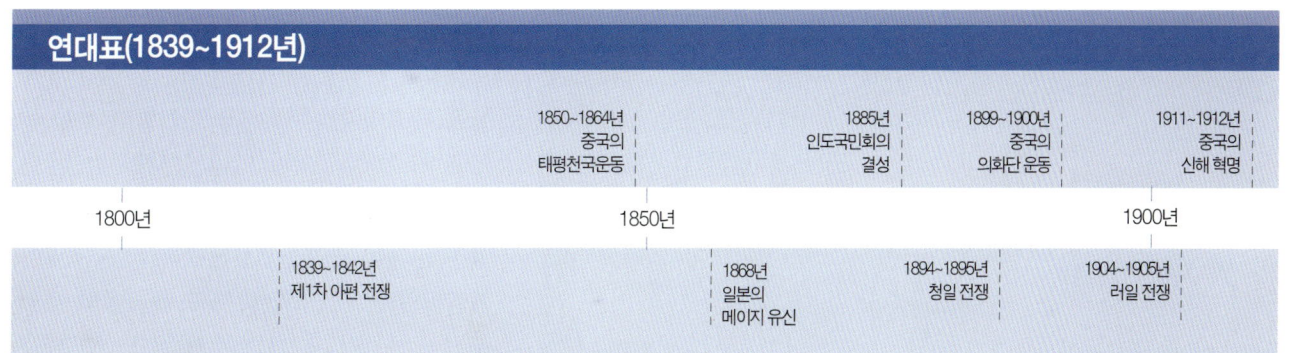

연대표(1839~1912년)

- 1839~1842년 제1차 아편 전쟁
- 1850~1864년 중국의 태평천국운동
- 1868년 일본의 메이지 유신
- 1885년 인도국민회의 결성
- 1894~1895년 청일 전쟁
- 1899~1900년 중국의 의화단 운동
- 1904~1905년 러일 전쟁
- 1911~1912년 중국의 신해 혁명

세계의 유럽화에 대한 아시아의 반응

이외에는 다른 상품을 많이 수출하지 못하고 있으며 완벽하게 제조된 일용품이 수입되는 바람에 국내에서 생산된 일용품은 제대로 소비되지 못하고 있다.'는 것이었다.

급증하는 인구

18세기 중반에도 중국은 여전히 내부의 정권과 문화적 우월성을 굳게 믿고 있었다. 그러나 생각해 보면, 이후에 닥칠 어려움을 예견할 수도 있었다. 당시에는 만주족 왕조와 중앙 권력에 깊은 반감을 품었던 비밀 결사와 특정 대상에 대한 숭배자 집단이 여전히 생명을 유지하면서 번성하기까지 했다. 그리고 인구가 걷잡을 수 없이 늘어나자 이들은 백성들로부터 새롭게 지지를 얻게 되었다.

1850년 중국의 인구는 한 세기 전보다 두 배 이상 증가해 4억 3,000만 명에 달했다. 그러나 경작지는 인구가 증가하는 만큼 늘어날 수 없었기 때문에, 경작지 부족 현상이 심각했다. 그러다 보니 상황은 갈수록 악화되었고 농민들의 삶은 더욱 불행해졌다.

게다가 이미 1770년대와 1780년대에 대대적인 반란이 일어나 한 세기에 걸쳐 유지되었던 중국 내부의 평화가 깨지면서 경고의 조짐이 나타났다. 이는 과거에 왕조의 몰락을 나타내던 종류의 반란이었다. 19세기 초가 되자 반란은 횟수가 잦아졌고, 더욱 파괴적인 양상을 띠게 되었다.

더욱이 반란에 이어, 세금 지불 수단인 은의 가격이 치솟는 경제적 불황이 발생했다. 임금 지불을 포함한 대부분의 일상적인 거래는 구리로 이루어졌기 때문에 빈곤층이 떠맡고 있던 엄청난 부담은 더욱 커졌다. 그러나 이 모든 상황은 청 왕조를 제외하고는 누구에게도 치명타가 될 것 같지 않았다. 당시 중국의 상황 전반은 전통적인 역사 주기와 모두 일치했다. 여기서 필요한 것은 왕조에 대한 향신 계급의 변함없는 충성심뿐이었다. 물론 이들이 충성심을 잃는다면 왕조가 무너질 수도 있겠지만, 머지않아 또 다른 왕조가 탄생해 굳건한 중국의 제국주의적 체제를 이어 가지 않으리란 법도 없었다.

아편 전쟁

중국 왕조의 역사적 주기는 19세기 이방인의 힘과 세력에 의해 깨어졌다. 인플레이션 자체는 중국과 외부 세계의 관계가 변화하면서 생긴 결과였다. 이 때문에 과거에 영국에서 온 매카트니 경에게 중국이 베풀었던 호의는 몇 십 년 내에 무색한 것이 되었다. 1800년 이전에 서양은 은 이외에는 중국이 원하는 것을 제공하지 못했다. 그러나 그 후 30년에 걸쳐 상황은 완전히 바뀌었다. 영국의 상인들은 결국 중국이 원하는 것을 인도에서 발견하게 된 것이다. 그것이 아편이었다.

처음에 영국의 해군 원정대는 얼마간의 제한을 두고 아편 무역 시장을 개방할 것을 중국에 강요했다. 그러나 1839년에서 1842년에 걸쳐 '아편 전쟁'이 일어난 후, 중국과 서양의 관계를 근본적으로 변화시키는 조약이 체결되었다. 이 조약에 따라 광저우의 무역 독점이 사라지고 속국으로서 불리하던 영국

19세기 중반 영국의 선박인 HMS 레오파드호가 상하이의 부두에 있는 모습. 영국의 강요에 의해 중국이 개항을 하자 양쯔강 계곡 일대는 영국의 영향하에 놓이게 되었다.

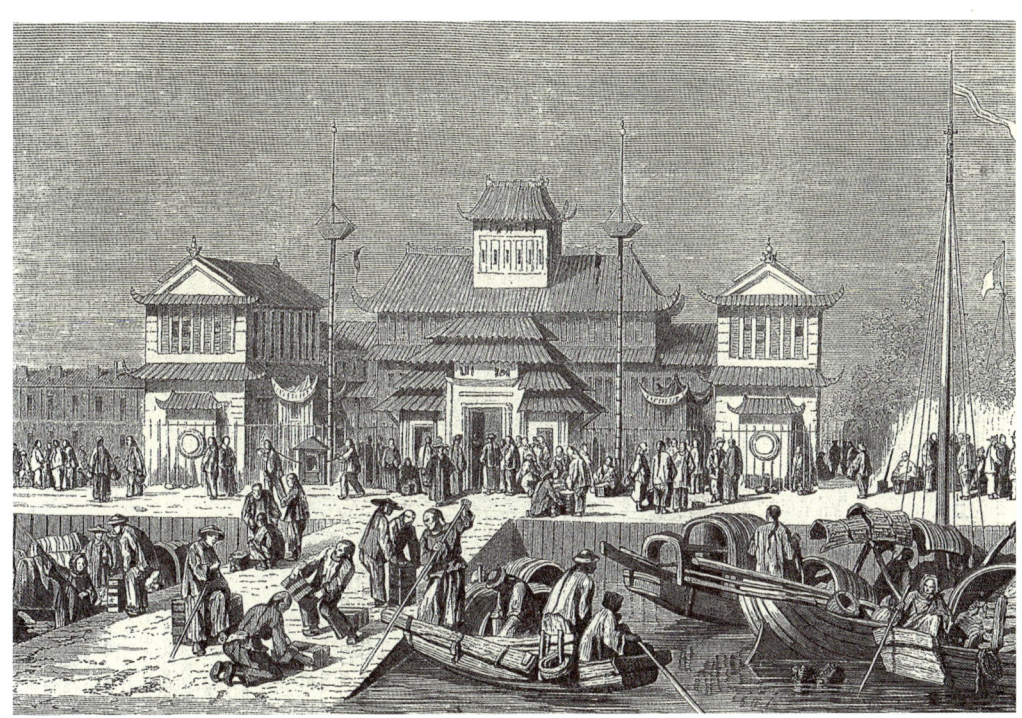

1850년대 상하이에 있는 세관 부두의 분주한 모습.

의 입장이 유리해졌다. 이렇게 영국이 중국의 문호를 개방하고 나자 다른 나라들 역시 그 문을 통해 영국의 뒤를 따르기 시작했다.

커져 가는 타도 세력

은연중에 빅토리아 여왕의 정부는 중국의 신해 혁명을 일으킨 셈이 되었다. 1840년대 중국에서는 대격변이 시작되어 한 세기가 넘도록 계속되었다. 중국의 혁명은 외세와 과거의 중국 전반, 이 두 요소를 모두 거부하는 이중적인 모습을 서서히 드러냈다. 그중 외세에 대한 배척은 점차 진보적인 유럽 세계의 민족주의적 방식과 언어로 표현되었다. 이러한 이념적인 힘은 전통적인 구조 내에서 억누를 수 없기 때문에, 중국인들이 근대화와 국력 신장에 방해가 되는 장애물을 없애려 할 경우, 이것은 결국 전통적인 구조에 치명적일 수 있었다.

아편 전쟁이 일어난 지 한 세기가 더 지나, 중국의 신해 혁명은 마침내 수천 년 동안 중국인의 삶의 밑바탕이 되었던 사회적 체제를 무너뜨렸다. 그러나 과거 중국의 많은 부분은 이미 사라진 상태였다. 또한 그 시점에서 중국의 혼란은 100년에 걸쳐 아시아와 서양이 겪게 될 더욱 극심한 갈등의 일부가 되었다. 이 갈등은 20세기 초에 들어와 전환기를 맞이했다.

서양인에 대한 적대감

중국에 뿌리를 내렸던 유럽의 영향력은 서서히 그 모습을 드러냈다. 서양 세력이 최초로 중국에 진출했을 때에는 단순히 외국인 혐오증만을 일으켰고 이조차 보편적인 반응은 아니었다. 이런 이유로 오랫동안 중국인들은 외국인의 왕래를 직접적으로 크게 우려하지 않았다. 특히 외국인과 무역을 했던 광저우의 상인을 비롯한 소수의 중국인들은 이들과 조화를 이루려고 했다. 그러므로 외국인을 향한 적개심은 도시의 반영국 폭도나 지방의 향신 계층 사이에서나 볼 수 있었던 것이다.

처음에 대부분의 중국 관리들은 이 문제를 아편 중독이라는 좁은 차원에서만 생각했다.

1644년 만주족의 중국 침략으로 명 왕조는 멸망했다. 이 침략자들은 새로이 청 왕조를 세워 광활한 중국 대륙을 2세기 반 동안이나 다스렸다. 청 왕조는 시작된 지 얼마 되지 않아 중국 북부의 국경에서 러시아의 압력을 받게 되었다. 그러나 19세기 중반 들어 더욱 중국을 죄어 왔던 서양 세력의 압력이 중국의 정치적 안정에 더욱 큰 위협을 가했다.

특히 이들은 아편으로 인해 중국 백성과 왕조의 약점이 드러난 사실을 수치스럽게 여겼다. 아편 무역은 묵인되었고 부패로 얼룩져 있었기 때문이다. 이런 이유로 그들은 미래와 관련해 더욱 중대한 사안인 중국 질서 전반에 대한 문제와 문화적 위협은 생각하지도 못했다. 과거에 중국은 외세에 패배를 당하더라도 그 문화는 파괴되지 않고 살아남았기 때문이다.

위험의 심각한 징후는 1840년대에 중국 정부가 선교 활동을 합법화하라는 강요를 받으면서 나타났다. 물론 일부 지역에 해당하는 것이긴 했지만, 이는 분명 중국의 전통을 약화시키는 행위였다. 유교 정신이 투철한 중국 관리들은 그 위험성을 인식하고 선교사들에 대한 백성들의 반감을 부추겼으나, 도리어 이 때문에 그들은 손쉬운 목표물이 되었다.

이어 1850년대와 1860년대에는 수차례의 반란이 일어났으나 상황만 악화되기 일쑤였다. 이를 진압하기 위해 이따금 외국 영사가 파견되었고, 예외적인 경우지만 무력이 동원되기도 했다. 이러한 상황 속에서 중국 정부는 반란에 대해 사죄하고 범법자들을 처벌하느라 그 위상이 크게 떨어졌다. 한편 선교사들의 포교 활동은 더욱 직접적이고 설교적인 방식으로 중국의 전통 사회를 서서히 약화시키고 있었다. 이들은 중국인들에게 낯선 개인주의와 평등주의를 전파했고, 개종자들에게는 경제적, 사회적 혜택을 제공했다.

농민의 봉기

중국을 쇠퇴시키는 과정은 육군 및 해군 차원에서 직접적으로 이루어지기도 했다. 이를 통해 외세는 강제적으로 중국에 양보를 요구했다. 그러나 중국의 반응은 점차 불명확해졌다. 중국이 국내에 들어오는 외부 세력에 언제나 저항한 것은 아니었기 때문이다. 처음에는 직접 연관이 있는 지방의 향신 계급이, 그리고 나중에는 베이징 정부가 외국의 군사들이 정권에 도움이 되지 않을까 하고 생각했다.

그러나 중국 사회의 혼란은 걷잡을 수 없이 커져 갔다. 이제는 혼란의 원인을 전적으로 외세의 탓으로 돌리는 일이 불가능해졌고 중국 정권 자체가 흔들리게 되었다. 이제 중국은 주기적으로 찾아오는 농민 봉기를 겪을 기로에 서게 되었다. 그리고 이 봉기는 인간 역사상 가장 규모가 큰 농민 반란이 될 터였다. 19세기 중반이 되자 강탈 행위와 비밀 결사 등 익숙한 현상들이 빈번하게 나타났고, 1850년대에는 많은 희생을 치르고서야 이 '농민 반란군'들을 진압할 수 있었다.

이렇듯 반란의 위협으로 중국 정권은 방어 태세를 갖추느라 여념이 없었고, 따라서 서서히 중국 사회를 잠식해 갔던 외세에 저항할 수 없었다. 중국에서 이러한 대규모 폭동이 일어난 근본적인 이유는 극심한 토지 부족 때문이었다. 그리고 반란 중에서 주목할 만한 사건은 '태평천국운동'이었다. 사실 운동이라기보다 혁명으로 불릴 만한 이 사건은 1850년에서 1864년까지 지속되었다.

태평천국운동

제1차 세계 대전보다 더 많은 목숨을 앗아 갔던 이 대대적인 동란은 전통적인 농민 반란이었다. 불황과 잇따른 자연 재해는 이 반란에 불을 붙이는 데 한몫을 했다. 태평천국운동은 극심한 토지 부족, 세금 징수자에 대한 반감, 사회적 선망, 만주족 왕조에 대한 백성의 분노 등 여러 요인이 한데 뒤섞여 발생한 사건이었다. 사실 만주족에 대해 백성들이 느꼈던 반감은 딱히 무어라 말하기 어렵다. 중국 제국을 실질적으로 다스렸던 관리들은 대부분 백성들과 같은 한족이었기 때문이다.

이 사건은 처음에 중국 남쪽 지방에서 시작되어 북쪽의 고립된 소수 정착민들에 의해 더욱 촉진되었던 지역적 봉기였다. 태평천국운동을 중국인과 유럽인의 눈에 모호하게 비춰지게 한 장본인은 지도자인 홍씨우춰엔(洪秀全)이었다. 그는 미국 개신교에 대해 얄팍하지만 상당한 지식을 지니고 있었다. 그래서 이를 바탕으로 다른 신의 숭배를 비난했으며 유학자들의 위패를 비롯한 모든 우상을 파괴하면서 이 땅에 신의 왕국을 세울 것이라 주장했다. 그는 여러 차례 과거에 낙방한 경험이 있었다.

고대 중국에서 주기적으로 나타났던 농민 반란이라는 익숙한 구조 안에서 이제는 새로운 이념이 작용하면서 전통적인 문화와 국가를 파괴하기 시작했다. 이를 감지한 태평천국운동의 일부 반대파들은 이 운동이 사회적, 이념적 도전이라고 간주했다. 따라서 이 혁명은 서양에 의한 중국의 분열을 알리는 획기적 사건이라 할 수 있었다.

태평천국운동이 내세운 이념

태평천국군은 처음에 극적인 승리를 이어 갔다. 이들은 1853년에 난징을 장악해 태평천국의 수도로 삼았고, 홍씨우춰엔은 자신을 '천왕'이라 명명했다. 북쪽 지방에서는 위험이 커지고 있었는데도 그들은 이곳까지 진출한 것이었다. 그러나 1856년 이후 태평천국운동은 수세에 몰렸다.

태평천국의 천국

독특하게도 중국의 전통과 개신교의 영향에 영감을 받아 일어난 태평천국운동은 중국 역사상 가장 처참한 내란을 초래했다.

이 운동의 지도자였던 홍씨우취엔은 기독교 서적을 자주 읽었고, 병을 앓았을 때 계시를 받았다고 주장했다. 그는 자신이 예수의 동생이며, 극악무도한 만주족의 지배를 받고 있는 중국인들을 해방시키고 이들에게 신의 신성한 계획인 대평화에 조화를 이루어 사는 법을 가르치라는 임무를 아버지인 하느님으로부터 받았다고 확신했다. 홍씨우취엔은 중부 광시성에서 사회에 불만을 품은 농민, 광부, 석탄업자로 이루어진 대규모 군대를 형성했다. 그리고 1853년 마침내 이 군대는 주요 도시인 난징을 점령했다.

그의 추종자들은 그가 내세운 엄격한 성적 도덕성이라는 기치하에 동성애자와 매춘부들을 처단했지만, 정작 '천왕'인 홍씨우취엔 자신은 난징을 점령하고 나자 10여 명이나 되는 아내들을 데리고 여자들만 모여 있는 궁정으로 모습을 감추었다. 그리고 머지않아 그를 따르던 관리들 사이에서 분란이 일어났다. 결국 태평천국운동은 민심의 지지를 잃기 시작했다. 지방 사람들은 유교를 거부하는 태평천국운동의 태도를 낯설게 생각했고 태평천국을 지지하던 가난한 백성들은 토지 재분배 계획이 실패로 돌아가자 실망감을 감추지 못했다. 1864년이 되자 서양식 무기를 갖추고, 일부는 외국인 사령관의 지휘를 받는 제국의 군대가 난징을 장악했고 태평천국군들을 무너뜨렸다.

타이후호 지역에서 중국 제국의 군대가 태평천국군을 공격하고 있는 모습. 수적으로 우세한데도 무기를 제대로 갖추지 못한 태평천국군은 급하게 후퇴하고 있다.

그럼에도 불구하고 이 운동은 중요한 사회적 변화를 일으켰고, 후기 중국 개혁자들에게 귀감이 되었다. 물론 이 운동이 얼마나 두루 효과를 발휘했고 지지를 얻었는가는 확실치 않지만, 그 파괴적인 이념적 효과는 엄청났다.

태평천국 사회의 토대는 공산주의였다. 사유 재산의 개념이 없는 이 사회는 구성원 모두의 필요를 충족시키기 위해 모든 것을 공동으로 분배했다. 따라서 등급별로 나뉜 토지가 일정하게 골고루 배분되었다. 한편 더욱 혁명적인 사실은 여성에게도 사회적, 교육적 평등을 부여했다는 점이었다. 또한 악습인 여성의 전족이 금지되었고 성적 금욕이 중시되었다. 물론 태평천국을 세운 '천왕'의 행동은 금욕적인 계율에서 제외되었다.

어쨌든 이 모든 것들은 태평천국운동의 근간을 이루었던 종교적, 사회적 요소와 이 운동이 중국의 전통적인 질서에 가했던 위험을 보여 준다.

점점 문을 열게 된 중국

처음에 태평천국운동이 유리하게 진행되었던 이유는 청조의 만주족이 유럽인들에 의해 패배를 당해 사기가 떨어졌다는 사실과 중앙집권적인 왕조는 상대적으로 멀리 떨어진 지역으로 갈수록 세력이 약해진다는 사실 덕분이었다. 그러나 시간이 흐르면서 만주족 정부가 유럽인을 포함한 유능한 군대 지휘관들을 앞세우자, 태평천국군의 창과 방패는 금세 힘을 잃고 말았다.

또한 외국인들 역시 이 반란을 위협으로 보기 시작했다. 그렇다고 해서 반란군을 제압하기 위해 고군분투하는 중국 정부에 대한 압박을 늦추지는 않았다. 그 결과, 중국은 영국에 이어 프랑스, 미국과 조약을 체결하였고, 중국 내의 기독교 선교 활동이 허용되었다. 또, 외국인에 대한 사법권을 영사 재판소와 혼합 재판소에 양도하는 절차가 진행되었다.

결국 태평천국운동으로 인한 위험 때문에 중국은 더 많은 양보 사항에 응해야 했다. 중국은 추가적으로 무역항을 개방했고, 더욱 우수한 서양의 세관 절차를 도입했다. 또한 아편의 매매를 합법화했으며, 후에 블라디보스토크가 세워졌던 지방을 러시아에 내주었다. 상황이 이렇다 보니 중국은 1861년에 최초로 외교 문제를 담당하는 새로운 기관을 설립하기로 결정했다. 이로써 모든 세계가 중국 제국의 천명을 받들고 조공을 바쳤던 과거의 신화는 사라지게 되었다.

이제야 외국 세력은 태평천국운동의 탄압에 가세하게 되었다. 그러나 당시에 서양의 도움이 필요했다고 확실하게 말하기는 어렵다. 태평천국운동은 이미 기력을 다하고 있었다. 1864년 홍씨우취엔이 죽고 나자 난징은 곧바로 만주족 정부에 함락당했다. 이로써 전통적인 중국 정부는 승리를 거두게 되었다. 관료 지배층의 통치는 이렇듯 하극상의 위협에서 또 한 번 살아남은 것이다.

그러나 중국은 중요한 전환점을 맞이했다. 태평천국운동은 새로운 위험을 알리는 혁명적인 방향을 제시한 것이다. 이 운동은 과거부터 되풀이되어 온 도전적인 농민 봉기가 중국의 유교 사회를 과감히 허물어 버리려 하는 외부의 이념에 의해 더욱 힘을 얻을 수

1882년 북경에 있는 가톨릭 선교 학교의 모습. 예수의 그림 옆에는 한자 문장이 쓰인 족자가 걸려 있다.

1879년 중국 시장의 모습. 19세기 중후반에도 중국의 대부분 지역에서는 사실상 서양인을 찾아볼 수 없었다.

있음을 보여 주었다. 또한 태평천국운동이 막을 내렸다고 해서 중국이 평화를 되찾은 것도 아니었다. 1850년대 중반부터 1870년대까지 여러 다른 반란은 물론 중국 북서부와 남서부 지방에서 대대적인 이슬람 반란이 일어났다.

식민지나 다름없던 중국

태평천국운동의 진압 직후, 서양 세력에 직면한 중국은 더욱 큰 약점을 드러냈다. 반란군과의 전투로 중국의 광대한 영토는 황폐해졌다. 그리고 많은 지역에서 군인들이 세력을 넓히며 통치권에 위협을 가했다. 이 반란을 진압하는 과정에서 수많은 사람들이 목숨을 잃게 되면서, 이 운동의 근본적인 원인이 되었던 토지 부족난은 어느 정도 해결되었다고 할 수도 있었다. 그러나 중국의 위신과 권위는 이미 땅에 떨어진 뒤였다.

이렇듯 불리한 여건 속에서, 그리고 바로 이 점 때문에 중국은 서양의 요구에 응해야 했다. 1856년에서 1860년에 걸쳐 영국과 프랑스는 중국에 불리한 요구를 해마다 강요했다. 또한 1861년에 체결된 조약으로 서양에 개방된 중국의 '조약항'은 19개로 늘어났고, 영국의 대사는 북경에 항시 주재하게 되었다. 한편 러시아는 영국과 프랑스의 성공을 이용해 국경에서 자국과 중국 간의 자유 무역을 인정할 것을 요구했다. 이외에도 중국은 추가적인 양보 사항에 응했다.

과거에 중국이 문화적 힘으로 유목민 침략자들을 무력화시키던 방식은 자신감에 찬 유럽인들에게는 효과를 발휘하지 못했다. 유럽인들은 그들의 이념적 확신과 발전하는 기술 덕분에 중국 문명의 유혹에 넘어가지 않았다.

한편 로마 가톨릭 선교사들이 토지를 사들이고 건물을 세울 수 있는 권리를 얻게 되자 기독교는 경제적 침투와 연결되었다. 기독교 개종자들을 보호하려 했던 이들은 곧장 공공질서와 치안 등 중국의 내정에 간섭하게 되었다. 이렇듯 서서히, 그러나 꾸준히 이루어진 중국 통치권의 잠식은 막을 길이 없었다. 정식으로는 식민지가 된 경험이 전혀 없었던 중국도 이제는 식민지나 다름없는 처지가 되었다.

19세기가 지나면서 중국은 영토를 잃게 되었다. 후에 대부분의 지역을 다시 돌려주긴 했으나, 1870년대에 러시아는 중국의 이리 지방을 점령했다. 1880년대에는 프랑스가 베트남의 안남 지방을 보호령으로 삼았다. 그 동안 느슨하게나마 유지되어 왔던 고대 중국의 종주권은 이제 힘을 잃게 되었다. 프랑스는 인도차이나를 흡수했고 영국은 1886년에 버마를 자국 영토에 합병했다.

그러나 중국에 가장 치명타를 입힌 것은 또 다른 아시아 국가였다. 일본은 1894~1895년에 걸친 청일 전쟁에서 승리를 거두고 대만과 평후 군도를 점령했다. 동시에 중국은 17세기부터 자국에 조공을 바쳤던 한국에 직접적인 영향력을 발휘할 수 없었다. 이렇게 일본이 정복에 성공을 거두자, 다른 국가들 역시 중국에 손을 뻗치기 시작했다. 뤼순항에 진출했던 러시아의 자극을 받아 영국, 프랑스, 독일은 모두 19세기 말 장기간에 걸친 항구의 조차권*을 얻어냈다. 또한 유럽 국가 중 가장 오래 중국에 머물렀던 포르투갈은 마카오에 거주할 권리를 얻은 후 이 곳을 식민지로 삼은 상태였다. 물론 실질적으로 얻은 것은 없었지만 이탈리아 역시 이러한 움직임에 동참했다.

이보다 훨씬 오래전부터, 서양 열강들은 자국의 경제적, 재정적 이해관계를 보호하고 증진하기 위해 양보, 차관, 조약을 중국에 강요해 왔다. 19세기 말 영국의 한 수상이 '살아 있는 국가와 죽어 가는 국가'에 대한 이야기를 할 때, 중국이 후자의 대표적인 예였음은 당연한 일이었다. 정치가들은 중국의 분할을 예상하기 시작했다.

개혁의 시도

19세기가 끝날 무렵, 많은 중국 지식인과 공직자들은 이제 전통적인 질서에 의존해 서양 세력에 저항할 수 없음을 절실히 깨달았다. 전통적인 차원의 개혁 시도는 이미 실패한 뒤였고 이제는 새로운 움직임이 일기 시작했다. 그 결과, 발달된 서양의 사상과 발명품을 연구하는 '강학회'라는 단체가 결성되었다. 이 단체의 지도자들은 러시아 표트르 대제의 업적은 물론 동시대의 일본 개혁자들의 성과를 본보기로 삼았다. 1895년 청일 전쟁에서 일본이 압도적인 기세로 중국을 패배시켰던 것을 생각하면 이는 매우 획기적인 일이라 할 수 있다.

그러나 장래의 개혁자들은 여전히 유교 전통에 바탕을 두고 개혁을 실시하고자 했다. 물론 여기서의 유교 전통은 한층 순화되고 적극적인 차원의 것이었다. 향신 계층이었던 이들은 황제의 관심을 얻는 데 성공했다. 그리하여 중국의 문화와 이념의 근본을 무너뜨리는 일 없이, 전통적인 구조와 권력 기구하에서 행정적, 기술적 개혁을 이룰 수 있게 되었다.

그러나 바로 이 점 때문에 변법자강운동*이라 불렸던 이 개혁은 좌절되었다. 1898년에 시작되어 100일 만에 끝났다는 이유에서 '백일 유신'이라 불린 이 개혁 운동은 한족과 만주족 사이의 대립은 물론 황제와 서태후가 팽팽히 경쟁했던 궁정의 정치판에 휘말리게 된 것이었다. 개혁을 위한 칙령이 내려지긴 했으나, 이 운동은 서태후가 황제를 유폐하고 쿠데타를 일으킴으로써 물거품으로 돌아갔다.

이렇듯 개혁자들이 실패한 근본적인 이유는 이들의 빗나간 정치적 행동이 전통 세력을 자극했기 때문이었다. 비록 실패는 했지만, 변법자강운동은 존재했다는 사실 자체에 의의가 있다. 이 운동은 중국의 미래를 넓고 깊게 생각할 수 있도록 하는 자극제가 되었다.

북경에 있는 도시 성벽의 풍경을 담은 1879년의 프랑스 그림.

* 조차권

양국의 합의에 따라 한 나라가 다른 나라에게 영토의 일부를 일정 기간 빌려 자국의 통치 아래에 두는 권리

* 변법자강운동

청나라 말기 1898년 강유웨이[康有爲]와 량치차오[梁啓超] 등이 일으킨 개혁운동. 무술변법이라고도 한다. 청일 전쟁에서 패배한 후 서양의 무기와 기술만으로는 한계를 느끼고, 전통적인 정치체계와 교육제도를 개혁함으로써 부국강병을 실현하고자 했다. 그러나 서태후의 쿠데타로 실패하게 되고, 강유웨이와 량치차오는 망명한다.

세계의 유럽화에 대한 아시아의 반응

이에 참여했던 소수의 개혁자들이 아닌, 전통적인 권력 중에서도 가장 보수적인 세력의 지휘를 받았기 때문이다.

그리하여 이 운동은 역사상 유일하게 독일인 사령관의 지휘하에 모든 강대국의 군대가 총동원된 무력 간섭을 통해 진압되었다. 이로써 중국은 외국에 거액의 배상금을 지불하는 등 또 한 번 외교적인 굴욕을 당하게 되었다.

쑨원

의화단 운동 이후 중국은 더욱 깊은 혼란에 빠져들었다. 1898년의 개혁은 실패로 돌아갔고, 그에 대한 반동 현상까지 나타났다. 이제는 개혁만이 최선책인 것 같았다. 군대의 재편 과정과 서양의 훈련을 거친 장교들은 개혁을 생각하기 시작했다. 또한 해외의 유학생들은 일본 동경에 모여 조국의 미래에 대해 논의하고 있었다. 일본은 이웃 국가인 중국의

당시 프랑스 잡지에 실렸던 독일 선원과 의화단의 전투 모습

의화단 운동

극적인 사건이었던 '의화단 운동'이 보여 주듯, 중국은 과거의 방식으로 되돌아가 외세의 위협에 맞서는 듯했다. 서태후가 정권 유지를 위해 이용했던 이 운동은 외국인에 대한 혐오감을 표출했던, 분명 시대에 뒤떨어진 반란으로서 공식적으로 장려되었다. 이 사건으로 선교사와 개종자들은 물론 독일인 공사까지 살해되었고, 북경에 있는 여러 외국 공사관이 포위를 당했다.

그러나 의화단은 서양의 전투력을 당해 낼 수 없었다. 의화단 운동은 외국인에 대한 분노를 다시 한 번 드러낸 것에 불과했을 뿐 아니라, 전통적인 권력 구조에서 기대할 수 있는 바가 없음을 보여 주었다. 의화단 운동은

서구화에 대한 변호

학자인 옌푸(1854~1921)는 서양의 혁신을 도입하고자 했던 중국의 새로운 개혁 운동을 지지했으며 애덤 스미스와 존 스튜어트 밀의 저서를 번역하기도 했다. 그는 다음과 같은 글을 썼다.

'지금은 지식이 중국의 것이냐 서양의 것이냐 또는 지식이 새로운 것이냐 과거의 것이냐를 논할 시기가 아니다. 어떤 길이 우리를 무지와 가난과 결점으로 내몬다면, 그 길이 우리의 조상 대대로 내려왔다 할지라도, 혹은 통치자의 권위에 바탕을 두었다 할지라도······ 우리는 그 길을 가서는 안 된다. 그러나 또 다른 길이 나타나 무지를 확실히 타파하고 우리를 가난과 결점에서 구해 준다면, 우리는 그 길이 이방인의 것일지라도 그 길을 선택해야 한다.'

1900년 옌푸의 글 중에서

정권을 약화시킬 수 있는 이러한 타도 운동을 기꺼이 장려했다. 그리하여 1898년에 일본은 '아시아인을 위한 아시아'라는 슬로건을 내걸은 '동아시아 문화 연합'을 창설했다. 당시 젊은 중국 급진주의자들 사이에서 일본 민족은 상당히 명망이 높았다. 그들의 눈에 일본인은 인도에 비극을 초래했고 이제는 중국마저 집어삼키려 하는 전통 사회의 후진성이라는 덫에서 탈피한 아시아 민족으로 비춰졌다. 이처럼 일본은 대등한 위치에서 서양에 대적할 수 있었다.

한편 오래전부터 활동해 온 비밀 결사 등 다른 계층에서 지지를 얻어 내려 한 학생들도 있었다. 이 중 한 명이 쑨원이라는 젊은이였다. 그의 업적은 과장되는 경우가 많지만, 그는 총 열 번이나 개혁을 시도했다. 이를 토대로 1890년대에 그와 다른 학생들은 입헌 군주제를 요구했다. 그러나 그들의 요구는 당시로서는 지나치게 급진적인 것이었다.

이에 불만을 품은 해외 유학생들은 대규모 무역을 통해 해외에 진출했던 중국 사업가들에게서 많은 지지를 끌어냈다. 이 후원자들은 1905년에 쑨원이 일본에서 중국혁명동맹회를 결성하도록 도왔다. 이 단체는 만주족을

1891년에 중국에서 흔히 볼 수 있었던, 외세에 맞서 싸우기를 장려하는 그림.

배척하고 공화제에 입각한 한족의 통치를 실시하며 토지 개혁을 실행할 것을 목적으로 했다. 또한 외국인을 회유하려고 노력했는데, 이는 당시 상황에 비춰 볼 때 상당히 현명한 전략이었다.

한편 이 새로운 개혁 운동은 특히 영국의 급진주의자인 존 스튜어트 밀과 미국의 경제 개혁자인 헨리 조지 등 서양 사상가들의 영향을 받은 것이었다. 이는 다시 한 번 서양이 중국 개혁 운동에 활기를 불어넣고 이념적 측면에 영향을 주었음을 보여 주었다. 그리고 이는 후에 중화민국의 주도권을 잡게 될 세력이 등장하는 바탕이 되었다.

그러나 같은 해에 동맹회의 결성보다 더 중요한 사건이 있었다. 그것은 전통적인 과거 제도의 폐지였다. 그동안 과거제는 등용된 관료들에게 내부적인 동질감과 단결성을 부여함으로써 중국의 문명을 지속적으로 지탱하는 힘이었다. 이러한 속성들은 쉽게 사라지지 않았지만, 중국에서 일반 백성과 특권을 가진 지배층 사이의 구별은 이미 사라지고 없었다.

한편 해외에서 돌아온 유학생들은 국내의 상황에 불만을 품었고, 정부 관직에 오르기 위해 과거 시험을 치를 필요가 없어지자 나라 안에 상당히 혼란스러운 분위기를 조성했다. 그리고 이들의 행동은 중국 사회가 서양 사상에 더욱 빠른 속도로 눈뜨게 했다. 근대

◀ 쑨원(1866~1925)은 1894년에 흥중회를 조직했다. 이 조직은 원칙적으로 국가의 독립, 토지 개혁, 공화국의 설립을 추구하는 개혁 운동을 펼쳤다.

세계의 유럽화에 대한 아시아의 반응

제국주의 중국의 종말

20세기 초, 사회적 불만이 고조되었던 중국에서는 서양에서 유학한 젊은 중국인들이 추구했던 공화주의적 이상이 만주족 왕조를 타도하고 끝내 승리를 거두게 되었다. 그러던 중 1911년 10월 10일, 혁명을 준비하던 자들이 우창에서 봉기를 일으켰다. 그러자 수많은 도시들이 신속하게 봉기에 동참했고 고위 군사 장교들이 대거 이탈하자 중국의 왕조는 무너졌다.

그러나 공화주의적 민주주의가 중국에 뿌리를 내리기는 무척 어려웠다. 중국은 대표 정부의 전통이 없었을 뿐만 아니라, 형사 체제 이상의 공공 사법이 없었기 때문이다. 1916년에 위안스카이가 사망하자 중국은 또다시 혼란에 빠져들었다.

위안스카이(1859~1916)는 쑨원에 이어 중화민국의 두 번째 총통이었다.

화된 군대의 장교들과 더불어 이들은 점차 혁명으로 시선을 돌리게 되었다.

중화민국

1908년에 서태후와 그의 꼭두각시였던 황제가 연이어 세상을 떠나기 전에도 몇 차례의 반란이 일어났다. 이 중에는 프랑스의 묵인 하에 인도차이나에서 쑨원이 주도해 일어난 반란도 있었다. 이들이 세상을 떠나자 새로운 기대가 생겨났으나, 만주족 정부는 계속해서 개혁에 미온적인 태도를 보였다. 물론 정부는 원칙적으로 중요한 양보에 응했으며 해외로의 유학을 장려했다. 그러나 한편으로는 과거로부터 절대로 탈피할 수 없고 만주족이 누리던 제국주의적 특권을 포기할 수도 없다는 의사를 내비쳤다. 아마도 더 이상의 요구는 불가능했을 것이었다.

1911년이 되자 상황은 최악으로 흘렀다. 향신 계층의 단결이 와해될 조짐을 보인 것이다. 그들은 붕괴 위기에 처한 왕조에 충성하지 않으려 했다. 왕조 내부의 권력은 이미 막다른 궁지에 몰린 상태였고, 왕권은 중국의 일부 지역에만 효과가 있었다. 그리고 10월에는 한커우 지역에서 혁명 본부가 발각되었는데, 이미 그해 초에 봉기가 일어나 진압이 이루어진 뒤였다. 이를 계기로 마침내 성공적인 개혁으로 이어지게 될 반란이 일어나게 되었다. 초기에 반란을 일으켰던 자들은 쑨원의 이름을 내세웠는데, 당시 미국에 있던 쑨원은 이를 알고 놀라워했다.

혁명의 방향은 군사 지휘관들이 중국 정권을 저버리면서 정해졌다. 이 중 가장 중요한 인물이 위안스카이였다. 그는 만주족 정부에 압력을 가해 왕조를 퇴위시켰다. 그리고 1912년 2월 12일, 여섯 살의 마지막 만주족 황제가 물러나자 중국의 오랜 천명은 사라졌다. 그때는 이미 쑨원을 임시 대총통으로 하는 공화국이 수립된 상태였고, 곧 새로운 국민당이 등장했다.

그러나 3월에 쑨원은 위안스카이에게 총통의 자리를 내주었다. 자신의 기반이 약하다는 사실을 알았던 쑨원은 새로이 탄생된 공화국을 지속시키기 위해 군사력이 막강했던 위안스카이에게 청조를 퇴위시킨 대가로 실세를 내준 것이었다. 그 후, 위안스카이가 북경에 세운 비효율적인 입헌 체제가 군벌을 이용해 중국의 실질적인 정부를 저지하는 새로운 시대가 열렸다. 이러한 사실은 중국이 근대적인 민족 국가가 되기 위해 가야 할 길이 아직도 멀었음을 보여 준다. 그러나 중국은 19세기에 외세에 빼앗긴 자주성을 되찾기 위한 반세기에 걸친 여정을 시작했다.

막부시대의 일본

19세기가 시작될 무렵, 겉보기에 일본이 중국보다 서양의 도전에 잘 적응하고 있다고 할 만한 사실은 별로 없었다. 일본은 어느 면으로 보나 철저히 보수적이었다. 그러나 무사들이 중심이 된 막부시대가 시작되면서 많은 변화가 일어났으며, 이 변화는 시간이 흐를수록 더욱 빨라지고 깊어질 조짐을 보였다.

한 가지 역설적인 사실은 이러한 변화가 부분적으로는 도쿠가와 막부 성공 덕분이었다는 점이다. 도쿠가와 막부가 들어서자 일본은 오랜 평화기에 접어들었다. 그 결과 일본의 군사 체제는 구식으로 전락했고 효율성도 떨어졌다. 또 기생적인 계층이었던 사무라이는 문제거리였다. 전쟁이 없던 오랜 평화기에 자신들의 영주가 있는 마을에 모여 사는 것 외에 달리 할 일이 없었던 이 무사들은 일자리가 없는 소비자로서 사회적, 경제적 문제가 되었다.

또한 평화가 지속되자 급격한 성장이 이루어졌는데, 이는 도쿠가와 막부시대에서 가장 뜻 깊은 성과였다. 일본은 이미 준선진화된 다양화가 이루어진 사회였다. 또한 자본 경제가 존재했고, 농업 부문에서 준자본주의 구조가 등장해 과거의 봉건적 관계를 서서히 무너뜨리고 있었으며, 도시의 인구가 늘어나고 있었다. 막부시대 말기에 일본 최대의 상업 중심지인 오사카의 인구는 30~40만 명에 달했고, 에도의 인구는 100만 명에 달했다. 이러한 대규모 소비 중심지는 17세기부터 규모가 더욱 커지고 복잡해진 금융 및 상업 협정에 의해 지탱되었다.

이러한 중심지에는 과거의 열악한 상업 질서가 더 이상 존재하지 않았다. 심지어 이곳에서는 현대적인 판매술이 사용되기도 했다. 한 예로, 오늘날에도 일본 자본주의의 큰 버

18세기 그림에 등장한 일본 부인과 몸종. 당시에는 이와 같은 일상적인 모습이 대중적으로 유행했기 때문에 도쿠가와 시대의 그림 자료 역시 풍부하게 남아 있다.

팀목이 되고 있는 미쓰이 사는 18세기 당시, 갑자기 내린 비로 상점에 발이 묶여 있던 고객들에게 미쓰이의 로고가 찍힌 우산을 무료로 나눠 주기도 했다.

정치적, 경제적 불안정

많은 변화가 일어났던 일본에서는 새로운 부가 창출되었으나, 막부는 그로 인한 혜택을 누리지 못했다. 막부는 시대에 따라 늘어나는 자체 내의 수요에 맞춰 부를 활용할 수 없었기 때문이다. 당시 막부의 주요 수입원은 영주들이 거둬들이는 쌀에 대한 세금이었는데, 세금의 부과 비율은 17세기 수준에 머물러 있었다. 그러므로 세금을 거둬들이는 것으로는 발전된 경작 기술과 토지 개간으로 새롭게 창출된 부를 취할 수 없었다.

또한 새로이 생겨난 부는 부유한 농민과 마을 지도자들의 소유였으므로 시골에서는 빈부 격차가 더욱 심해졌다. 그 결과 빈곤한 농민들은 도시의 노동 시장으로 내몰리기도 했다. 이는 봉건 사회의 해체를 알리는 또 다른 징조였다. 게다가 막부가 화폐의 가치를 낮춤에 따라 악화된 인플레이션을 겪은 도시에서는 상인들만이 번영을 누렸다. 1840년대의 마지막 경제 개혁의 노력도 수포로 돌아갔다. 영주들은 더욱 빈곤해졌고, 신하들은 영주에 대한 신뢰를 잃었다.

도쿠가와 막부시대가 끝맺을 무렵, 일부의 무사들은 무역에 손을 대기 시작했다. 영주들이 얻는 세수입에서 무사들이 차지하는 몫은 여전히 17세기 수준이었다. 어딜 가나 무사들은 가난에 허덕이고 정치에 불만을 품고 있었다. 그리고 고통에 시달리던 몇몇 대영주의 가족들은 도쿠가와와 동등한 위치에 있었던 시절을 회상하곤 했다.

서양의 영향력에 대한 개방

서양 사상으로부터 완전히 격리되었던 상태가 오래전에 깨지고 나서, 일본은 불안정해질 가능성이 커지게 되었다. 일부 지식인들은 네덜란드와의 무역으로 어렵사리 일본에 들어온 외국 서적에 관심을 보였다. 일본은 기술을 받아들이는 데 있어 중국과는 달랐다. '일본인은 두뇌가 명석하고 무엇을 보든 빨리 배운다.'라고 16세기의 한 네덜란드인은 말한 바 있다. 중국인과 달리 일본인들은 유럽에서 전해진 소형 화기의 장점을 빠르게 이해하고 활용해서, 이를 대량으로 생산하기

서민의 삶을 생생하게 재현하기로 유명했던 안도 히로시게(1797~1858)가 그린 논의 풍경. 19세기 말 일본의 목판화는 유럽의 회화에 크게 영향을 미쳤다.

시작했다. 또한 중국인들이 장난감으로만 여겼던 유럽의 시계를 보고 모조품을 만들기도 했다.

중국인들은 과거의 전통에 사로잡혔던 반면, 일본인들은 전통에 구애받지 않고 유럽으로부터 많은 것을 배우고자 했다. 이런 의도에서 일본의 넓은 봉토에는 학교나 '네덜란드학'을 연구하는 학술 기관이 들어섰다. 또한 막부는 외국 서적의 번역을 허가했다. 이는 도쿠가와시대의 높은 교육열로 인해 글을 읽을 줄 아는 사람이 많아졌던 일본 사회로서는 획기적인 결과였다. 그리하여 젊은 무사들까지 서양의 사상을 탐구하기 시작했다.

게다가 섬나라인 일본은 상대적으로 영토가 좁고 의사소통이 활발히 이루어져 새로운 사상이 쉽게 퍼져 나갔다. 따라서 일본은 서양으로부터 예상치 못한 도전을 받게 되다 할지라도 중국만큼 불리한 입장은 아니었다.

일본이 서양과 최초로 접촉한 시기는 17세기였다. 그 결과, 일부 네덜란드인만이 나가사키에서 무역을 할 수 있게 되었다. 당시 유럽인들은 크게 이의를 제기할 수 없었다. 그러나 1840년대 중국의 상황을 보건대, 일본의 쇄국적인 태도는 더 이상 계속될 수 없다. 끝내 서양에 문을 열게 된 중국의 운명을 목격한 몇몇 일본 지도자들은 경각심을 느꼈다. 유럽과 북아메리카는 아시아와의 무역개척에 새로운 관심을 보였고, 이를 실현할 수 있는 새롭고 막강한 힘을 지니고 있었다. 그리고 네덜란드 왕은 일본 막부에 쇄국 정책이 더 이상 현실성이 없다고 경고했다.

일본의 지배층에서는 외세에 저항할 것인가, 아니면 양보할 것인가에 대해 의견이 분분했다. 그러던 중 1851년 미국의 대통령은 마침내 미 해군 페리 제독에게 일본과 관계를 수립하도록 했다. 그리고 1853년 일본해에 진입하는 외국 함대로서는 최초로 페리 제독의 함대가 일본의 에도 만에 도착했다. 다음 해에 그의 함대는 돌아갔고, 일본의 막부는 외국과 최초로 조약을 맺었다.

막부시대의 종말

유교적인 측면에서 볼 때, 페리 제독의 도착은 막부시대의 종말을 알리는 불길한 징조라 할 수 있었다. 일부 일본인들의 생각도 그러했다. 그러나 막부는 곧장 몰락하지 않았고, 이방인의 위협에 맞선 혼란스러운 반응이 수년간 이어졌다. 일본의 지배층은 서양 세력에 전적으로 굴복하지 않은 것이었다. 사실 일본은 또 한 번 외세를 강제로 몰아내려 시도했다. 그 결과, 1860년대까지 일본의 앞날을 결정지을 만한 사건은 일어나지 않았다.

그런데도 수년에 걸쳐 서양 세력은 일본에서 소기의 성과를 거두었고, 이는 몇 차례의 '불평등 조약'으로 나타났다. 이에 따라 미국, 영국, 프랑스, 러시아, 네덜란드는 상업적 특권, 서양인 거주민을 위한 치외 법권, 외교 대표부의 설립, 일본의 아편 수출에 대한

1860년 프랑스와 일본이 무역 조약을 체결하는 모습.

* 번藩과 번주藩主
에도시대의 공식적인 지방자치 조직을 '번'이라 한다. 국國이나 현縣이라는 명칭으로 불리기도 했다. 일본 각지에서 생겨난 조직들이 자연스럽게 발전한 것으로, 영주들 중 1만 석 이상의 독립된 영토를 가진 자들을 '번주'라고 하여 막부 대신 번을 다스리게 했다.

1890년 11월 29일, 일본의 황제가 의회를 열고 있다. 새로운 입법자들과 일본 대중 사이에서는 1889년의 헌법이 황제의 뜻에 따라 제정되었으며 오직 황제에 의해서만 개정될 수 있다는 것이 공공연한 사실로 받아들여졌다.

제재 등 주요 양보 사항을 일본으로부터 얻어냈다.

그 후 얼마 지나지 않아 막부시대는 막을 내렸다. 이렇게 된 데에는 막부가 외세에 적절히 대항하지 못한 탓도 있었지만, 사쓰마 번과 조슈번 지역을 중심으로 한 유신 관료들이 위협을 가한 탓도 있었다. 이들은 더욱 효율적이고 중앙화된 체제로 도쿠가와 막부를 대체하기 위해 서양의 군사 기술을 도입했다. 이로써 도쿠가와 막부와 그 반대 세력은 분쟁에 돌입하게 된 것이다. 하지만 그로 인해 혼란과 무정부 상태가 재발한 것은 아니며, 1868년에 제국주의 왕조는 이른바 '메이지 유신'을 통해 다시 권력을 되찾게 되었다.

메이지 유신

천왕이 재등장하고 그에 따른 혁명적 부활이 널리 받아들여진 데에는 서양보다 '열등한' 모습에서 벗어나 중국, 인도와 같은 운명을 피하고자 했던 몇몇 일본 지식인들의 열정적인 바람이 큰 역할을 했다. 1860년대에 막부와 몇몇 개별적인 파벌들은 이미 유럽에 사절단을 보낸 적이 있었다. 또한 서양이 지닌 그 힘의 비결을 알아내기 위해 외국인을 혐오하는 감정 역시 자제했다. 여기에는 한 가지 역설적인 사실이 있다. 즉, 일부 유럽에서와 마찬가지로, 보수적인 사회관에 바탕을 둔 민족주의는 본래 지켜야 할 전통의 많은 부분을 약화시킨다는 점이다.

왕정복고는 메이지 '유신'과 일본의 부활을 상징적으로 알렸다. 이 시기의 중요한 첫 단계는 봉건제 폐지였다. 힘겨운 유혈 사태가 될 수도 있었던 이 과정은 주요 네 개 번의 번주*가 자발적으로 그들의 토지를 천황에게 내줌으로써 간단히 해결되었다. 이들은 천황에게 올리는 상서에서 그들의 명분을 밝혔다. 이들은 본래 천왕의 소유였던 것을 다시 천황에게 바친다고 생각했으며, '이로써 통일된 지배력이 제국 전체에 널리 퍼질 것이다. 따라서 일본은 세계의 다른 나라들과 어깨를 나란히 할 수 있을 것이다.'라고 말했다.

애국적인 도덕심을 뚜렷하게 나타내는 이들의 발언은 이후 반세기 동안 일본 지도자들에게 귀감이 되었고, 식자율이 높은 일본 사회에 널리 전파되었다. 덕분에 일본의 지방 지도자들은 국가적인 목표를 널리 알릴 수 있었다.

물론 이러한 애국심은 다른 국가에서도 나타났다. 그러나 일본은 독특한 점이 있었다. 다시 말해, 일본은 중국의 운명을 목격한 뒤 개혁이 시급함을 느꼈고 자국의 사회적, 도덕적 전통이 개혁을 정서적으로 뒷받침해 주었다. 또한 일본은 제국주의적 왕권의 확립된 틀 안에서 과거 유지만이 목적이 아니라 도덕적 권위를 찾을 수 있었다. 그리고 이 모든 환경은 일본판 명예혁명, 즉 급진적인 변화의 시대를 연 보수적인 혁명을 가능하게 했다.

일본의 '서구화'

'메이지 유신' 체제하에 일본은 서양 정부와 사회의 제도 대부분 빠르게 도입했다. 완벽한 행정 체제, 우편 제도, 일간 신문, 교육부, 군대 징병제, 최초의 철도, 종교적 관용, 그레고리력*은 모두 처음 5년간 일본에 도입된 문물이었다. 또한 1879년에는 지방 정부의 대표 체제가 확립되었고, 그로부터 10년 후에는 새로운 헌법에 따라 양원제 의회가 설립되었으며, 상원을 구성하기 위해 귀족 계급이 생겨났다. 그러나 사실 메이지 유신 체제의 권위주의적 성격을 보건대, 이 모든 성과는 보이는 것만큼 혁명적이지 않았다.

이와 동시에 혁신을 향한 열정은 수그러드는 조짐을 보이기 시작했다. 서양의 것이면 무엇이든 좋다는 시대는 지나갔다. 이러한 열정은 20세기 중후반이 될 때까지 다시 나타나지 않았다. 1890년에는 교육에 대한 황국 칙령이 내려졌고, 이는 후에 수세대에 걸쳐 중요한 기념일에 일본 학생들에게 읽혔다. 이 칙령은 효와 복종이라는 전통적인 유교 덕목을 지키고 필요할 경우 국가를 위해 자기를 희생할 것을 당부했다.

과거 일본의 많은 부분, 아마도 가장 중요한 요소는 메이지 유신에서 살아남게 되었다. 이는 근대 일본의 비밀이기도 했다. 그러나 사라진 것도 많았다. 영주들은 정부로부터 넉넉한 보상을 받을 수 있었지만 봉건 제도는 결코 다시 부활할 수 없었다. 이와 더불어 새롭게 나타난 또 다른 현상은 과거 계층 체제의 폐지였다. 이로써 무사의 특권이 사라지게 된 것이다. 그러나 이 중 일부는 새로운 관직에 오르거나, 이제는 더 이상 천한 직업이 아닌 상업에 종사하거나, 근대화된 육, 해군에 지원하는 등 보상을 받았다.

이 모두를 위해 일본은 해외의 사례로부터 교훈을 받아들였다. 일본은 입증된 우수성만을 인정했기 때문이다. 그래서 프랑스-프로이센 전쟁에서 프랑스가 패배하고 나자, 일본은 점차적으로 프랑스의 군사 자문관들을 철수하고 독일 자문관들을 고용했다. 그리고 영국에게는 해군과 관련하여 자문을 구했다. 일본의 젊은이들은 놀라우면서도 위협적인 서양 세력의 또 다른 비밀을 직접 알아내기 위해 해외로 나갔다.

일본 신구 세대의 열의뿐 아니라 나라와 시대를 넘어서서 그들이 이룩한 성과는 여전히 놀랍다. 열정적이고 헌신적인 개혁 운동가를 뜻했던 지사志士는 후에 인도와 중국 등 아시아 전역의 지도자들에게 영감을 불어넣었다. 또한 그들의 정신은 1930년대에 가장 파괴적

일본문명 대 서양문명

서양 문화의 역동성과 동양 문화의 부동성의 차이에 대한 보수적인 견해는 아래에 유명한 일본 소설의 한 구절에 나타나 있다.

'군주제가 편리하지 않다고 해서 의회 제도를 도입해도 결과는 실망스러울 뿐이다. 강 건너기가 불편하다고 해서 다리를 건설하고, 산을 돌아가기 싫다고 해서 터널을 뚫는가 하면, 의사소통이 어렵다고 해서 철도를 놓기도 한다. 그러나 결코 완전한 만족을 얻을 수는 없다. 인간은 어느 정도까지 긍정적인 방향으로 자신의 의지를 밀고 나갈 수 있을까? 서양의 문명은 긍정적이고 진보적일 수 있다. 그러나 이것은 결국 만족을 느끼지 못하는 사람들이 만들어 낸 문명일 뿐이다. 반면 일본의 문명은 사물을 변화시키지 않고 인간 그 자체에서 만족을 찾는다. 우리의 문명이 서양의 그것과 크게 다른 이유는 우리의 환경을 근본적으로 변화시킬 필요가 없다고 전제하기 때문이다. 부모 자식 간의 관계가 평탄치 못할 때, 우리의 문명은 유럽인들처럼 이들의 관계를 변화시킴으로써 조화를 찾지 않는다. 대신 우리는 이 관계를 변화시킬 수 없다고 생각하고, 이들 사이의 평화를 되찾을 수 있는 방법을 찾는다.'

나쓰메 소세키의 『나는 고양이로소이다』(1906)에서 발췌

---

* **그레고리력**
교황 그레고리우스 13세가 기존에 쓰이던 율리우스력의 오차를 수정해 1582년에 공포한 태양력. 오늘날 거의 모든 나라에서 사용하고 있다. 기존에 누적된 오차를 없애기 위해 1582년 10월 4일 다음 날을 10월 15일로 정했으며, 윤년을 4년에 한 번으로 하고, 1년은 약 365.2425일로 정했다.

인 마지막 일본 제국주의를 추진했던 젊은 장교들에게까지 영향을 미쳤다.

경제적 변화

개혁이 성공했는가를 평가하는 가장 기본적인 잣대가 경제적인 지표다. 그러나 이러한 지표는 주의 깊게 살펴볼 필요가 있다. 일본의 개혁은 평화로웠던 도쿠가와 막부시대의 경제적 성장에 바탕을 두고 있었다. 일본이 그 어떤 비서양권 국가도 따라올 수 없는 성장의 물결을 일으킬 수 있었던 비결은 서양의 기술과 전문 지식뿐만이 아니었다. 다행스럽게도 일본에는 이윤 추구를 당연시했던 사업가들이 존재했고, 또 당연한 사실이지만 중국보다 부유했다. 또한 일본이 눈부신 발전을 할 수 있었던 이유는 인플레이션을 극복했고, 잠재력을 십분 발휘하는 데 방해가 되었던 봉건주의의 속박을 제거했기 때문이다.

최초의 변화의 조짐은 농업 생산량의 증가에서 나타났다. 물론 1868년 인구의 5분의 4를 차지했던 농민들은 그로 인한 혜택을 별로 누리지 못했다. 19세기에 일본은 더 많은 토지에 쌀을 경작하고 기존의 경작지를 더욱 집중적으로 활용하여 늘어나는 인구에 식량을 공급했다.

한편 국가는 재정 수입의 상당 부분을 다른 곳에서 거둬들일 수 있었으므로 전보다는 토지세에 덜 의존하게 되었다. 그러나 새로운 일본을 건설하는 데 가장 희생이 된 것은 여전히 농민이었다. 그리고 1941년이 되어서야 일본의 농민들은 근대화로부터 얻을 것이 별로 없다는 사실을 깨닫게 되었다. 그들은 상대적으로 뒤처져 있었다. 한 세기 전만 해도 그들의 선조는 평균 수명과 수입이 같은 시대의 영국 농민과 비슷한 수준이었다. 그러나 1900년이 된 시점에서 농민들의 상황은 그때와 확실히 달랐다.

일본은 농업 이외의 부문에서는 자원이 별로 없었다. 그래서 점차 생산성이 높아진 토

1891년 영국 신문에 게재되었던 일본 오사카의 모습.

지에서 거둬들인 세금으로 투자의 비용을 감당했다. 일본은 스탈린이 통치하는 러시아 후기 산업화 과정의 진통은 겪지 않았지만 소비가 저조했다. 1900년에 12%를 기록했던 높은 저축률 덕분에 일본은 외채에 의존할 필요가 없었지만 또다시 소비가 제약을 받았다.

이러한 상황은 일본의 국가 확장 과정에서 나타난 또 다른 면이라 할 수 있다. 이러한 대가를 치른 대신, 일본은 근대 국가의 기반 시설을 확립하고 일본 고유의 군수 산업을 육성했다. 또한 외국 투자자들로부터 대체로 높은 신용 등급을 받았고, 1914년에는 면방적과 기타 직물 산업을 크게 발전시켰다.

사회적 대변동

이 모든 성공을 거두기 위해서 일본은 결국 큰 정신적인 대가를 치러야 했다. 일본은 서양으로부터 배우려 했으면서도 안으로 향하는 경향이 있었다.

일본에서는 유교의 '생소한' 종교적인 영향력과 심지어 불교마저도 열성적인 신도神道* 지지자들의 공격을 받았다. 일본의 국교였던 신도는 막부 통치하에서도 신의 구현인 천황의 역할을 강조하고 강화했다. 또한 국가의 중심인 천황에게 충성하라고 요구함으로써 새로운 헌법에 명시된 원칙들을 무색하게 만들었다. 이러한 헌법은 일본과 다른 문화적 환경이었다면 자유로운 방향으로 발전했을 것이다.

일본 정권의 속성은 헌법과 같은 제도가 아닌 제국주의 통치의 탄압적인 행동 속에서 빛을 발했다. 그러나 메이지 유신의 정치가들은 당시 해결해야 했던 중요한 두 가지 문제 때문에 권위주의적인 경향을 추구할 수밖에 없었다. 당시 경제의 근대화는 근대적인 의미의 계획이 아니라 강력한 정부의 계획과

이토 히로부미(1841~1909)는 유럽을 돌아다니며 서양의 민주주의 모델을 연구했고 일본의 헌법을 제정하기 위한 위원회를 이끌었다. 그는 일본의 서구화에 큰 기여를 한 인물로, 1886년부터 1901년까지 간헐적으로 일본의 총리를 역임했다.

엄격한 회계 정책이었다. 그리고 그들이 당시 직면했던 또 다른 문제는 국가의 질서였다. 일본의 제국주의 정권은 국가 질서에 대한 위협에 맞서지 못한 이유로 이미 쇠퇴한 적이 있었다.

게다가 모든 보수 세력을 새로운 일본으로 끌어들이지 못하면서 새로운 위험이 발생했다. 영주를 잃어 갈 곳이 없는 무사를 뜻하는 로닌들이 품었던 불만도 문제의 원인 중 하나였다. 그리고 농민들의 불행 역시 한몫을 했다. 그래서 메이지 시대의 첫 10여 년 동안은 농민의 반란이 수차례 일어났다. 그러나 1877년 사쓰마번의 반란에서 정부의 새 군대는 보수 세력의 저항을 억압할 수 있음을 보여 주었다. 이 반란은 메이지 유신에 대항했던 몇 차례의 봉기 중 마지막 사건이었으며, 보수주의의 마지막 대대적인 도전이었다.

사회에 불만을 품었던 사무라이들은 점차 새로운 국가에 봉사하게 되었으나, 그렇다

* **신도神道**
일본에서 발생한 고유한 민족 신앙. 그 내용에 따라 신사신도神社神道, 교파教派신도, 국가國家신도, 황실皇室신도, 학파學派신도 등으로 나눈다. 일본에 살고 있던 민족들 사이에서 자연발생적으로 생겨났으며, 특별한 교전教典은 없고 다신교이다.

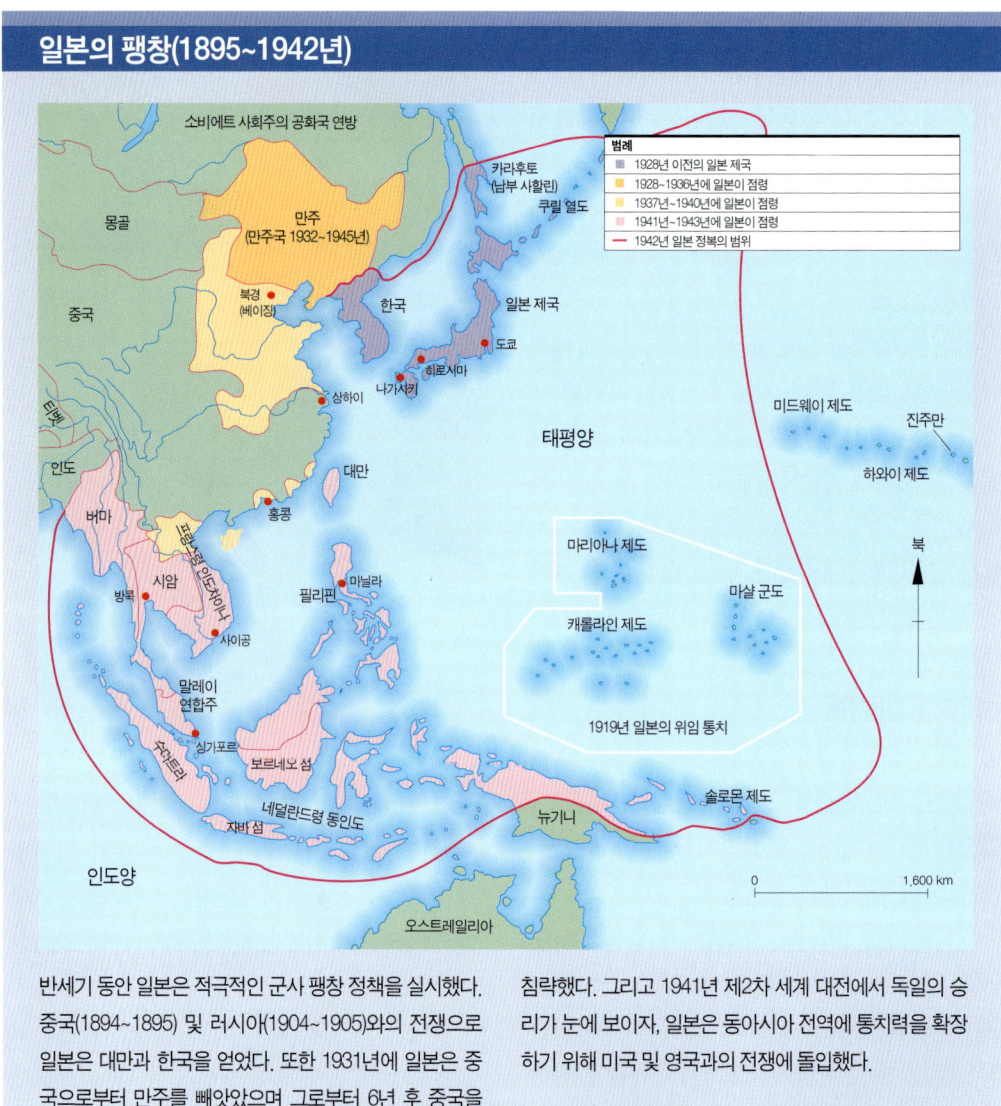

일본의 팽창(1895~1942년)

범례
- 1928년 이전의 일본 제국
- 1928~1936년에 일본이 점령
- 1937년~1940년에 일본이 점령
- 1941년~1943년에 일본이 점령
- 1942년 일본 정복의 범위

반세기 동안 일본은 적극적인 군사 팽창 정책을 실시했다. 중국(1894~1895) 및 러시아(1904~1905)와의 전쟁으로 일본은 대만과 한국을 얻었다. 또한 1931년에 일본은 중국으로부터 만주를 빼앗았으며 그로부터 6년 후 중국을 침략했다. 그리고 1941년 제2차 세계 대전에서 독일의 승리가 눈에 보이자, 일본은 동아시아 전역에 통치력을 확장하기 위해 미국 및 영국과의 전쟁에 돌입했다.

고 해서 일본에 도움이 된 것은 아니었다. 이들은 국가의 여러 방면에서 독단적인 민족주의에 불을 붙였고, 이는 결국 해외 침략으로 이어졌다. 그들의 민족주의는 곧장 서양에 대한 분노뿐만 아니라 아시아 본토를 향한 제국주의적 야심으로 나타났다. 메이지 유신 이후 일본에서 국가의 근대화와 해외의 정복은 대립하곤 했으나, 결국에 이 둘은 같은 방향을 향하게 되었다. 대중적인 민주주의 운동은 특히 제국주의로 이어질 가능성이 높았다.

중국 및 한국과의 관계

중국은 제국주의적 충동의 예견된 희생양이었고, 서양 국가에 이어 이웃 아시아 국가로부터도 혹독한 시련을 겪을 운명이었다. 처음에 중국에 가해진 위협은 간접적이었다. 유럽이 티베트, 인도차이나, 만주 등 중국 국경 내의 속국에 손을 뻗쳤던 것과 마찬가지로, 일본은 오랫동안 중국의 영향력하에 있었던 조선에 관심을 보였다. 부분적으로, 일본의 행동은 전략적인 것이었다. 쓰시마 해협은 아시아 대륙 본토와 가장 가까운 곳이었기 때문이다.

1876년, 드디어 일본은 적극적인 행동을 개시했다. 그리하여 유럽이 중국에 가했던, 그리고 미국의 페리 제독이 일본에 가했던 것과 매우 유사한 군사적인 위협하에, 조선은 세 군데의 항구를 일본에 개방하고 국교를 수립하는 데 동의했다. 그러나 더 많은 것을 원하는 일본인들도 있었다. 과거에 조선의 해안 지방을 자주 침범하고 약탈했던 일본인들은 그곳에 풍부한 광물과 자연 자원이 있음을 기억해 냈다.

메이지 유신 체제의 정치가들은 처음에 이러한 압력에 선뜻 응하지 않았다. 어떤 면에서 본다면 이들은 급할수록 돌아가고 있는 셈이었다. 결국 1890년대 들어 일본은 조선의 지배권을 두고 메이지 유신 이래 최초로 중국과 전쟁을 치르게 되었다. 청일 전쟁에서 일본은 단연 승리를 거두었으나, 전쟁 후 상당한 국가적인 치욕을 당하게 되었다. 그리하여 1895년에 러시아, 독일, 프랑스의 3국 간섭을 받아들이게 되었다. 이는 청일 전쟁 후 중국이 일본과 체결해야 했던 시모노세키 조약보다도 더 불평등했다. 이 조약에는 조선의 자주 독립국 인정도 포함되어 있었다.

일본을 인정한 서양

3국 간섭 후 일본에서는 서양에 대한 분노가 아시아로 세력을 확장하려는 열의와 맞물리게 되었다. 백성들은 서양 열강이 강요하곤 했던 '불평등 조약'에 크게 반감을 느끼고 있었고, 1895년에 3국 간섭이 이루어지자 반감은 극으로 치달았다. 일본 정부는 나름대로의 이해관계를 갖고 중국의 혁명 운동을 지지하고 있었고, 중국인들을 향해 '아시아인을 위한 아시아'라는 슬로건을 내세우고 있었다.

한편 서양 국가들은 일본에 대처하는 일이

청일 전쟁(1894~1895)의 모습을 담은 이 일본의 삽화는 일본 군대의 막강한 힘을 강조하고 있다. 이들의 현대식 제복은 그보다 구식인 중국군의 제복과 대조를 이룬다.

중국을 위협하는 일과는 완전히 다름을 확실하게 느끼고 있었다. 일본은 여타의 비유럽 국가가 아닌, '문명적인' 국가로 인식되고 있었다. 유럽의 치하에 있음을 보여 주는 굴욕적인 증거인 치외 법권이 1899년에 일본에서 사라졌던 일은 이러한 변화를 상징적으로 나타냈다. 그 후 1902년에 영일 동맹이 체결됨으로써 서양이 일본을 동등한 존재로 여긴다는 사실이 확실하게 드러났다. 다시 말해, 일본은 유럽에 동참하게 되었다.

러시아와의 전쟁

20세기 초에 러시아는 극동 지역에서 주도적인 유럽 국가였다. 1895년 3국 간섭에서 러시아의 역할은 결정적이었다. 이에 따라 러시아가 괄목할 만한 성과를 거두자, 일본은 더 이상 지체할 경우 오랫동안 원했던 조선을 얻지 못할 수도 있음을 깨달았다. 철도 건설, 블라디보스토크의 건립, 조선에서의 러시아인들의 상업 활동 등 이 모두가 일본에 경종을 울렸다. 그중에서도 가장 경각심을

서양에 전파된 일본의 관습

1853년에 서양인 여행자들은 2세기 만에 처음으로 일본 방문이 허용되었다. 이렇게 최초로 일본 땅을 밟게 된 서양인들은 고도로 정교한 일본의 문화를 보고 놀라워했다. 그리고 일본을 여행한 서양인들이 자국으로 갖고 갔던 일본 기념품 덕분에 19세기 후반 유럽에서는 일본 문화가 상당히 인기를 끌었다. 유럽 여성들은 비공식적인 자리에서 기모노를 입었으며 일본의 목판화가 큰 관심을 끌면서 반 고흐와 같은 화가들에게 영감을 주었다.

또한 일부 일본 전통은 세계인들의 눈에 일본을 대표하는 독특한 특징으로 자리 잡았다. 이러한 것들로는 정교한 의식과 함께 단순하지만 아름다운 다기가 사용되는 다도, 가부키 극장, 우아한 게이샤, 무술 등이 있다.

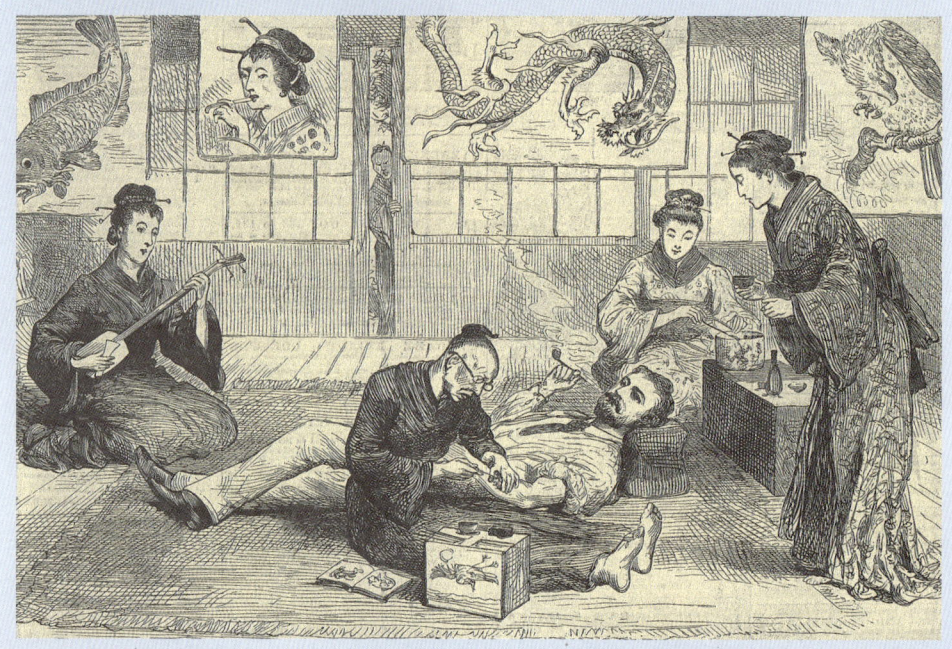

1882년 나가사키에서 몇몇의 게이샤들이 있는 가운데 문신을 새기고 있는 유럽인의 모습. 19세기에 일본을 방문했던 많은 서양인들은 일본의 관습에 매력을 느꼈다.

일깨운 사실은 러시아가 이미 쇠락한 중국으로부터 뤼순에 있는 해군 기지를 임대했다는 것이었다.

1904년에 일본은 드디어 행동을 개시했다. 일본은 만주에서 1년에 걸쳐 러시아와 전쟁을 치렀고, 러시아는 굴욕적인 패배를 당했다. 이로써 제정 러시아는 조선과 남만주에 대한 주도권을 일본에게 빼앗기게 되었다. 다른 영토 역시 일본의 손으로 넘어가 1945년까지 일본의 지배하에 있었다. 그러나 일본의 승리는 여기서 그치지 않았다. 즉, 중세 시대 이후 최초로, 비유럽 국가인 일본이 대규모 전쟁에서 유럽 국가를 격퇴시킨 것이었다. 그 반향과 여파는 실로 엄청났다.

아시아의 전환점

1910년 일본의 공식적인 조선 합병과 그 이듬해 일어난 중국의 신해 혁명과 만주족 왕조의 멸망은 획기적인 사건이자 서양에 대한 아시아의 반응의 첫 번째 단계요, 전환점이라 할 수 있다. 아시아인들은 서양의 도전에 제각각 다른 반응을 보였다. 그리고 일본은 20세기 중반 이후 중국과 더불어 주도적인 아시아 세력이 되었다. 일본은 근대화의 바

이러스를 받아들임으로써 서양의 위협에 대한 면역성을 키웠다. 그러나 중국은 오랫동안 근대화를 받아들이지 않으려고 노력했다.

서양은 중국과 일본 두 국가 모두에게 대변동을 일으킬 직접적, 간접적 자극제를 제공했다. 물론 한 국가의 경우는 이 자극제가 성공적으로 차단되었고, 다른 한 국가의 경우는 그렇지 않았다. 또한 두 경우 모두, 아시아 국가의 운명은 그 국가의 반응은 물론 서양 국가들 사이의 관계에 의해서도 결정되었다. 서양 세력의 경쟁으로 중국에서는 쟁탈전이 벌어졌고, 이는 일본의 경각심과 관심을 일깨웠다. 또 영일 동맹으로 영국과 일본은 그들의 최대의 적인 러시아를 격퇴, 봉쇄할 수 있다고 확신했다. 그로부터 몇 년 후 중국과 일본은 다른 국가들과 동등한 자격으로 제1차 세계 대전에 참가하게 되었다.

한편 일본의 사례와 그중에서도 러일 전쟁에서 거둔 일본의 승리는 다른 아시아인들을 고무시켰고, 유럽의 식민지로 전락하는 일이 반드시 그들의 운명인가를 생각해 보게 하는 중요한 계기가 되었다. 1905년 미국의 한 학자는 이미 일본에 대해 '서구 민족과 동등한 민족'이라고까지 말했다. 다른 아시아 국가라면 일본처럼 유럽의 기술과 사상을 도리어 유럽인들에게 불리하도록 만들 수 있었을까?

아시아 곳곳에서 유럽의 힘은 도리어 유럽의 정치적 패권이 신속하게 붕괴하도록 하는 변화를 일으켰다. 유럽인들은 민족주의와 인도주의 사상, 기독교 선교사들에 의한 토착 사회와 가치관의 전위, 전통이 허용하지 않는 새로운 개척 등을 가능하게 했다. 그리고 이 모두는 정치적, 경제적, 사회적 변화를 촉진시키는 데 한 몫을 했다. 이에 대한 최초의 반응은 세포이 항쟁이나 의화단 운동처럼 원시적이고 맹목적이다시피 한 것이었다. 그러나 더욱 중대한 미래를 맞이했던 국가도 있었다. 특히 식민지 중 가장 규모가 크고 중요했던 인도가 이 경우에 해당했다.

1904년 뤼순항에서 일본의 함대가 러시아와 교전하고 있다.

식민지 인도

1877년에 영국 의회는 빅토리아 여왕에게 '인도의 여황'이라는 칭호를 부여했다. 이를 두고 영국인들 중에는 웃어넘기는 사람도, 불만을 나타내는 사람도 있었다. 그러나 두 가지 반응 모두 흔한 건 아니었다. 영국인들은 대부분 영국의 인도 통치를 당연시했고 칭호 따위에는 큰 관심을 두지 않았다. 그들은 '우리는 재미를 보기 위해 인도에 있는 것이 아니다.'라는 말에 맞장구치면서, 엄격하고 건실한 정부만이 제2의 세포이 항쟁을 막을 수 있다고 주장할 것이었다. 뿐만 아니라 20세기가 시작될 무렵, '우리는 인도를 지배하는 한 세계 최고의 강대국이 되겠지만, 지배권을 잃는다면 순식간에 3류 국가로 전락할 것이다.'라는 20세기 초 영국 총독의 발언에 찬성하는 이들도 있을 것이다.

이러한 주장의 이면에는 두 가지 중요한 진실이 깔려 있다. 하나는 인도의 납세자들이 대영제국 대다수 지역을 방어하는 데 드는 대가를 치렀다는 사실이다. 그리하여 이미 몰타에서 중국에 이르는 대영제국의 영토를 방어하기 위해 인도의 군대가 배치되었고, 인도에는 폭동을 대비해 전략적인 차원에서 언제나 예비군이 대기하고 있었다. 두 번째 사실은 인도의 관세 정책이 영국의 상업 및 산업 현황에 의해 좌지우지되었다는 점이다.

인종적 우월성을 뒷받침하는 사상

영국령 인도의 경제적, 전략적 중요성은 엄연한 사실로서, 그 영향력은 무시할 수 없을 만큼 커져 갔다. 그러나 이것이 이야기의 전부는 아니었다. 영국이 인도를 통치하는 데는 단순한 공포, 탐욕, 냉소주의 혹은 권력을 향한 열망 그 이상의 것이 있었다. 인간은 공동의 목적을 정당화시켜 줄 신화가 존재하지 않는 한, 이를 추구할 수 없다.

인도를 점령했던 영국도 마찬가지였다. 일부 영국인들은 자신들이 로마인의 후손이라고 믿었다. 머나먼 이국의 땅에서 고독한 삶의 짐을 짊어진 채, 분쟁을 종식하고 법이 없는 민족들에게 법을 가져다주었던 로마인들은 전통적인 교육하에서 동경의 대상이 되었다. 한편 기독교가 내려준 귀중한 의무를 통해 우상을 타파하고 악습을 정화해야 한다고 생각한 사람들도 있었다.

물론 이렇게 뚜렷한 생각을 갖지 못한 사람들도 있었다. 그러나 자신들이 전하는 관습과 제도가 토착민들의 그것보다 우수하며, 그러므로 이를 전파하는 일은 선행이라는 단순한 믿음은 누구에게나 있었다. 이 모든 생각에는 자신들이 좀 더 우월하다는 확신이 깔려 있었다. 그리고 당연한 얘기지만, 이러한 생각은 언제나 제국주의자들에게 활기를 불어넣었다.

19세기 후반 들어 이 확신은 당시 유행했던 인종주의 사상과 더불어 생명과학의 적자생존 법칙이라 여겨졌던 잡다한 견해에 의해 더욱 강화되었다. 이러한 생각은 세포이 항

1888년에서 1893년까지 총독을 역임한 랜드다운 경이 1889년에 뭄바이를 방문하고 있다.

쟁의 충격 이후, 인도에서 영국인들이 토착 인도인들과 사회적으로 분리될 수 있도록 하는 또 다른 근거가 되었다.

물론 인도인 지주와 원주민 지도자들이 정부 입법 기관에 임명되는 경우도 더러 있었지만, 인도인들이 선거를 통해 이 관직에 선출된 것은 19세기가 끝날 무렵이었다. 더욱이 인도인들은 관직에 오르기 위한 경쟁에 참여할 수는 있었지만, 고위 의사결정직에 오르는 데는 관습적으로 장애에 부딪혔다. 군대에서도 마찬가지로, 인도인들은 고위직에서 제외되었다.

한편 영국 군대에서 가장 규모가 큰 부대는 언제나 인도에 주둔해 있었다. 인도에서는 제2의 세포이 항쟁이 일어나지 않도록 영국군이 포병대를 독점했고, 유럽인들이 인도 정권을 지휘했다. 여느 유럽에서와 마찬가지로, 철도, 전신, 신식 무기의 보급은 언제나 영국 식민 정부에 유리하게 작용했다. 그러나 영국의 군사력은 인도 지배를 확실하게 뒷받침하지 못했다. 영국인에 비해 인도인의 수가 압도적으로 많았기 때문이다. 1901년 인구조사 보고서에 기록된 인도의 인구는 3억 명이었다. 당시에 이 모든 인구를 다스린 백인 관리는 900명뿐이었고 영국인 병사 1명당 담당하게 되는 인도인은 4,000명이었다. 이렇듯 인구가 많은 인도를 두고 과거에 어느 영국인이 한 우스갯소리처럼, 인도인들이 모두 동시에 침을 뱉는다면 인도에 있던 영국인들은 모두 익사할지도 모를 일이었다.

동남아시아를 향한 제국주의적 팽창(1850~1914년)

19세기에 동남아시아는 주요 서양 열강에 의해 분할되었다. 18세기 초 자바에 정착했던 네덜란드는 오늘날 인도네시아 지역의 정복을 완료했다. 또한 영국은 버마, 말라야, 보르네오 북부를 장악했고 프랑스는 인도차이나를 차지했다. 뿐만 아니라 미국은 1899년 스페인에 이어 필리핀을 식민지로 삼았다. 특이하게도, 현재의 태국인 시암 왕국만이 독립을 유지했다.

인도의 마하라자*인 굴랍 싱을 그린 19세기 무굴 전통 초상화. 1846년 시크교도와 영국 식민지군의 시크 전쟁이 끝날 무렵 영국과 조약을 체결한 그는 인도 북서부의 잠무와 카슈미르를 통합한 국가의 통치자가 되었다. 야생 동물이 많았던 카슈미르는 영국인 수렵가들이 즐겨 찾는 곳이었다.

✳ 마하라자
인도에서 왕에 대한 칭호. 산스크리트어로 '대왕大王'을 뜻한다. 왕에 대한 칭호인 라잔rajan과 구별하여 다른 나라와 싸워 이긴 국왕을 '마하라자'라 불렀다.

흔들리는 영국의 인도 통치

영국의 인도 통치는 신중한 정책에 바탕을 두고 있었다. 세포이 항쟁 사건 후, 영국의 정책은 인도 사회에 가능한 한 간섭해서는 안 된다는 방향으로 흘러갔다. 여아 살해는 명백한 살인 행위였으므로 금지되었지만, 일부다처제나 미성년 결혼과 같은 관습은 금지되지 않았다. 1891년 이후, 신부가 열두 살이 되기 이전에 신방에 드는 일은 법으로 금지되었다. 어쨌든 이렇게 인도의 법은 힌두교가 허용하는 관습을 제외했다.

이러한 보수적인 경향은 토착 지도자들을 향한 새로운 태도에서도 나타났다. 세포이 항쟁은 인도인들의 충성심을 보여 주었다. 정부에 반감을 품었던 인도인들은 영국이 그들의 토지를 앗아 갔다는 사실에 격분했다. 그리하여 세포이의 항쟁 이후 이들의 권리는 확실하게 존중되었다. 그 결과, 인도의 왕자들은 자신의 지역을 독립적으로 다스리게 되었다. 사실 이들은 무책임하게 통치했고, 오직 궁정에 영국 정치 관리들이 머무르고 있다는 사실에 두려움을 느끼고 저지당할 뿐이었다. 이러한 토착 지방에는 인도 인구의 5분의 1 이상이 거주하고 있었다.

한편 영국은 다른 지역에서 토착 귀족과 지주들을 계몽시켰다. 이는 인도의 핵심 계층으로부터 지지를 얻기 위해서였다. 그러나 영국은 사회적 변화로 통치력이 약화되었던 핵심 계층에 의존하는 경우가 많았다. 그럼에도 불구하고 귀족과 지주의 희생을 바탕으로 하고 농민의 권익을 대표하는 계몽전제주의는 사라지게 되었다. 이는 모두 세포이 항쟁의 불행한 결과였다.

고조되는 불만

변화로부터 자국을 지킬 수 있었던 유일한 제국주의 국가는 영국이었다. 그러나 이 때문에 영국은 불리해지고 말았다. 영국이 인도에서 전쟁을 억제하자 인구가 크게 늘어났고, 이 때문에 도리어 식량과 물자가 부족해졌다. 그리하여 인구가 많은 시골 지방에서는 농업 이외의 생계 수단이 해결책으로 제시되었다. 그러나 이것도 인도의 산업화 문제로 실천하기가 매우 어려웠다.

인도의 산업화가 어려움에 부딪힌 이유는 대부분 영국 상품에 유리하도록 만든 관세 정책 때문이었다. 따라서 서서히 떠오르고 있던 인도의 기업가들은 영국 정부에 고운 시선을 보낼 리 없었고 반감만 품을 뿐이었다. 이 중에는 영국의 교육을 받은 자들도 있었다. 그 수가 점차 늘어나자, 이들은 교육을 통해 배웠던 내용과 실제로 인도에 있는 영국인들의 관행에 차이가 있다는 사실에 불만을 품었다. 더구나 영국으로 건너가 옥스퍼드, 캠브리지 대학교나 법학원에서 공부했던 인도인들은 특히 이러한 사실에 분노했다.

영국에서는 19세기에 인도인이 의회에 선출되기도 했지만, 인도에서 대학을 졸업한 인도인은 영국인 민간 사병보다 대우를 받는 처지였다. 또한 1880년대에는 인도인 판사가

1891년 인도에서 영국군이 군사 훈련을 하고 있다. 이 군대는 세포이 항쟁 직후부터 인도가 독립할 때까지 인도의 치안을 전적으로 책임졌다.

유럽인 피고를 재판하지 못하도록 하는 '불공평한 차별'을 총독이 없애려 하자, 영국 정착민들이 항의를 퍼부었다.

한편 몇몇 인도인들은 학문을 통해 받아들인 내용을 깊이 새겼다. 그 결과, 영국의 경제학자 존 스튜어트 밀이나 이탈리아의 혁명가 마치니가 인도에서 큰 영향력을 떨치게 되었고, 인도의 지도자들을 통해 이러한 서양 사상은 아시아 전역에 전파되었다.

힌두교 민족주의 운동

힌두교도의 분노는 영국 권력의 역사적인 중심지였던 벵골에서 특히 심각했다. 벵골의 도시인 콜카타는 인도의 수도였다. 1905년에 벵골은 두 지역으로 분할되었고, 이는 인도에 중요한 전환점이 되었다. 영국이 1857년에는 존재하지도 않았던 인도의 민족주의 세력과 최초로 심각한 충돌을 일으키게 되었기 때문이다.

인도의 민족주의 운동은 각 단계에서 해외의 자극과 지원을 받았다. 19세기 초, 영국의 동양학자들은 인도의 고전 문화를 재발견하기 시작했고, 이는 힌두교 민족주의의 자존감과 인도의 대규모 분할을 극복하는 데 중요했다. 또한 유럽의 도움으로, 인도의 학자들은 그동안 경시되었던 산스크리트 경전에 숨겨진 문화와 종교를 세상에 알렸다. 이러한 활동을 통해 학자들은 일반적으로 호화스럽고 미신적이며 현실과 동떨어졌다고 생각되었던 힌두교에 대한 인식을 새롭게 할 수 있었다.

19세기 말, 아리아인과 베다의 전통을 되찾은 힌두인들은 기독교 선교사들의 비난에 자신 있게 대응하며 문화적으로 반격을 가했다. 또, 1893년에는 미국 시카고에서 개최된 세계 종교 회의에 힌두교 지도자가 대표로 참석했다. 이를 계기로 그는 널리 존경의 대상이 되었고, 힌두교는 다른 문화권의 영적인 삶에 다시금 생기를 불어넣을 수 있는 위대한 종교라는 그의 주장이 큰 관심을 받게 되었다.

힌두교도의 민족의식은 그로 인해 활발해지는 정치적 활동과 마찬가지로, 오랫동안 일부 인도인들만의 소유였다. 인도 사회를 분할하고 있는 수백 가지의 언어와 방언을 생각해 볼 때, 힌두어를 인도의 공식어로 지정하자는 제안은 상당히 비현실적이었다. 이 제안은 힌두교 인도인들의 연대를 강화하고자 하는 일부 엘리트층에서만 지지를 얻을 수 있었다.

1902년 이탈리아의 한 신문에 실렸던 삽화. 가뭄이 닥친 인도에서 식량을 배급하고 있는 모습. 당시 영국의 식민지였던 인도에서는 인구가 급격히 팽창한 탓에 기근이 더욱 심해지고 잦아졌다.

인도의 엘리트층은 부가 아닌 교육 수준에 의해 결정되었다. 이 계층은 벵골인이 대부분이었던 힌두교도가 주를 이루었다. 이들은 특히 인도의 지배에 참여할 수 있을 만큼 학문적 업적을 달성하지 못했다는 점에 실망을 느끼고 있었다.

인도에서 영국 정부는 유럽인의 인종적 우월성을 계속해서 강조했고, 왕자, 지주와 같은 보수적인 세력에 의존했으며, 도시에 사는 학식 있는 중산층 힌두교도인 바부를 배척하고 무시하는 태도를 고수하려 했다.

인도국민회의

새롭게 생겨난 문화적 자존감과 부당한 처우에 대한 사회 불만의 고조는 인도국민회의가 설립된 배경이었다. 그 발단이 된 사건은 법정에서 유럽인과 인도인을 동등하게 대우하자는 인도 총독의 제안이었다. 이 제안은 인도에 혼란을 일으켰고 유럽인들의 원성을 사는 바람에 결국 수정되었다.

이 일이 있은 후, 전직 관리였던 영국인 알렌 옥타비아 흄은 인도의 여론을 효율적으로 수렴해 불만을 미리 방지함으로써 인도를 편리하게 통치하기 위해 국민회의를 결성하게 되었다. 그리하여 이 정당은 1885년 12월 봄베이에서 첫 회합을 가졌다. 인도 총독의 정책 역시 국민회의의 구성에 한몫을 했으며, 유럽인들은 오랫동안 이 정당을 주도적으로 운영했다. 그들은 영국 정부의 보호와 자문을 통해 오랫동안 인도국민회의를 지원했다.

한편 인도에서 유럽의 영향력이 지닌 복잡성을 보여 주는 사례가 있었다. 이 사건은 인도 대표단이 유럽식 의복을 입고 등장한 일이었다. 인도의 더운 날씨에도 불구하고, 이들은 자신들의 지배자인 영국인들이 공식적인 자리에서 입는 예복 차림에 중산모를 쓴

힌두교가 지닌 신념의 힘

1864년에서 1868년까지 인도에 머물렀던 한 프랑스인 여행자는 힌두교도의 깊은 종교적 관용에 놀라움을 금치 못했다.

"그날 베나레스(바나라시) 광장에서 우리 눈앞에 펼쳐졌던 광경을 그 어떤 나라에서 상상이나 할 수 있을까. 인도인들이 종교적으로 가장 신성시하는 지혜의 샘과 시바의 성상에서 열 발자국쯤 떨어진 곳의 한 나무 아래서, 프로테스탄트 선교사가 의자에 올라서서 원주민 언어로 기독교와 이교도의 오류에 대해 설교하고 있었다. 그리고 그를 둘러싼 군중들은 새된 목소리로 계속되는 그의 설교를 경청하고 있었다. 그는 '여러분은 우상을 숭배하고 있습니다! 여러분이 섬기는 저 신상은 그저 조각한 바위 덩어리에 지나지 않으며, 길거리 모퉁이에 세워진 푯말처럼 움직일 수 없는 무생물에 불과합니다.'라고 말했다. 그러나 군중들은 누구 하나 이의를 제기하는 사람이 없었다. 이들은 무덤덤한 얼굴로 선교사의 말을 듣고 있었다. 그러나 사람들은 그의 설교를 놓치지 않고 듣고 있었다. 간혹 가다 누군가가 질문을 했고 이 복음 전도사는 최선을 다해 대답하려 했기 때문이다. 아마도 인도인의 깊은 관용이 세상에 널리 알려지지 않았더라면 그 선교사의 용기는 더욱 높이 평가되었을 것이다. 어느 날, 한 선교사는 내게 이렇게 말했다. '우리의 포교 활동은 별 소용이 없습니다. 자기의 신념이 너무도 확고해서, 누군가가 그에 대해 공격을 할지라도 얼굴 붉히는 일 없이 귀를 기울일 수 있는 사람은 개종이 불가능하기 때문이죠.'"

루이 루셀레의 『라자의 인도 여행』에서 발췌

우스운 모습으로 나타났다.

인도국민회의는 국가의 화합과 쇄신이라는 원칙을 선언함으로써 그 시작을 알렸다. 일본과 중국 그리고 다른 국가에서도 마찬가지로, 의회의 설립은 유럽의 사상이 낳은 고전적인 산물이었다. 처음에 인도국민회의는 인도에 자체 정부를 수립하지 않았다. 대신 이 정당은 인도의 여론을 인도 총독에게 원활히 전달하는 수단으로서, 영국 왕권을 향해 '변함없는 충성심'을 선언했다.

인도국민회의

1947년 인도의 독립을 이끌었고 그 후 몇 십 년간 인도의 주요 당으로 활동했던 인도국민회의는 1885년 12월 인도 봄베이에서 결성되었다. 이 정당을 창설했던 70명의 대표자들은 영국의 통치에 반기를 들지 않았다. 그러나 그 후 수년에 걸쳐 인도의 민족주의 감정이 뜨거워지자, 이 정당은 언제나 법의 틀 안에서 신중한 태도를 보이면서도 영국의 인도 통치에 점차 반대하는 목소리를 내게 되었다.

한편 20세기 초, 힌두교도와 이슬람교도 사이에서 고조되었던 긴장은 인도의 정치적 상황을 상당히 복잡하게 만들었다. 극단적인 민족주의자들은 테러리즘이라는 수단을 선택했으나, 인도국민회의는 오랫동안 대영제국에 충성했다.

19세기 인도국민회의의 창설 위원들.

그리고 20년이 지나 많은 힌두인들이 더욱 극단적인 민족주의를 추구하게 되어서야 인도국민회의는 독립의 가능성을 논의하기 시작했다. 이 시기에 영국 정착민들은 국민회의가 선거민을 대표하지 않는다는 비난을 쏟기 시작했다. 또한 영국 정부는 냉담한 반응으로 일관하면서 이러한 여론을 인정했고, 전통적인 보수 세력에 더욱 의존했다. 상황이 이렇게 되자 인도국민회의는 더욱 강경하고 완고한 태도를 취하게 되었다. 또 극단적인 민족주의를 추구하는 힌두인들의 행동은 더욱 집요해졌고, 1904년에는 아시아 국가인 일본이 러일 전쟁에서 고무적인 승리를 거두었다. 이러한 상황 속에서 1905년 벵골이 행정적으로 분할되자, 인도에서는 충돌의 가능성이 제기되었다.

벵골의 분할

벵골의 분할은 두 가지 목적이 있었다. 다시 말해, 인도를 행정적으로 편리하게 지배하고 벵골의 민족주의를 약화시키기 위한 의도가 있었던 것이다. 이에 따라 벵골 지역은 힌두인이 다수 분포한 서벵골과 이슬람인이 다수 분포한 동벵골로 나뉘었다. 이렇게 분할이 이루어지자 오랫동안 쌓였던 요소들이 한꺼번에 폭발하게 되었다.

우선 의회에서는 권력을 손에 넣기 위한 투쟁이 즉각 시작되었다. 처음에는 스와라지

정신을 바탕으로 의회 내의 분열을 막으려는 시도가 있었다. 즉, 백인 자치령과 같이 독립적인 자치 정부를 수립해 인도를 스스로 다스리자는 것이었다. 극단주의자들은 분할을 반대하는 폭동에 한층 용기를 얻었다. 또한 영국을 공격하기 위해 새로운 무기가 도입되었고, 상품 불매 운동이 일어났다. 이러한 움직임은 세금 지불 거부나 병사들의 규율 준수 거부 등 다른 형태의 수동적인 저항으로 이어질 조짐이 있었다.

그러던 중 1908년에 극단주의자들이 의회에서 쫓겨나게 되었다. 바로 이 시점에서 벵골 분할의 두 번째 결과가 확실하게 나타났다. 극단주의자들이 테러리즘을 선택했던 것이다. 이들은 또다시 해외의 선례에 눈을 돌렸다. 그리고 러시아의 혁명적인 테러리즘과 이탈리아 독립을 이끈 영웅적인 게릴라 지도자 가리발디와 마치니의 영향을 크게 받았다. 또한 인도의 극단주의자들은 정치적인 살인은 일반적인 살인과 다르다고 주장하며, 암살이나 폭탄 투척을 통한 살인 행위를 정당화했다.

벵골 분할의 세 번째 결과는 가장 중요한 것이다. 그 결과는 바로 벵골이 분할되면서 이슬람인과 힌두인이 뚜렷한 대립을 보이게 된 일이었다.

이슬람교도와 힌두교도

세포이의 항쟁이 일어나기 전, 아라비아의 이슬람 개혁 운동인 와하브 운동에 영향을 받아 인도에 이슬람교를 전파한 이래, 인도의 이슬람인들은 한 세기 동안 점차 힌두인들과 구별되었다. 1857년 세포이 항쟁이 일어난 당시, 무굴제국을 부활시키려던 시도로 영국 정부의 불신을 샀던 이슬람인들은 정부나 사법부의 관직을 얻는 데 실패했다.

이와 달리 힌두인들은 영국이 제공하는 교육의 기회에 이슬람인들보다 더욱 적극적으로 반응했다. 또한 힌두인들은 상업적인 측면에서 더욱 중요했고, 정부에 더 큰 영향력을 행사했다. 그러나 이슬람인들 역시 영국의 도움을 받았다. 영국인들은 새로운 이슬람 대학을 세우고 영국식 교육을 실시해 이들이 힌두인들과 경쟁할 수 있도록 했으며, 이슬람 정치 기구를 설립하는 데 도움을 주었다.

이러한 상황 속에서 일부 영국 공직자들은 이슬람인들을 도와 힌두인들의 세력을 조절할 수 있음을 깨닫기 시작했다. 그리고 소 보호 운동과 같은 힌두교의 의식적인 관습을 장려하는 일은 힌두교도와 이슬람교도를 더욱 분리시켰다.

그럼에도 불구하고, 1905년이 되서야 이 두 교도 사이의 대립은 인도 정치의 근본적인 요소로 자리 잡았다. 벵골 분할의 반대자들은 눈에 거슬릴 정도로 힌두교의 상징과 슬로건을 내걸고 시위를 계속했다. 그리고 동벵골의 영국인 통치자는 힌두교도보다 이슬람교도를 선호했고, 새로운 지방에서 이들에게 특권을 제공하려 했다.

그는 결국 해임되었으나 그의 전략은 효과를 발휘했다. 벵골 지방의 이슬람인들은 그의 해임을 비난했고, 이를 계기로 영국과 이슬람인들 간의 협상이 진행되었다. 그리고 이 일은 힌두교 테러분자들을 자극했다. 엎친 데 덮친 격으로, 이 모든 과정은 1906년에서 1910년에 이르는 5년 동안에 일어났다. 이 시기는 세포이의 항쟁 이후 최고로 물가가 치솟던 때였다.

공동체 사회에 기반한 정치

1909년 인도에서는 중요한 정치 개혁이 잇달아 일어났다. 그러나 40여 년 후 영국의 통치가 끝날 때까지 인도의 역사를 책임질 정치 세력을 운영하는 형태가 변화한 점 외에는

1887년, 힌두교의 여신인 칼리를 모신 콜카타의 한 사원. 칼리를 숭배하는 신자들은 사원 계단을 내려가 후글리 강의 정화수에 몸을 씻을 수 있었다. 이 강은 갠지스 강 삼각주의 지류 중 하나였다.

* **범이슬람주의**
19세기 후반 유럽 기독교 국가들의 침략에 대해 이슬람교 국가들이 단결하여 대항하기를 주장한 사상. 오스만투르크 제국의 쇠퇴를 극복하려는 정치적 목적으로 시작되었으나, 차츰 정치와 문화 등의 방면에서 이슬람에 가해지는 유럽의 압박에서 벗어나 약해진 이슬람 세계의 부흥에 초점을 두게 되었다.

달라진 것이 없었다. 인도인들은 인도를 담당하는 영국 수상의 자문 위원회에 최초로 임명되었고, 입법부 위원회에도 추가로 선출될 수 있게 되었다. 그러나 선거는 공동체 사회를 기반으로 나뉜 유권자들에 의해 실시되었다. 이제 힌두교도와 이슬람교도로 분리된 두 개의 인도가 제도화된 것이었다.

1911년에는 당시 집권 중이던 영국의 왕이 처음이자 마지막으로 인도를 방문했다. 그리하여 과거 무굴 통치의 중심지였던 델리에서 장대한 제국주의적 즉위식이 개최되었다. 당시 영국령 인도의 수도는 콜카타에서 델리로 옮겨진 뒤였다. 한편 인도의 왕자들은 충성을 맹세했고, 인도 의회는 영국 왕실에 경의를 표했다. 그해 조지 5세는 즉위와 함께 실질적이고도 상징적인 선물들을 인도에 선사했다. 그중 가장 정치적으로 중요했던 것이 벵골의 재통합이었다. 영국이 인도를 통치한 역사에서 가장 절정의 순간은 바로 이때였다.

이슬람교도의 불만

그러나 인도는 전혀 안정을 찾지 못했고 테러와 선동적인 범죄가 계속되었다. 친이슬람 정책으로 힌두인들은 더욱 격분했던 반면, 이슬람인들은 벵골 분할을 철회하라는 자신들의 주장을 정부가 이해하기 시작했다고 믿었다. 이슬람인들은 이 지역에서 힌두교의 세력이 부활하는 것을 두려워하고 있었다.

반면 힌두인들은 이슬람인들이 저항을 통해 양보를 얻게 되었다고 생각했다. 그리하여 이들은 이슬람인들이 원했던 공동체 사회에 기반한 선거제를 철폐하라고 요구하기 시작했다. 따라서 영국은 긴장 상태가 추가로 발생할 경우 이슬람인들이 지지하는 것을 피하기 위해 노력했다.

한편 영국과의 협력을 지지했던 인도의 이슬람 엘리트층은 이슬람 중산층의 압력을 받게 되었는데, 이 중산층은 범이슬람 운동의 과격한 호소에 쉽게 흔들렸다. 범이슬람주의*자들은 영국이 벵골에서 이슬람인들의 기대를 저버렸다는 사실을 지적했다. 또한 1912년과 1913년에는 트리폴리와 발칸 반도에서 기독교 세력이 터키를 공격했던 사실도 지적했다. 이곳은 이슬람의 영적인 통치력이 제도적으로 구현된 칼리프*의 중심지였다. 그리고 대영제국은 의심할 여지없이 기독교 국가였다.

그런가 하면 하층 계급의 이슬람 인도인들은 감정이 극도로 예민해진 나머지, 시내 거리의 개편 계획에 회교 사원이 포함되기만 해도 이것이 이슬람교를 압박하기 위한 교묘한 술책이라고 내몰았다. 1914년에는 터키가 영국과 전쟁을 치르기로 결정했다. 물론 이슬람교도 연맹은 영국에 대한 충성을 지키고 있었으나, 인도의 몇몇 이슬람교도들은 이를 칼리프의 우월성에 따른 당연한 결과라 여기며 영국에 맞서 개혁을 준비하기 시작했다. 그러나 이들의 숫자는 극히 적었다.

가장 중요한 사실은 바로 그해부터 둘이 아닌 세 개의 주체가 인도의 정치에 참여하게 되었다는 점이다. 그들은 영국, 힌두교도, 이슬람교도였다. 이 사실은 인도 유일의 완벽한 정치 공동체가 분할되는 근본적인 원인이 되었다. 이 공동체와 마찬가지로, 위와 같은 사실은 인도 세력은 물론 비인도 세력에 의한 결과였다.

| 동남아시아 |

인도는 유럽의 아시아 식민지 중 가장 인구가 많고 영토가 넓은 곳이었다. 그러나 동남

20세기 초 아시아의 주요 종교

20세기 초 아시아의 종교 분포는 수천 년에 걸친 역사의 결과였다. 인도에 분포한 힌두교는 3,000년 이상의 전통을 이어 오고 있다. 한편 이슬람교는 11세기에 인도에, 13세기에는 인도네시아에 전파되었다. 또한 2,500년 전 인도에서 불교는 두 가지 갈래로 나뉘었는데, 하나는 티베트·중국·한국·일본으로 전파되었고 나머지 하나는 실론과 인도차이나로 전파되었다. 새로운 종교가 유입되었지만 중국과 일본에서는 각각 유교와 신도의 고대 전통이 살아남았다. 또한 15세기에는 구루 나나크에 의해 시크교가 창시되어 펀자브의 인도 지역에 뿌리를 내리기 시작했다. 마지막으로 16세기에 기독교가 필리핀에 보급되었다.

아시아와 인도네시아 중에서 인도 문화권에 속한 지역에도 제국주의 영토가 많이 있었다. 이 지역은 엄청나게 광범위하고 다양한 민족과 종교가 분포해 있어서 일반화를 적용시키기 어렵다.

한 가지 안타까운 사실이 있다. 모든 식민지가 근대화를 통해 전통의 붕괴를 경험했지만, 1914년 이전에 아시아에서 인도와 같은 변화를 겪은 유럽 식민지는 한군데도 없었다는 것이다. 이러한 변화를 일으킨 요인은 유

* **칼리프**
이슬람 제국의 종교적 지도자에 대한 칭호. 이슬람교를 창시한 무함마드가 죽은 후 이를 이은 후계자에 대한 호칭으로, 종교를 수호하고 정치를 관장하는 무함마드의 대리인으로 여겨졌다.

***술탄**
이슬람교에서 정치적 지배자를 일컫는 말. 이러한 호칭은 종교적 최고 권위자인 칼리프가 수여한다. 가즈나의 마흐무드(998~1030년 재위)가 술탄으로 불린 최초의 이슬람 통치자였다.

미얀마 국경 근처인 마니푸르에서 부족 반란군과의 전투를 마치고 강을 건너는 인도 군대의 모습. 상 미얀마는 1886년에 대영제국에 합병되었다.

럽의 침략, 일본의 사례, 유럽 문화의 전파로, 이들 요인은 다른 지역에서도 그 영향력을 발휘하고 있었다.

그러나 이러한 요소들은 1914년 이전에 이곳 동남아시아에서, 중국과 인도에서보다도 더 짧은 시간 내에, 처음이자 마지막으로 영향력을 발휘했다. 1880년 대부분의 동남아시아 본토는 유럽 세력과 '불평등 조약'을 체결하고, 여전히 독립적인 통치자인 원주민 왕자들이 다스리고 있었다. 그 후 10여 년에 걸쳐 영국이 버마, 즉 오늘날의 미얀마를 점령하고 프랑스가 인도차이나로 진출하면서 동남아시아의 판도는 급속하게 바뀌었다.

그 결과, 말레이 반도 말라야 지역의 술탄*은 영국인들을 궁정으로 들였고, 이들은 토착 행정을 통해 정책을 지휘했다. 또 영국 동인도 회사 소유의 영토인 동남아시아의 '해협 식민지'는 제국주의 영토로서 직접적인 통치를 받았다. 1900년에 이 지역에서 유일하게 독립을 유지했던 국가는 오늘날의 태국인 시암 왕국뿐이었다.

프랑스의 손아귀에 든 인도차이나

대부분의 동남아시아 왕국은 인도에 기원을 둔 문화적 영향을 받았다. 그중에서 유일하게 중국과 문화적으로 긴밀했던 국가는 베트남으로, 프랑스의 아시아 정복 초기에는 인도차이나에서 베트남에 속했던 지역이 '안남'으로 알려졌다. 베트남은 가장 오랜 전통을 자랑하는 국가 정체성을 지녔고, 유럽의 제국주의 시대가 열리기 한참 전에도 국가적 봉기를 일으킨 역사가 있었다. 그러므로 유럽화에 대한 저항이 가장 심했던 지역도 바로 이 곳이었다.

프랑스가 이 지역에 관심을 가진 시기는 기독교 선교사들이 이곳을 방문했던 17세기였다. 1850년대에 기독교가 박해를 당하자 일시적으로 스페인의 도움을 빌어 프랑스는 당시 '코친차이나'라고 알려졌던 베트남에 간섭했다. 이 일로 프랑스는 베트남에 대한 종주권을 주장했던 중국과 외교 분쟁을 일으키게 되었다.

그 후 1863년에는 안남의 황제가 강요에 의해 코친차이나의 일부를 프랑스에 내주었고, 캄보디아는 프랑스의 보호령이 되었다. 이러한 상황 속에서 프랑스는 세력을 더욱 넓혀 갔고 이에 따라 인도차이나의 저항도 더욱 거세졌다. 1870년대에 프랑스는 베트남 북부의 홍강 삼각주 지역을 점령했고 곧 이어 다른 분쟁이 일어났다. 그리하여 그 지역의 최고 세력이던 중국과 전쟁을 치르게 된 프랑스는 승리를 거둔 후 인도차이나를 더욱 확실히 거머쥐게 되었다.

그 후 1887년에 프랑스는 인도차이나 연합을 세웠다. 그런데 이 국가는 보호령이라는 체계를 중앙 집권 체제로 둔갑시킨 것이었다. 이러한 체제는 안남의 황제와 캄보디아 및 라오스의 왕 등 토착 지도자들을 보호한다는 명분을 내세웠다. 그러나 실제로 프랑스 식민

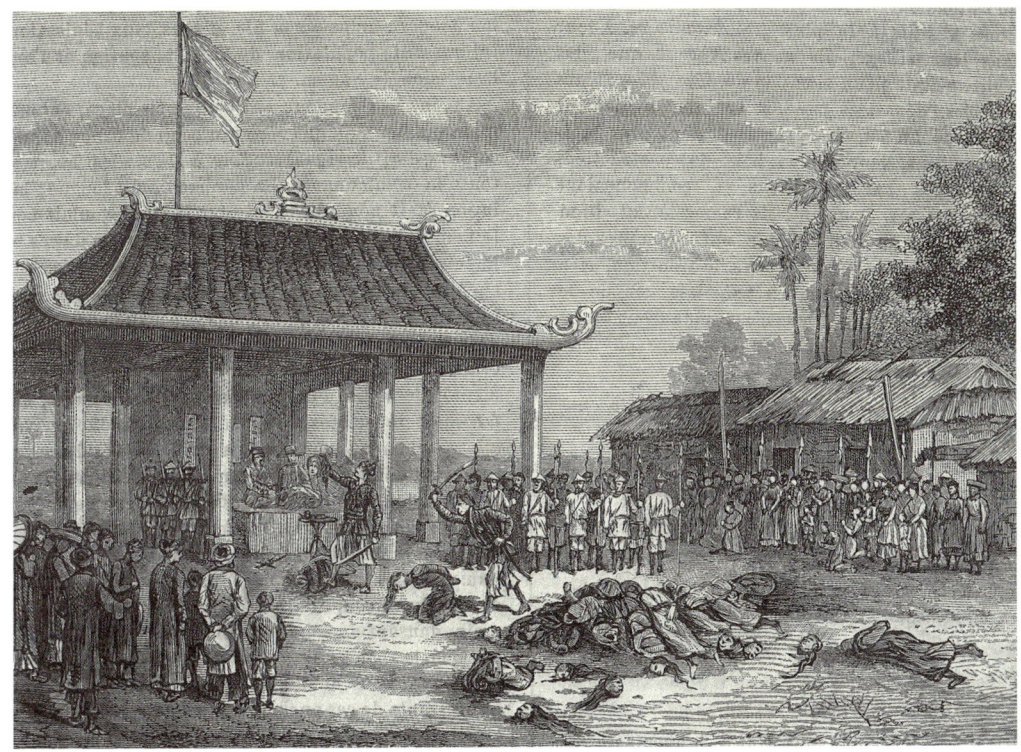

유럽의 것으로 추정되는 이 19세기 그림에서는 기독교인들이 코친차이나에서 참수당하고 있다.

정책의 목적은 언제나 영토 획득이었다. 이렇게 프랑스의 문화는 프랑스의 새 백성들에게 전파되었고, 이를 받아들이는 것이 근대화와 문명화를 위한 최선의 길이라고 생각했던 엘리트층은 점차 프랑스화되어 갔다.

프랑스 통치에 대한 반대

프랑스의 통치가 중앙집권화된 경향을 보이자, 토착 정부의 형식적인 구조는 허울뿐이라는 사실이 명백해졌다. 프랑스는 다른 제도로 바꾸지 않고도 토착민의 제도를 소용없는 것으로 만든 셈이었다. 이것은 위험한 과정이었다. 한편 프랑스의 통치로 또 다른 중요한 산물들이 생겨났다. 그중 하나가 인도차이나의 산업화를 지연시켰던 프랑스의 관세 정책이었다. 결국 인도와 마찬가지로, 인도차이나의 기업가들은 조국이 누구의 이익을 위해 운영되고 있는가에 대해 의심을 품게 되었다.

게다가 인도차이나에 대한 개념 역시 문제를 일으켰다. 인도차이나는 엄연한 프랑스의 일부이며, 이곳의 거주민 역시 프랑스 시민으로 간주해야 했기 때문이다. 프랑스 정부는 인도차이나 반도의 거주민들이 프랑스의 교육을 받을 경우, 프랑스 제3공화국의 공공건물과 공문서에서 볼 수 있는 '자유, 평등, 동포애'라는 고무적인 표어를 어떻게 생각할 것인가라는 역설적인 상황을 해결해야 했다.

마지막으로, 프랑스의 법과 사유 재산에 대한 개념은 마을의 토지 소유 구조를 무너뜨렸고, 대금업자와 지주에게 권력을 쥐어주었다. 또한 쌀 경작지에서 늘어나고 있던 인구는 후에 혁명을 일으킬 수 있는 토대가 되었다.

일본과 중국은 이와 같은 상황 속에서 쌓여갔던 인도차이나의 불만을 증폭시키는 역할을 했으며, 전통적인 베트남 민족주의의 유산 역시 그 영향력을 발휘했다. 또한 일본이 러일 전쟁에서 승리하자, 몇몇 베트남 젊은이들은 일본 동경으로 건너가 쑨원과 '아시아인을 위한 아시아'를 외치는 일본인 후원

1900년대 초, 프랑스령 인도차이나의 일부였던 통킹 왕국. 한 식민 사령관이 자신의 거처 앞에서 현지 청원자들을 만나고 있다.

자들을 만났다. 그리고 1911년 중국의 신해혁명이 일어난 후, 그 젊은이들 중 한 명이 베트남 공화국을 위한 단체를 결성했다.

그러나 1914년 이전에는 인도차이나의 이러한 움직임이 프랑스에 크게 문제되지 않았다. 프랑스가 이러한 반대 세력을 손쉽게 진압할 수 있었기 때문이다. 그러나 공교롭게도, 이러한 개혁의 움직임은 보수적인 베트남 유교학자들의 반대에 부딪혔다. 개혁자들은 1907년에 대학을 설립했지만, 지식인층 사이에 조성되어 있던 불안의 두려움 때문에 프랑스는 이를 곧장 폐쇄했고, 이 대학은 1918년까지 문을 열지 못했다. 이렇듯 베트남 여론의 중요한 부분은 프랑스가 베트남에 집권한 지 10~20년 만에 이미 프랑스에 의해 차단되었다.

인도네시아

인도차이나로부터 남쪽에 있는 인도네시아는 이미 프랑스의 간접적인 영향을 받은 적이 있었다. 19세기 말, 인도네시아의 인구는 6,000만 명이었다. 당시만 해도 인구의 압력으로 인한 부담은 없었으나, 인도를 제외하고 유럽의 통치를 받는 비유럽 국가로서는 인도네시아의 인구가 가장 많았다.

인도네시아의 선조들은 이미 2세기에 걸쳐 네덜란드의 지배를 받는, 이따금 쓰라린 경험을 했다. 이후 프랑스 혁명이 일어나 프랑스는 '네덜란드 연방 공화국'을 타도한 뒤 1795년에 바타비아공화국을 세웠다. 그리고 네덜란드의 동인도 회사는 해체되었다. 곧이어 영국은 자바를 점령했고 세입 체제를 변화시켜 이 지역에 문제를 일으켰다.

그러나 이 외에도 인도네시아에 영향을 미친 요소는 또 있었다. 인도네시아는 본래 인도의 힌두 문명권의 일부였으나 이슬람 문화권의 일부이기도 했다. 따라서 민족 중에 명목상의 이슬람인이 다수 있었고, 아라비아와도 상업적인 관계를 맺고 있었다.

이러한 사실은 19세기가 시작될 무렵 새롭게 중요해졌다. 인도네시아의 순례자들은 메카를 방문했고, 그 후 이집트나 터키로 가는 경우도 있었다. 그곳에서 그들은 서쪽으로부터 전파된 개혁 사상을 직접 체험할 수 있었다.

네덜란드에 대한 반감

인도네시아에서는 1825년부터 5년에 걸쳐, 다시 돌아온 네덜란드와 그 반대 세력인 디포네고로 왕자 간에 '자바 전쟁'이 터지면서 불안정한 정세가 드러났다. 이 전쟁으로 인도네시아의 재정이 타격을 받자 네덜란드는 새롭게 해결책을 찾아야 했다. 그 결과, 네덜란드는 정부를 위해 농작물을 재배하도록 하는 농업 체제를 도입했고, 이에 따라 농민들은 심하게 착취를 당했다. 그리고 19세기 후반에 이르러 네덜란드인들은 네덜란드 식민 정부의 행동에 불안감을 느끼기 시작했다.

그러자 네덜란드 정부의 태도는 크게 변화했다. 1901년에 네덜란드는 지방 분권화와 마을행정을 통한 발전 운동을 내용으로 하는 새로운 '윤리 정책'을 발표했다. 그러나 이러한 정책 역시 간섭적인 성격이 강해 반감을 사기도 했다.

몇몇은 인도의 영향을 받았던, 인도네시아 최초의 민족주의자들은 정부의 이러한 정책을 이용했다. 1908년에 이들은 국가의 교육을 증진하기 위한 기구를 설립했다. 한편 3년 후에는 사레카트 이슬람이라는 이슬람 단체가 생겨났다. 이 단체의 전신은 사레카트 다강 이슬람이라는 상인 협회로, 초기에는 네덜란드인만큼이나 중국 상인에 대해서도 적대적인 운동을 펼쳤다. 1916년에 이 단체는 네덜란드와의 동맹을 유지함과 동시에 자치 정부를 요구하기에 이르렀다.

그러나 그보다 앞서 1912년에 이미 진정한 독립 정당이 인도네시아에 생겨났다. 그것이 정치적 단체로 탈바꿈한 사레카트 이슬람이었다. 이 최초의 정당은 인종에 관계없이 토착 인도네시아인의 이름을 걸고 네덜란드의 통치에 반기를 들었다. 이 당을 창설한 세 명 중 하나인 네덜란드인은 나머지 창설자들을 이끌었다. 1916년 네덜란드는 제한된 권력을 프랑스령 인도차이나의 총독이었던 알베르 사로와 안남의 황제인 카이 다이의 모습. 1913년생이었던 카이 다이의 아들 바오 다이는 마지막 황제로서 1932년부터 1945년까지 안남을 통치했다. 1945년에 그는 왕위에서 물러났고 베트남공화국이 수립되었다.

유럽의 영향력이 곳곳에 배어 있는 1886년 자바 지역의 한 거리.

지닌 의회를 허가하면서 이 정당의 요구에 응하기 시작했다.

아시아에 남겨진 제국주의의 유산

20세기 초기에 아시아 대부분의 국가에서 유럽의 민족주의 사상이 작용했음에도, 이들 사상은 각자 다른 가능성을 지니고 다양한 모습으로 표현되었다. 또한 모든 제국주의 정부가 같은 방식으로 행동한 것도 아니었다. 미국은 필리핀에서 본래 스페인에 대항했던 반란을 진압한 뒤 선의의 간섭주의를 끈질기게 추구했는가 하면, 영국은 버마에서 민족주의를 장려했다. 스페인은 아시아에서 포르투갈이 그랬던 것처럼 기독교 개종을 적극적으로 추진했던 반면, 인도를 통치했던 영국은 토착 종교에 관여하는 데 극도로 신중했다.

이렇듯 유럽의 여러 식민 정권이 다양한 유산을 남기면서 식민지 아시아의 미래 역시 각자 다르게 형성되었다. 무엇보다도 역사적 가능성과 타성이 지닌 힘은 일본과 중국에서 그 모습을 여실히 드러냈다. 이 두 국가는 인도나 베트남만큼이나 유럽의 직접적인 영향력이 큰 파장을 일으켰던 곳이었다. 모든 경우에, 이러한 힘이 작용했던 환경은 미래를 결정하는 데 큰 역할을 했다.

2~3세기에 걸친 유럽 열강의 아시아 진출이 끝날 무렵에도, 아시아의 이러한 환경은 대부분 변하지 않은 채로 남아 있었다. 관습적인 사고와 풍습의 흔적이 고스란히 남아 있었던 것이다. 유럽의 팽창만으로 20세기의 아시아를 설명하기에는 아시아의 역사가 매우 광대했다. 그럼에도 불구하고, 유럽의 세력은 촉매로 작용했고 그들이 전파한 자유의 힘은 아시아를 근대로 나아가게 했다.

4 체제 내의 긴장

1884년 파리의 한 산부인과 병원에서 신생아들을 돌보기 위한 초기 형태의 인큐베이터가 사용되고 있다. 당시에는 미숙아들을 나무 바구니 안에 눕힌 뒤 이것을 따뜻한 물이 가득 담긴 금속 용기에 놓아 신생아들의 체온을 적절히 유지했다. 19세기 후반과 20세기 유럽에서는 인큐베이터의 사용으로 신생아의 사망률이 감소했다.

20세기가 시작되면서 역사 속에서 가장 눈에 띄었던 현상은 바로 유럽의 계속된 인구 증가였다. 1900년 유럽의 인구는 약 4억 명이었고 이 중 4분의 1이 러시아인이었다. 또한 미국의 인구는 7,600만 명, 영국의 해외 식민지의 인구는 1,500만 명이었다. 이렇듯 주도적인 문명권의 인구가 세계적으로 큰 비율을 차지하고 있었다.

한편 1900년대에 일부 국가에서는 이미 인구의 성장이 느려지고 있었다. 이러한 현상은 인구의 증가가 사망률의 하락에 의존하게 된 서유럽 중심부의 선진국에서 가장 뚜렷하게 나타났다. 이들 국가에서는 가족의 규모를 줄이자는 관행이 사회의 하층부로 확대되고 있었다.

전통적인 피임 지식은 오래전부터 존재했지만, 19세기가 되자 부유한 사람들은 더욱 효과적인 피임법을 사용할 수 있게 되었다. 이러한 피임법은 널리 보급될 경우 인구 구조에 큰 변화를 일으킬 수 있었다. 실제로도 이러한 기술은 일반화될 조짐을 보였다.

인구 과잉에 대한 두려움

반면 동부 및 지중해 유럽에서는 인구 구조에 특별한 변화가 없었다. 이 지역에서는 인구가 급격히 증가해 부담스러워지기 시작한 상태였다. 그러나 19세기에는 늘어나는 인구를 이주시킬 수 있는 정착지가 많아지면서 이러한 부담을 해결할 수 있었다. 물론 인구를 더 이상 다른 곳으로 쉽게 배출할 수 없을 경우에는 문제가 생길 수도 있었다. 게다가

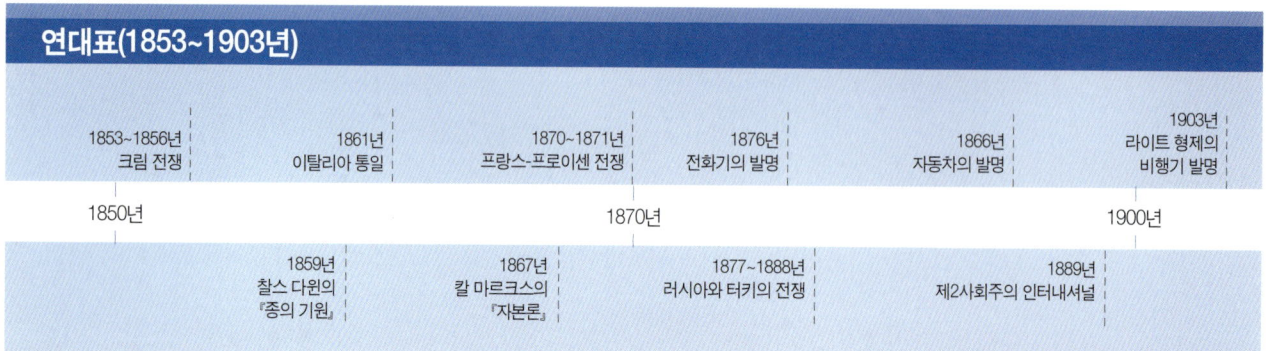

연대표(1853~1903년)

- 1853~1856년 크림 전쟁
- 1859년 찰스 다윈의 『종의 기원』
- 1861년 이탈리아 통일
- 1867년 칼 마르크스의 『자본론』
- 1870~1871년 프랑스-프로이센 전쟁
- 1876년 전화기의 발명
- 1877~1888년 러시아와 터키의 전쟁
- 1866년 자동차의 발명
- 1889년 제2사회주의 인터내셔널
- 1903년 라이트 형제의 비행기 발명

유럽의 사망률을 낮추고 있는 요인들이 아시아와 아프리카에도 보급될 경우에는 더욱 부정적인 결과가 나타날 수 있었다. 19세기가 일궈 낸 세계 문명권 속에서 이는 피할 수 없는 운명이었다.

이 경우, 유럽은 세계에 널리 영향력을 떨치는 데 성공함으로써 결국에는 기술적 우월성과 더불어 최근에 얻게 된 인구학적 이점을 잃어버릴 상황에 처했다고 할 수 있다. 게다가 19세기의 기적적인 경제 성장으로 인해 인구 과잉에 대한 두려움이 해소되면서 맬서스의 인구론으로 인한 우려 역시 사라지긴 했으나, 이 우려는 언제 다시 현실로 나타날지 모르는 일이었다.

급속한 경제적 성장

19세기는 세계적으로 유례 없이 부의 성장이 이루어진 시기였으므로, 인구는 기하급수적으로 증가하고 식량은 산술급수적으로 증가해서 결국 식량 위기가 올 것이라는 맬서스의 경고를 걱정하지 않아도 되었다. 1900년 당시 부의 성장은 유럽의 산업화를 원동력으로 삼았고, 이러한 성장을 유지하는 수단은 결코 소모되거나 사라지지 않았다. 그리고 한 세기 전만 해도 상대적으로 보급률이 낮았던 상품들이 그 시대에는 대량으로 신속하게 유통되었을 뿐만 아니라, 완전히 새로운 종류의 상품들 역시 등장했다.

석탄, 목재, 풍력, 수력과 함께 석유와 전기가 에너지원으로 사용되었고, 1800년에는 상상도 할 수 없었던 화학 산업이 등장했다. 또한 계속적으로 늘어나는 힘과 부는 무한해 보이는 천연의 농업 및 광물 자원을 개발하는 데 쓰였다. 그리고 철도, 노면 전차, 증기선, 자동차, 자전거 덕분에 수많은 사람들은 주위 환경을 새롭게 통제할 수 있게 되었다. 따라서 사람들은 이곳저곳으로 신속하게 이

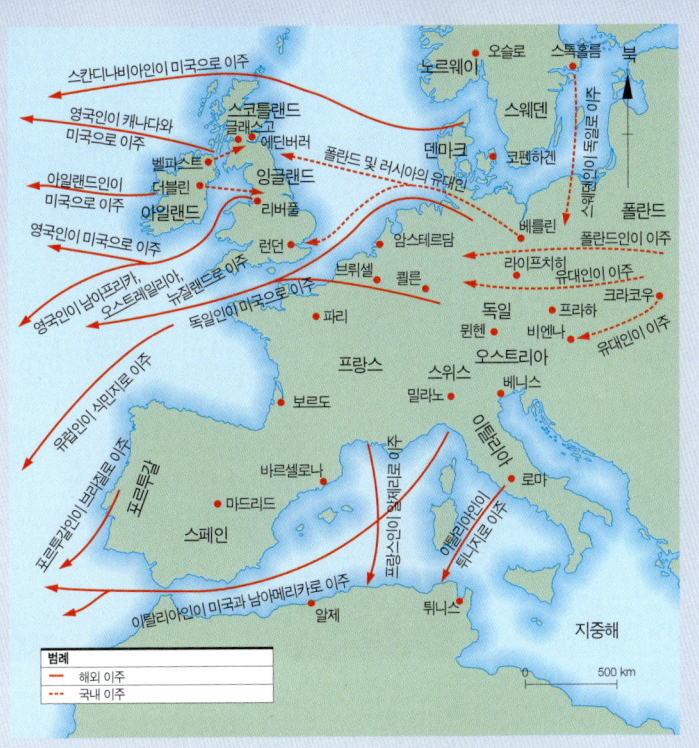

19세기 유럽에서 시작된 이주

19세기에는 유럽인들이 아메리카 대륙으로 이주하는 경우가 대부분이었다. 미국에서 인구가 희박한 지역과 아르헨티나와 브라질 같은 라틴아메리카 국가는 이주민들에게 좋은 보금자리를 제공했다. 많은 일본인과 중국인들 역시 아메리카 대륙으로 이주했다. 오스트레일리아 등의 몇몇 국가는 예외였지만, 대부분의 식민지는 유럽인들에게 그리 매력적이지는 않았다.
한편 유럽 내에서는 유대인의 인구 이동이 주로 이루어졌다. 많은 유대인들은 적대적인 러시아 제국을 떠나 여러 서유럽 국가에 정착했다.

동할 수 있었고, 동물을 이용해 수레나 마차를 끌게 된 이래 최초로 운송이 수월해졌다.

그리고 이 모든 변화에 따른 결과로서, 많은 국가에서는 인구가 증가하는 속도보다 더 빠르고 손쉽게 부를 생산할 수 있게 되었다. 한 예로, 1870년에서 1900년까지 독일의 인구는 세 배 증가한 반면, 선철 생산량은 무려 여섯 배나 증가했다. 또한 소비, 서비스, 건강 상태와 관련하여, 1900년의 선진국에서는 일반 서민 역시 한 세기 전보다 훨씬 여건이 개선되었다. 물론 러시아나 안달루시아의 농민과 같은

1893년에 그려진 '철강 공장'이라는 제목의 그림. 당시 철 및 철강 산업은 유럽의 생명과 같은 존재였다. 유럽의 경제적, 군사적 우월성은 이러한 산업 없이는 불가능했다.

계층은 예외였다. 그러나 번영하는 데 가장 중요한 요소가 발견되고 모든 국가가 이를 이용할 수 있게 되자 그들 역시 밝은 앞날을 맞이하게 되었다.

산업화된 유럽 속의 빈곤

호황이 계속되는 활기찬 상황 속에서도 의문은 생겨날 수 있었다. 미래가 어떤 모습일까 하는 것을 생각하지 않는다 하더라도, 새로운 부에 따르는 대가와 부의 분배와 관련한 사회적 정의는 따져 볼 필요가 있었다. 대부분의 사람들은 과거보다 빈부의 격차가 더욱 심해진 선진국에 살든, 그렇지 않든 여전히 가난에 허덕였다. 빈곤이란 이렇듯 사회가 새로운 부를 창출할 수 있는 강력한 힘을 지닐 때 가장 비참하고 고통스러웠다. 이로써 대대적인 중요한 변화가 일기 시작했다.

게다가 유럽인들은 돈을 벌어 생계를 유지할 수 있는가와 연관지어 그들의 생활 수준을 생각하게 되었다. 물론 임금 노동자들에게 일자리가 있어야 하는 건 당연한 일이었다. 그러나 활황과 불황이라는 통제하기 어려운 요소들이 작용하면서 대도시의 수백만의 사람들이 대거 일자리를 잃는 새로운 사태가 벌어지게 된 것이다. 이것은 당시 새로운 용어를 빌어 설명해야 했던, '실업'이라는 낯선 현상이었다. 몇몇 경제학자들은 이 현상이 자본주의의 필연적인 부산물일지도 모른다고 생각했다.

뿐만 아니라 여러 도시에서는 산업 사회를 최초로 목격했던 자들을 경악하게 했던 폐해가 사라지지 않았다. 1900년에 서부 유럽인들은 대부분 도시에 거주했고, 1914년에는 거주민이 10만 명이 넘는 도시가 140곳 이상이었다. 이 중 일부 도시에서는 주택과 학교가 부족했고, 청결치 못하고 비좁은 곳에 수백만의 사람들이 모여 살고 있었다. 게다가 이렇게 열악한 환경은 대개 부와 같은 곳에 존재하고 있었다. '슬럼'은 19세기에 생겨난 또 다른 신조어였다.

당시 상황을 종합해 보면 두 가지 결론을 내릴 수 있다. 그중 하나는 부정적인 결론으로, 19세기 말에 신중한 정치가들이 여전히 도시를 혁명, 범죄, 사회악의 온상으로 불신하고 있었다는 것이다. 반면 다른 하나는 희망적인 결론으로, 당시 도시의 열악한 환경을 생각하면 부당한 사회적, 경제적 질서에 반대하는 혁명은 불가피했다는 것이다. 물론 이 두 결론은 서부 유럽에서 혁명이 일어날 가능성이 점차 줄어들고 있다는 사실은 염두에 두지 않았다.

무질서와 혁명에 대한 두려움

혁명의 속성이 잘못 해석되고 과장되었다 할지라도, 혁명에 대한 두려움은 무질서한 상황 속에서 더욱 커져 갔다. 엄연한 유럽 국가였지만 사회적, 경제적 발전이 더디었던 러시아에서는 개혁을 통해 독재 정치가 충분히 변화하지 못하자 개혁 운동이 계속되었다. 이러한 움직임은 러시아의 황제마저 희생양이 되었던 테러리즘의 형태로 나타났으며, 꾸준히 자발적으로 일어났던 농민 동요와 결합되었다.

19세기 초기 러시아에서는 지주와 토지 관리인들을 향한 농민들의 공격이 극에 달했다. 그리고 러일 전쟁에서 러시아가 일본에 패하면서 러시아 정권의 확신이 일시적으로 흔들리자 1905년에 혁명이 일어났다. 러시아는 물론 특별한 경우였다. 그러나 이탈리아에서도 가까스로 진압할 수 있었던 혁명이 1898년에 일어났으며, 1914년에도 또다시 혁명이 일어났다. 그리고 1909년에는 스페인의 대도시인 바르셀로나의 거리에서도 유혈 사

19세기의 소설

19세기의 소설은 문학의 한 장르로서 오늘날과 같은 위상을 갖게 되었다. 이 시대를 대표했던 위대한 소설들은 19세기 사회의 미덕과 악덕을 생생하게 담아냈다. 각기 다른 사회적 계층에 속한 인간들의 삶의 주변을 탐구하는 현실주의 기법은 1830년대에 크게 발전했다. 프랑스의 오노레 드 발자크나 영국의 찰스 디킨스가 이러한 기법을 처음 사용했으며, 이는 그 후 서양 세계에 널리 퍼져 러시아의 톨스토이나 미국의 헨리 제임스까지 이어졌다. 19세기의 대표적 소설은 다음과 같다.

1813년	제인 오스틴: 오만과 편견	1866년	표도르 도스토예프스키: 죄와 벌
1814년	월터 스콧: 웨이벌리	1870년	귀스타브 플로베르: 감정 교육
1825~1827년	알레산드로 만초니: 약혼자	1871~1872년	조지 엘리엇: 미들마치
1830년	스탕달: 적과 흑	1875~1877년	레오 톨스토이: 안나 카레니나
1833년	오노레 드 발자크: 외제니 그랑데	1875년	에사 데 케이로스: 아마로 신부의 죄악
1835년	오노레 드 발자크: 고리오 영감	1879~1880년	표도르 도스토예프스키: 카라마조프의 형제들
1837년	찰스 디킨스: 피크윅 페이퍼스	1880년	에밀 졸라: 나나
1837~1839년	찰스 디킨스: 올리버 트위스트	1881년	조반니 베르가: 말라볼리아가의 사람들
1842년	니콜라이 고골리: 죽은 혼	1884~1885년	레오폴도 알라스: 라 레헨타
1847년	오노레 드 발자크: 사촌 베트	1885년	에밀 졸라: 제르미날
1847년	에밀리 브론테: 폭풍의 언덕	1866년	헨리 제임스: 보스톤 사람들
1851년	허먼 멜빌: 백경	1886~1887년	베니토 페레즈 갈도스: 포르투나타와 하신타
1852~1853년	찰스 디킨스: 황폐한 집	1895년	토마스 하디: 비운의 쥬드
1857년	귀스타브 플로베르: 보바리 부인	1895년	스티븐 크레인: 붉은 무공 훈장
1862년	이반 투르게네프: 아버지와 아들	1895년	테오도르 폰타네: 에피 브리스트
1865~1869년	레오 톨스토이: 전쟁과 평화	1899년경	토마스 만: 부덴브로크가의 사람들

런던에 사는 한 노동자의 집안 풍경. 이 삽화는 많은 노동자들과 그 가정의 열악한 환경을 비판하는 기사와 함께 1875년에 잡지에 실렸다.

*마르크스주의
마르크스와 엥겔스가 확립한 혁명적 사회주의 이론. 프롤레타리아 혁명을 통해 사회주의 사회를 이룰 수 있고, 자본주의 사회의 모순을 극복할 수 있다고 주장했다. '사회주의'의 하위 범주에 속하며 낭만적, 공상적 사회주의와 달리, 과학적인 틀을 통해 사회주의를 이룰 수 있다고 본다. '과학적 사회주의'라고도 한다.

19세기 말 유럽 전역에서는 무정부주의자들의 공격이 대거 일어났다. 1892년 4월 25일 파리에 있는 한 레스토랑에서 일어난 폭발 사고 직후의 모습. 이 사건으로 프랑소와 라바숄이라는 인물이 체포되었는데, 후에 그는 몇 차례의 테러 혐의로 처형되었다.

태가 발생했다.

또한 1890년대의 미국의 경우에서 알 수 있듯, 혁명의 역사가 없는 산업 국가에서도 시위와 궐기가 폭력적인 형태로 나타났고, 심지어 영국에서도 그로 인한 인명 피해가 발생했다. 이는 무정부주의자들의 산발적인 행동과 결합될 수도 있었으므로 경찰과 시민들이 각별히 경계 태세를 갖추어야 했다.

무정부주의자들은 특히 자신들의 이미지를 널리 각인시키는 데 성공했다. 1890년대에 이들이 자행했던 테러와 암살은 대중에 널리 알려졌다. 이러한 행위는 성공 여부를 떠나서 중요한 것이었다. 당시는 언론이 크게 성장한 시기였으므로 폭탄 테러나 흉기에 의한 공격을 통해 존재감을 널리 알릴 수 있었기 때문이다.

물론 이러한 방법에 의존한다고 해서 모든 무정부주의자들이 같은 목적을 품었던 것은 아니었다. 그러나 그들은 모두 그 시대의 소산물이었다. 이들은 정치적인 차원에서 국가에 맞서 투쟁했을 뿐만 아니라 불공평하다고 생각되는 사회 전반에 대해서도 반기를 들었다.

| 사회주의 운동 |

사회주의자들은 대부분 혁명에 대한 두려움을 일으키는 발언을 했다. 1900년까지 사회주의라 하면 대개 마르크스주의*를 뜻했다. 이를 대신할 수 있는 중요한 전통과 신화는

오직 영국에만 존재했다. 영국에서는 이미 예전부터 다양한 노동조합 운동이 발달해 왔고 탄탄한 기반을 갖춘 정치적 정당을 통한 활동이 가능했던 덕분에 비혁명적인 급진주의가 생겨났다.

반면 유럽 대륙의 사회주의자들은 마르크스주의를 가장 신봉했고 그 우월성은 1896년에 공식적으로 표현되었다. 즉, 7년 전에 전 세계의 사회주의 운동을 조율하기 위해 설립된 국제적 노동계급 동맹인 '제2인터내셔널*'이 그때까지 이 조직의 회원이었던 무정부주의자들을 몰아낸 것이었다. 무정부주의와 마르크스주의는 오래전부터 대립 관계에 있었고, 이러한 적대 관계는 여러 사회주의 조직 내에서 점차 뚜렷해져 갔다.

4년 후 제2인터내셔널은 브뤼셀에 상임 사무국을 설치했다. 이 조직 내에서 수적으로 우세하고 부유했으며 이론적으로 기여했던 독일 사회민주당은 압도적인 우위를 차지하게 되었다. 이 정당은 경찰의 탄압에도 불구하고 독일의 빠른 산업화 덕분에 발전을 거듭할 수 있었다. 또한 1900년에는 독일 최초의 진정한 대중 기관으로서 독일 정치계에서 확고한 입지를 굳혔다.

이 정당의 수적 우세함과 부를 생각해 본다면, 이 정당의 공식 신조였던 마르크스주의는 그 나름의 지적, 감성적인 호소력이 없었다 하더라도 국제적인 사회주의 운동의 공식 신조가 될 수 있었다. 마르크스주의의 호소력은 무엇보다도 세계가 사회주의자들이 원하는 대로 흘러가고 있다는 확신과 계급 투쟁에 참여함으로써 얻게 되는 정서적 만족감에 바탕을 두고 있었다.

수정 마르크스주의자

마르크스주의의 신화는 기존 체제의 두려움을 재차 불러 일으켰지만, 일부 학식 있는 마르크스주의자들은 1880년경 이후 달라진 상황을 목격했다. 분명히 많은 사람들은 자본주의 체제하에서도 높은 수준의 생활을 누릴 수 있었다. 그리고 복잡하게 작용하는 이 체제는 마르크스가 예상했던 방식으로 계급의 갈등을 단순화하거나 심화시키지 않았다.

게다가 자본주의적 정치 기관들은 노동 계급의 이익을 대변할 수 있었다. 이 사실은 매우 중요했다. 무엇보다도 독일과 더불어 영국에서는 의회가 제공한 기회를 통해 사회주의자들이 중요한 이익을 얻었기 때문이다. 투표권은 공격의 수단이 될 수 있었고, 이들은 혁명을 기다리면서도 이 수단을 놓치려 하지 않았다.

그 결과, 일부 사회주의자들은 이러한 추세를 반영해 공식적인 마르크스주의를 수정하

1905년 밀라노에 있는 조합 건물에서 철도 노동자들이 파업 여부에 대한 투표를 하는 모습. 당시 몇몇 국가에서는 노동조합이 형성되었다. 많은 조합들은 합법적으로 운영되었고 그들만의 정책 노선과 보도 매체가 있었다.

* 제2인터내셔널
1889년 7월 프랑스 혁명 100주년 기념일에 설립된 노동자 연합체. 엥겔스의 주도로 20개국 391명의 사회주의 정당 및 노조 대표가 참석했다. 제1인터내셔널의 이념을 이으며, 세계 노동자 해방 투쟁의 날을 선정하기도 했으나 제2차 세계 대전이 발발하면서 소멸되었다.

프랑스 사회당의 설립자인 장 조레스(1859~1914)가 파리의 국회에서 연설하고 있는 모습. 1904년에 그는 사회주의 신문인 「뤼마니떼」를 창간하는 데 공헌했으며, 1914년에 암살당하기 전까지 이 신문의 편집을 맡았다.

려 했다. '수정주의자'라고 불리는 이들은 대개 사회주의를 통한 평화적인 사회 변혁을 추구했다. 이러한 변혁은 물론 혁명으로 간주할 수도 있었지만, 이를 실현할 수 있을지의 여부가 논란의 대상이 되었다. 이러한 논란의 중심에는 19세기 말에 대두된 한 가지 실질적인 사안이 자리 잡고 있었다. 그것은 사회주의자들이 자본주의 정부 내에서 내각 장관의 자리를 차지할 수 있는가에 대한 문제였다.

사회주의 내의 분열

사회주의 운동이 분열되면서 일어난 논쟁은 수년이 지나서야 가라앉았다. 결국 제2인터내셔널은 수정주의를 공공연하게 비난했고 이와 동시에 여러 국가의 정당, 특히 독일 정당은 실질적으로 제2인터내셔널을 표방하면서 기존 체제가 그들에게 적합한 듯 행동했다. 이들은 계속적으로 혁명을 지지했다. 많은 사회주의자들은 심지어 정부가 그들을 전쟁터로 내보내려 할 경우 징집을 거부함으로써 혁명을 현실로 이루길 원했다.

러시아의 다수당이었던 한 사회주의당은 노골적인 태도로 수정주의를 비난했고, 폭력을 지지했다. 이 정당은 의회가 효율적으로 활동할 수 있는 기회가 드물고 오직 혁명과 테러의 긴 역사만이 존재하는 러시아의 특수한 상황을 확실히 인식하고 있었다. 이 집단은 러시아어로 다수를 뜻하는 '볼셰비키'라 불렸다.

산업 보수주의와 정부의 간섭

사회주의자들은 자신들이 일반 민중을 대변한다고 주장했다. 이것이 사실이든 아니든, 1900년의 많은 보수주의자들은 19세기의 자유주의와 민주주의가 이룩한 발전이 강제적인 힘이 아니고서는 억누를 수 없는 것이 되지 않을까 우려했다. 당시 일부 보수주의자들은 여전히 20세기 초가 아닌, 19세기 초의 정신 세계 속에서 살고 있었다.

그때까지도 동부 유럽의 많은 국가에서는 준 가부장적 관계와 토지에 대한 지주의 전통적인 권위가 사라지지 않은 채 유지되고 있었다. 이러한 사회에서는 여전히 자신의 물질적인 특권에 대한 침해와 소위 '시장 사회'라 불리는 가치관과 견해에 정신적으로 반대하는 귀족주의적인 보수주의자들이 생겨날 수 있었다.

그러나 이러한 경계선은 점차 모호해졌고 대부분의 경우, 보수주의적 사고는 자본을 옹호하는 경향을 띠게 되었다. 분명 반세기 전이었다면, 개인주의적이라는 이유로 많은 국가에서 철저히 자유주의적인 태도로 여겨졌을 것이다. 새로운 형태의 자본주의인 산업 보수주의는 정부가 부에 간섭하는 행위를 적극적으로 반대하기 시작했다. 이러한 간섭은 정부가 사회를 규제하는 역할이 점점 커져 감에 따라 꾸준히 확대된 것이었다.

영국에서는 부유층의 세금 인상을 전제로 하는 예산안이 반대에 부딪히자, 입법하는 데 있어서 상원의 절대적인 거부권을 없애는 법이 1911년에 제정됨으로써, 1688년 명예혁명 당시 제정된 헌법이 혁명적으로 변화하게 되었다. 이러한 법이 만들어진 데에는 여러 가지 이유가 있었는데, 그중 하나는 사회적 서비스 비용을 감당하기 위해 부유층에 높은 세금을 부과하기 위한 것이었다. 프랑스는 1914년에 소득세 원리까지 도입했다.

변화하는 사회 속의 여성

헌법의 변화는 선진 사회의 정치 민주화 논리를 보여 준다. 1914년까지 프랑스, 독일, 작은 몇몇 유럽 국가에서는 일반 성인 남성에게만 선거권이 주어졌다. 또 영국과 이탈리아에서도 이와 비슷한 규모의 유권자층이 존재했다. 상황이 이렇게 되자 국가 정치에서 여성도 남성과 마찬가지로 투표권을 가져야 하지 않는가라는 의문이 제기되었다.

이러한 의문은 이미 영국 정치계에서 반향을 일으키고 있었다. 그러나 유럽에서는 오직 핀란드와 노르웨이만이 1914년까지 여성에게 의회 선거권을 부여했다. 또 당시에 뉴질랜드와 오스트레일리아의 두 개 주, 미국의 일부 주만이 여성에게 선거권을 부여한 바 있었다. 많은 국가에서 여성의 투표권 문제는 그 후 30년 동안 해결되지 못한 채로 남아 있었다.

전화 교환수들이 근무하고 있는 모습. 여성들에게 점차 많은 일자리가 주어지고 사회에서 여성의 전통적인 역할이 변화하기 시작하자 많은 유럽 국가에서는 여성의 참정권 요구가 지지를 얻기 시작했다.

초기 페미니즘 운동

과거의 주요 문명사회와 마찬가지로 주로 남성의 이익과 가치를 중시하는 사회에서, 여성의 정치적 권리만이 의문의 대상이 된 것은 아니었다. 18세기부터는 여성의 사회적인 역할에 대한 논의가 시작되었고, 곧이어 오랫동안 이어 왔던 여성의 역할에 대한 가치관의 틀에 금이 가기 시작했다.

그리하여 19세기에는 여성이 교육 받을 수 있는 권리, 일자리를 구할 수 있는 권리, 재산을 관리할 수 있는 권리, 도덕적으로 독립할 수 있는 권리, 심지어 편안한 옷을 입을 수 있는 권리 등이 점차 논의의 대상이 되었다. 입센의 희곡 작품인 『인형의 집』은 본래 작가가 의도대로 한 개인을 위한 항변이 아닌, 여성의 해방을 알리는 승전보로 해석되었다.

그리고 이러한 사안들이 대두한 것은 진정한 혁명을 의미했다. 유럽 및 북아메리카에서 여성의 권리 주장은 수세기, 심지어 수천 년에 걸쳐 제도적으로 뒷받침되어 왔던 가치관과 태도에 도전장을 내밀었다. 이러한 여성의 권리 요구는 가족과 성에 대해 깊이 뿌리내리고 있던 개념과 연관되어 있었으므로 복잡한 반응을 불러일으켰다.

이렇듯 여성의 권리 주장은 남성이든 여성이든, 사회 혁명이나 정치 민주주의가 가하는 위협보다 더욱 강하게 일부 계층을 압박했다. 이러한 생각은 상당히 일리가 있었다.

페미니즘

실제로 서양 세계를 포함하여 많은 문명권에서는 여성이 남성의 우월성에 복종해 왔다. 그리고 오랫동안 여성의 역할은 가사와 육아로 인식되었다. 그 결과, 여성의 공적 활동은 기껏해야 제한된 수준에서 이루어졌고 행동의 자유 역시 부친이나 배우자의 보호로 제약을 받았다. 그러나 프랑스혁명에 따른 지적, 사회적 변화가 일어나자 이러한 불평등에 대한 비판이 제기되었다. 여성의 새로운 사회적 역할을 옹호한 최초의 저서로는 마르퀴 드 콩도르세의 『여성에게 주권을 부여하는 일에 대하여』(1790), 올랭프 드 구즈의 『여성과 여성 시민의 권리 선언』(1791), 메리 울스턴크래프트의 『여성 권리 옹호』(1792)가 있다. 그러나 혁명적인 프랑스의 의회마저도 여성에게 많은 자유를 허용하지 않았고 나폴레옹 시대에 제정된 민법전으로 차별이 계속되었다.

그러나 19세기 중반과 특히 20세기 들어 상황이 급변하기 시작했다. 물론 많은 사람들의 눈에 완벽한 성과는 아니었으나, 최소한 서양 세계에서는 여성들이 점진적으로 시민적, 정치적 평등을 이룩했고 고등 교육을 받기 시작했으며 보수가 좀 더 나은 일자리와 개인적 자유를 얻었다. 한편, 초기 페미니스트들이 요구했던 여성의 투표권은 와이오밍의 북미 영토(1869), 뉴질랜드의 영국 자치령(1893), 오스트레일리아(1902), 새로 독립한 노르웨이(1913) 등 일부 신생 국가에서 실현되었다.

잡지 표지에 실린, 1908년 프랑스에서 일어났던 페미니스트 시위 모습. 프랑스 여성들은 제2차 세계 대전이 지나서야 투표권을 얻게 되었다.

초기의 유럽 페미니즘 운동 속에는 씨앗과 같은 존재가 있었다. 그 안에 들어 있는 폭발적인 내용물은 서양 가치관의 공격을 받았던 다른 문화권과 문명권으로 전파되었을 때 더욱 강력한 효과를 발휘했다.

여성의 새로운 기회

여성의 정치화와 여성을 억압했던 법적, 제도적 구조에 대한 정치적 공격보다도, 당시 일어났던 몇 가지 변화가 여성에게 더 큰 성과를 가져다주었다. 이 중에서 세 가지 변화는 서서히 진행되었으나 결국에는 전통을 붕괴시키는 데 큰 역할을 했다. 첫 번째 변화는 성숙한 자본주의 경제의 성장이었다. 이 덕분에 1914년에 일부 국가에서는 타이피스트, 비서, 전화 교환수, 공장 직공, 백화점 보조원, 교사 등 여성을 위한 새로운 일자리가 생겨났다. 이러한 직업 대부분은 1세기 전만 해도 존재하지 않던 것이었다.

그 결과, 여성들은 실질적인 경제력을 지닐 수 있게 되었다. 여성이 스스로 생계를 책임질 수 있다는 말은 곧 가족 구조의 변화가 일어날 수도 있다는 얘기였다. 더욱이 전쟁으로 인해 수요가 늘어나 노동력이 부족해지면서 여성들은 더욱 다양한 일자리를 얻게 되었다. 따라서 이러한 변화는 더욱 가속화될 조짐을 보였다.

1900년에 젊은 여성들은 일자리를 얻는 일을 부모의 간섭과 더불어 결혼 생활로 인한 고된 일에서 해방될 수 있는 기회로 여겼다. 물론 1914년까지 여성들은 이러한 기회를 많이 얻지 못했지만, 상황은 빠르게 변화하고 있었다. 여성들이 일자리를 얻으려 하면서 교육이나 직업 훈련에 대한 수요가 늘어났기 때문이다.

한편 1914년에 일어난 두 번째 변화는 여성의 삶을 변화시키는 것 이상의 가능성을 보여 주었다. 이것은 바로 피임법이다. 피임법은 인구 통계에 지대한 영향을 미친 바 있었다. 피임법이 보급된 결과, 그때까지 대다수 여성의 삶을 지배했던 출산과 육아를 스스로 통제할 수 있다는 생각이 여성들 사이에 널리 확산되었고, 따라서 힘과 지위에 있어서 혁명이 일어날 조짐이 보였다. 그러나 그보다 더욱 중요한 변화는 1914년이 되서야 모습을 드러내기 시작했다. 즉, 여성들은 평생 결혼의 의무를 지키지 않고도 성적 만족을 누릴 수 있음을 깨닫게 된 것이었다.

기술과 여성의 해방

과거의 사고방식과 가치관으로부터 여성을 서서히, 그러나 저항할 수 없는 기세로 해방시켰던 세 번째 변화는 특정한 명칭을 부여해 설명하기가 어렵다. 그러나 이러한 변화

말을 타고 있는 여성을 형상화한 이 도기상은 1905년에 제작된 「자유」라는 작품이다. 이 작품의 역동성은 여성의 새로운 이상을 나타내고 있다.

1892년에 제작된 이 광고 포스터는 가정에서 가스를 어떻게 다양한 방식으로 사용할 수 있는가를 보여 주고 있다. 당시에 소비가 늘어났던 가스는 기계의 작동은 물론 가정의 조명과 난방 및 조리에 이용되었다.

에 핵심적인 요소가 있다면 바로 '기술'이다. 이러한 변화는 수많은 혁신들로 이루어진 과정으로서 이 중 일부는 이미 1900년 이전부터 서서히 진행되어 왔으며, 모두 가정의 일과와 고된 노동의 영역으로 확대되려는 경향을 보였으나 처음에는 점진적이었다.

이러한 최초의 기술로는 수도 시설, 난방 가스, 조명 등이 있었다. 특히 전기의 청결성과 유연성은 후에 더욱 큰 효과를 발휘했다. 또한 소매 유통의 급격한 변화로 상점이 발달하게 되었는데, 그 덕분에 부유층뿐만 아니라 일반 대중 역시 고급품의 개념을 알게 되었고 가정에서는 필요한 물건을 더욱 쉽게 구입할 수 있게 되었다.

그리고 가공과 방부 처리가 잘된 수입 식품이 보급되면서 하루에 한두 번씩 시장에 들러 음식을 마련해야 했던 조리 문화가 서서히 변화했다. 세제와 쉽게 때가 빠지는 인조 섬유는 1900년 이후에야 보급되었지만, 비누와 세탁용 소다는 한 세기 전보다 더욱 저렴한 가격으로 쉽게 구할 수 있었다. 한편 20세기 초에는 가스레인지와 진공청소기, 세탁기 등 최초의 가정용 전자제품이 부유층 가정에서 모습을 드러냈다.

여성의 참정권

역사가들은 등자나 선반의 발명은 중요하게 생각하면서도 앞서 말한 간단한 일용품과 도구들이 한데 모여 발휘하는 힘은 대수롭지 않게 생각했다. 그러나 전 세계의 절반이 넘는 지역에서 이러한 일용품들은 혁명을 암시했다. 물론 20세기 초에는 이러한 물건들이 장기적으로 의미하는 바가 영국에서 여성의 투표권을 요구했던 '여성 참정권론자' 들의 유별난 행동보다 관심을 끌지 못했던 건 사실이었다.

이들의 활동은 남성의 정치적 권리가 확실하게 자유화되고 민주화되었다는 사실에 즉각 자극을 받아 일어났다. 이것은 여성 참정권 운동이 전제로 삼았던 배경이었다. 논리적으로 볼 때, 남녀 구분 없이 민주주의를 추구하는 일은, 그로 인해 선거민의 수가 두 배로 늘어난다 할지라도 타당성이 있었다.

새로운 대중 정치

정치의 형식적, 법적 구조가 점차 '대중적인' 경향을 보이면서, 대중은 조직화되어야 했다. 그 결과 1900년에는 이러한 요건을 충족시키는 현대적인 정당이 등장했다. 정당은 여러 사안을 단순화해 확실한 선택권으로 제시했고,

1914년 런던의 버킹엄 궁전에서 한 여성 참정권론자가 체포되고 있다. 영국의 여성 참정권 운동은 그 찬반 세력으로부터 예상치 못한 강한 반응을 불러일으켰다. 결국 1918년에 영국에서는 30세 이상의 여성에게 투표권이 주어졌다.

1911년에 밀라노에서 선거 운동자들이 선전 포스터를 붙이고 있는 모습. 투표권이 확대되고 국민의 식자율이 높아지자 정치적 선전 전략 역시 발달했다.

* 주정주의
이성이나 의지보다 감정과 정서를 중시하는 경향. '주정설 主情說'이라고도 한다. 지나친 합리주의와 과학에 편중되는 사회 현상 등에 대한 반발로 나타난다. 특히, 루소와 노발리스 등의 초기 낭만주의 문학에서 현저하게 나타난다.

* 크림 전쟁
1853년 러시아가 남하 정책을 펼치기 위해 오스만 제국과 벌인 전쟁. 그러나 러시아가 오스만 제국을 이겨 남쪽으로 내려올 것을 염려한 영국과 프랑스 등이 오스만 제국을 도와주어 결국 러시아가 패하게 된다.

정치적 의식을 널리 일깨우기 위한 조직으로 활동했으며, 특별한 이해관계를 조성했다.

이러한 정당은 유럽과 미국에서 생겨나 전 세계로 확대되었다. 그러자 구세대의 정치가들은 새로운 형태의 정당이 생겨난 것을 유감스럽게 생각했는데, 이들의 반응이 언제나 근거가 없는 것은 아니었다. 새로운 정당의 등장은 대중 사회가 도래하고, 공공의 논의가 부패하게 되며, 전통적인 엘리트층이 정치를 거리 시민들의 방식에 맞춰야 함을 알리는 또 다른 징조였기 때문이다.

19세기 초 영국에서는 대중 여론의 중요성이 부각되기 시작했다. 영국에서 대중 여론은 곡물법 폐지를 위한 투쟁에서 결정적인 역할을 했다. 한편 프랑스-프로이센 전쟁이 일어나던 1870년 당시, 프랑스의 나폴레옹 3세는 전쟁을 치르길 꺼려 했으나 전쟁을 원하는 국민들의 거센 여론을 외면할 수 없음을 깨달았다. 프랑스는 결국 이 전쟁에서 패했다. 또한 독일의 전형적인 보수주의 정치가였던 비스마르크는 여론에 응하고 독일의 식민주의 이해관계를 추구해야 함을 깨달았다.

한편 많은 신문사 소유주와 정치가들은 대중 여론을 조작할 수 있다고 믿기 시작했다. 이와 관련해 높아지는 식자율은 두 가지 사실을 의미했다. 그중 하나는, 국민들이 투표제를 제대로 활용하도록 개화시키기 위해서는 대중 교육에 투자해야 한다는 것이었다. 그러나 식자율이 높아지면서 값싸고 새로운 신문, 잡지 등의 인쇄 매체를 위한 시장이 형성될 수도 있었다. 이러한 매체는 주정주의*와 선정주의를 악용하는 경우가 많았고, 판매자와 광고 캠페인 기획자들에게는 또 다른 발명품이었다.

| 민족주의 |

여전히 대중에게 가장 호소력이 있는 정치적 원리는 민족주의였다. 더욱이 민족주의는 혁명의 잠재성을 지니고 있었다. 그리고 혁명은 많은 국가에서 현실로 나타났다. 한 예로, 오스만 제국 치하의 유럽에서는 크림 전쟁* 이후로 민족주의자들이 오스만 통치에 항거하고 새로운 국가를 세우는 데 잇달아 성공을 거두었다. 그리하여 1870년에는 세르비아, 그리스, 루마니아가 견고한 바탕 위에 세워졌고, 19세기 말에는 불가리아와 몬테네그로가 이에 합세했다. 1913년에 있었던 발칸 국가들과 오스만 제국의 마지막 전쟁에서는 독립한 알바니아가 등장했고, 자치적인 크레타 섬에서는 이미 그리스인 통치자가 존재했다.

이러한 민족주의 운동은 강대국들을 자국의 내정에 끌어들이곤 했고 평화로운 상태에 언제나 위협을 가했다. 물론 폴란드인, 유대인, 우크라이나인, 리투아니아인들이 러시아인들의 탄압을 받아 러시아 제국에서 일어난 민족주의 운동은 이와 달랐다. 그러나 긴장이 팽팽했던 오스트리아-헝가리 제국에서는 전쟁이 일어날 가능성이 컸다. 이 2중 제국의 영토 중 헝가리에 속한 땅에서는 민족주의가 실제로 혁명의 위험을 일으키고 있었다. 그리하여 슬라브족들은 마자르족들의 억압에 저항하기 위해 세르비아에 도움을 요청했다. 반면 보헤미아와 슬로바키아 등 제국의 다른 지역에서는 그보다 상황이 덜했으나 민족주의는 최고조에 달해 있었다.

영국에서는 이 같은 위기가 없었으나 아일랜드의 민족주의 문제는 피할 수 없었다. 사실상 영국의 민족주의 문제는 두 가지였다. 그중에서도 아일랜드 가톨릭교도들의 민족주의가 19세기 내내 가장 두드러졌다. 그 결과, 이들은 주요 개혁과 양보 사항을 얻어낼 수 있었다. 그러나 이는 자율적인 '자치' 국가를 인정해 주겠다던 영국 자유당의 약속에는 훨씬 못 미치는 결과였다. 그러나 1900년에 농업 개혁이 일어나고 경제적 여건이 개선됨에 따라 아일랜드인들이 품었던 반감은 많이 누그러졌다.

오스만 제국의 쇠퇴와 근대 터키의 등장(1683~1923년)

17세기 후반부터 오스만 제국의 영토는 줄어들기 시작했는데, 처음에는 다뉴브 지역에서 오스트리아에게, 후에는 흑해를 중심으로 러시아에게 영토를 빼앗겼다. 그리고 1815년에서 1817년에 걸친 세르비아의 봉기로 오스만 제국은 발칸 제국에서 후퇴했고 이는 1912~1913년의 전쟁에서 오스만 제국이 패배함으로써 끝을 맺었다. 그리고 유럽 국가들은 북아프리카에 있는 오스만 제국의 영토를 장악했고 결국 제1차 세계 대전이 끝나고 오스만 제국은 아라비아 땅의 나머지 영토를 모두 잃었다.

위의 지도에서 잃어버린 영토로 표시되는 곳 중에 오스만 제국의 직접적인 통치를 받던 지역은 물론 오스만 제국이 종주권을 행사했던 속국도 포함되어 있다.

그러나 이는 또 다른 아일랜드의 민족주의를 통해 다시 모습을 드러냈다. 이번에는 얼스터 지방의 프로테스탄트 교도들이 민족주의를 내세우고 봉기한 것이었다. 이들은 런던 정부가 아일랜드의 로마 가톨릭 민족주의자들에게 자치를 부여할 경우 혁명을 일으키겠다고 협박했다. 이 사건은 단순히 곤혹스러운 정도가 아니었다. 그 후 1914년에 영국 의회가 마침내 자치 법안을 통과시키자, 해외의 일부 관찰자들은 영국이 자국 내의 혁

◀ 터키에서 일어난 아르메니아인 집단 학살을 그린 1909년 이탈리아의 한 삽화. 1908년에 있었던 청년 투르크당의 봉기는 터키의 근대화를 향한 걸음이었으나 민족주의적 열정은 아르메니아인들에게 참담한 결과를 가져다주었다.

명 때문에 유럽 문제에는 간섭하지 못할 것이라고 오해했다.

독일의 위협

민족주의를 옹호하는 자들은 모두 그 나름의 변명을 가지고 있었고, 자신들이 억압받는 자들을 위해 민족주의를 추구한다고 생각했다. 그러나 거대한 강대국들이 추구하는 민족주의 역시 파괴적인 힘을 지니고 있었다.

1871년에 프랑스-프로이센 전쟁으로 프랑스가 알자스와 로렌을 독일에 내준 이래 프랑스와 독일 사이에는 감정적으로 깊은 골이 패였다. 그래서 프랑스의 정치가들은 오랫동안 꾸준히 '보복주의'라는 개념을 발전시켰다. 특히 프랑스에서 민족주의는 정치적 분쟁에 반대를 표시했는데, 그 이유는 이러한 분쟁이 거대한 국가 제도에 대한 충성심에 의문을 제기하는 듯 보였기 때문이다.

한편 언제나 침착할 듯했던 영국도 때로는 국가적인 신조에 자극을 받곤 했다. 영국에서는 일시적이긴 했으나 제국주의에 대한 열기가 뜨거웠고, 자국의 해군력을 유지하는 데 매우 민감했다. 그러나 영국은 점차 독일의 위협을 받았다. 당시 경제가 왕성하게 발전했던 독일은 세계의 무역 시장을 주름잡고 있던 영국에 도전하며 경종을 울렸다. 이 두 국가가 최고의 무역 상대국이었던 사실은 중요하지 않았다. 대신 두 국가는 많은 방면에서 상반되는 이해관계를 갖기 시작했다.

게다가 독일의 황제인 빌헬름 2세가 추구했던 집요한 민족주의는 여기에 색채를 입혔다. 독일의 잠재력을 인지한 그는 이것을 실질적으로만이 아니라 상징적으로도 표현하고자 했다. 따라서 그는 대규모 해군을 창설하는 데 열의를 보였다. 그의 이러한 행동은 특히 영국의 심기를 건드렸는데, 영국은 독일의 이러한 의도가 다른 국가가 아닌 영국을 공격하는 데 이용될 수도 있음을 알지 못했다.

그러나 유럽에서는 독일이 국제 사회에서 부당하게 권력을 휘두르는 경향이 있다는 인식이 점차 퍼져 나갔다. 전혀 근거가 없는 이야기도 아니었다. 물론 한 국가의 전형적인 특징을 한 마디로 요약해 말할 수는 없으나, 이러한 특징은 각 나라의 대중이 보이는 반응을 단순하게나마 정의하는 데 도움을 준다. 그러므로 이것을 알면 20세기 초에 각국 국민의 민족주의가 지녔던 파괴적인 힘을 조금이나마 이해할 수 있다.

문명화된 전쟁

19세기 들어 확신에 찬 사람들은 국제적인 폭력이 감소했음을 알 수 있었다. 러시아와 터키가 전쟁을 치렀던 1876년 이후로 유럽 열강 간에 전쟁이 일어나지 않았다. 그러나 유감스럽게도 유럽의 군인과 정치가들은 미

1900년 카이저 빌헬름 2세의 모습. 1888년에서 1918년까지 독일의 황제였던 그는 공격적인 외교 정책을 선호했는데 이는 제1차 세계 대전이 발발하는 데 한몫을 했다.

어떠한 전투든지 비용 때문에 제약을 받을 것이라는 전쟁 전의 믿음은 사실이 아닌 것으로 드러났다. 유럽의 산업은 전례 없이 많은 양의 무기를 군대에 공급했다. 사진 속에 나타난 제1차 세계 대전 당시 영국의 무기 공장 내부를 살펴보면 무기 생산량이 얼마나 엄청났는가를 알 수 있다. 이와 동시에 남성이 대거 군대에 징집되자 여성들은 이전에는 종사하지 않았던 제조업 분야에 참여하게 되었다.

국에서 남북전쟁이 일어날 조짐을 눈치 채지 못했다. 남북전쟁은 철도와 전신 덕분에 최초로 1명의 사령관이 100만 명이 넘는 군사들을 지휘할 수 있게 된 전쟁이었으며, 대량 생산된 현대식 무기가 엄청난 사상자를 낼 수 있는 위력이 있다는 사실을 보여 준 최초의 전쟁이었다.

군비 경쟁을 중단시키기 위해 1899년과 1907년에 의회가 소집되었던 점은 긍정적으로 생각할 만하다. 물론 이들의 시도는 실패로 돌아갔다. 어쨌든 국제 중재라는 관행은 널리 도입되고 있었고, 초기 전쟁에서 이루어지던 잔학 행위는 얼마간 자제되고 있었다.

한편 독일의 황제는 중국의 의화단을 진압하기 위해 그곳에 군대를 파견할 당시에 중요한 표현을 썼다. 중국인들이 유럽인들을 잔인하게 살상했다는 보고를 듣고 분노한 독일 황제가 그의 군사들에게 '훈족처럼' 맹렬하게 맞서라고 지시한 것이었다. 황제의 이러한 말은 사람들의 머릿속에 깊이 각인되었다. 이 말은 그 당시에도 지나친 것이었지만, 중요한 사실은 황제가 그러한 발언이 필요했다고 생각했다는 점이었다.

17세기에는 어느 누구도 군사들에게 훈족처럼 잔인하게 싸우라고 지시하지 않았다. 당시에는 대부분의 군대가 그랬기 때문이다. 그러나 1900년대의 유럽 군대는 그렇지 않았으므로 훈족과 같이 싸우라는 지시가 필요했다. 다시 말해, 1900년까지 전쟁의 '인간화'가 이루어졌다는 얘기다. 이렇듯 '문명화된 전쟁'은 19세기의 개념으로서 모순된 표현이 아니었다. 또한 일시적이긴 했으나, 1899년에는 유독 가스와 미니에탄, 심지어 공중에서 폭탄을 투하하는 행위까지 금지되었다.

▶ 비오 9세는 로마 교회가 새로운 자유주의적 문명을 거부했던 시기인 1846년에서 1878년까지 교황을 지냈다. 그는 1864년에 발표한 교서에서 자유주의를 비난했고 교황령이 새로이 통일된 이탈리아에 통합되는 것을 거부했다.

몰락하는 교회

혁명에 대한 일반적인 저항 의식이 아닌, 공동체의 의식에 의해 유럽 통치자들이 행동에 제약을 받는 일은 이미 기독교 왕국이라는 개념과 함께 오래전에 사라져 버렸다. 19세기의 종교는 국제적인 분쟁을 경감하거나 완화시키는, 간접적이고 주변적인 세력이었고, 인도주의나 평화주의로 이어졌다. 전 세계의 노동자들은 고용주의 이해관계를 위해 서로 다투지 말아야 한다는 사회주의자들의 기대가 별 효과를 내지 못했던 것처럼, 기독교 역시 폭력을 제지하는 수단으로서는 역부족이었다. 그러나 이러한 상황이 조직화된 종교가 전반적으로 힘을 잃어 생겨난 결과인지는 확실치 않다.

1900년에는 기독교가 행동을 규제하는 수단으로서 그 영향력을 잃어 가고 있다는 사실 때문에 불안감이 생겨났다. 이는 전통적인 형태의 새로운 종교가 등장해 구세대의 기독교 교회에 도전했기 때문이 아니었다. 그보다는 기독교의 쇠락 현상이 18세기부터 서서히 진행되어 프랑스 혁명 이후 더욱 뚜렷해졌기 때문이었다.

대부분의 기독교 종파는 당대에 특징적이었던 지적, 사회적 진보의 쇠퇴에 영향을 받았다. 게다가 이들 종파는 19세기 후반에 대량 배포된 신문 등 스스로에게 도움이 될 수도 있는 새로운 발명품을 제대로 활용하지 못하는 듯했다. 특히 그들 중에서도 로마 가톨릭 교회는 이러한 발전을 절대적으로 불신했다.

교황의 위신 추락

모든 기독교 종파가 적대적인 시대의 흐름을 경험했지만, 특히 교황의 위신과 권력이 모두 빛을 잃었던 로마 가톨릭 교회는 최대의

희생양이었다. 로마 가톨릭 교회는 교리의 일환으로 성명을 발표하면서 진보, 이성, 자유주의에 대한 적대감을 공개적으로 드러낸 바 있었다. 이탈리아의 로마에서는 프랑스의 혁명 군대가 혁명적인 사상을 전파하고 영토상의 변화를 일으키면서, 1790년대부터 교황의 세속권이 약화되기 시작했다. 그리고 후에는 당시 지배적인 사상이었던 민주주의, 자유주의, 민족주의를 구실로 교황의 권리를 침해하는 일이 정당화되었다.

그러던 중 1870년에는 바티칸 외부에 있었던 과거 교황령의 마지막 영토가 결국 새로운 이탈리아 왕국으로 넘어갔고, 교황은 말 그대로 교회 내의 정신적인 권력으로 전락하고 말았다. 이로써 메로빙거 왕조 시절부터 대대로 이어져 온 교황 세속권의 시대가 막을 내렸다. 그리고 일부 사람들은 오랫동안 유럽의 문명과 역사의 중심이었던 제도인 기독교가 수치스러운 시대를 맞이했다고 생각했다.

결과적으로 본다면 상황은 기독교에 유리

했다. 그러나 당시에는 로마 가톨릭 교회가 권력을 빼앗기게 되자, 교황이 이미 드러낸 바 있었던 당대 권력에 대한 적대감이 더욱 거세졌고, 진보적인 사상가들은 교회에 더욱 신랄한 조소를 퍼붓게 되었다. 한편 교황이 교황청에서 언급하는 신앙과 도덕에는 그르침이 없다는 무류성의 원리가 1870년에 교리의 일부가 되자, 교회와 당대 권력은 새로운 국면을 맞이하게 되었다.

그 후 20여 년에 걸쳐 독일, 프랑스, 이탈리아, 스페인의 정치계에서는 반성직자주의와 성직자 박해가 그 어느 때보다 힘을 얻게 되었다. 각 나라의 정부는 교황에 반감을 가지고 있는 편견을 이용하여 교회에 법적인 권력을 행사했고, 과거에 교회가 전적으로 담당했던 초등 및 중등 교육과 같은 영역을 침범하기 시작했다.

박해는 비타협을 낳았다. 충돌 속에서 사실은 로마 교회의 교리가 지닌 추상적인 성격이 어떤 식으로 여겨지든, 로마 교회는 여전히 독실한 신자들의 무한한 신앙심에 의지할 수 있었다는 것이다. 뿐만 아니라 해외 선교 현장에서는 기독교 개종이 이루어지고 있었고, 인구학적 추세로 볼 때 기독교 신자는 머지않아 더욱 늘어날 조짐을 보였다.

비록 교회의 영향을 받지 않은 채 세속적인 문화에 더럽혀져 서서히 이교도화되어 갔던 유럽의 새로운 도시민들에게서 교회는 많은 성과를 이루지 못할 수도 있었다. 그러나 교회는 정치적, 사회적 세력으로서 죽기는커녕 쇠퇴하지도 않았다. 실제로 교황이 세속권과 분리되면서 가톨릭교도들은 오히려 교황에 대해 굳건한 충성심을 느낄 수 있었다.

전통적인 믿음에 대한 의문

로마 가톨릭 교회는 기독교 종파 중에서 가장 엄격했으며, 종교적 투쟁의 선두주자였

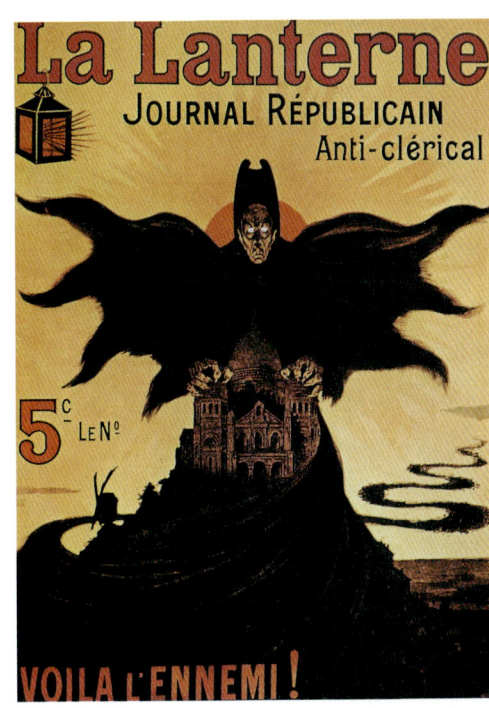

반성직자주의를 나타내는 프랑스의 시사 만화. 이 만화는 19세기 및 20세기 초에 정치적, 지적 삶에서 중요한 역할을 했던 교회와 그 반대 세력 간의 대립을 나타내고 있다.

다. 그러나 계시에 대한 주장과 성직자 및 사제의 권위는 언제나 의혹을 불러일으켰다. 이는 19세기의 가장 특징적인 현상 중 하나였다. 그때까지도 많은 유럽인과 미국인들은 기독교 교리와 성경에 담긴 내용을 문자 그대로 믿고 있었기 때문이다.

이들은 기독교에 대한 믿음이 위기에 직면하자 크게 우려했으나, 이러한 위기는 점차 모든 국가로 확대되었다. 최초로 전통적인 종교적 믿음에 의문을 제기한 것은 지식인뿐이었다. 이들은 의식적으로 계몽주의에 입각한 사상을 추구하는 경우가 많았다. '볼테르적인' 이라는 말은 19세기에 반종교적인, 또는 회의적인 견해를 나타내는 데 자주 쓰이던 용어였다.

그리고 19세기가 지나면서 이러한 추세는 두 갈래의 지식의 흐름에 의해 강화되었다. 이 두 가지 흐름 모두 처음에는 지식인층의 관심사로 한정되어 있었으나, 대중의 문자 해독력이 높아지고 값싼 인쇄물을 이용할 수 있는 시대가 찾아오면서 더욱 널리 영향을

미치게 되었다.

이러한 사상의 흐름을 주도했던 첫 번째 집단은 성서학자로, 그중에서도 독일의 학자들이 가장 중요한 역할을 했다. 1840년대부터 이들은 성경이 역사적 증거로서 가치가 있다는 주장을 뒤집었고, 근본적으로는 성서 원문을 대하는 전반적인 태도에 심리적인 변화를 일으켰다. 본질적으로 이러한 변화는 성서를 비판적으로 접근할 수 있는, 단순한 역사적인 텍스트의 하나로 인식하게끔 만들었다.

한편 1863년에 출간된 프랑스의 학자 에르네스트 르낭의 저서인 『예수의 생애』는 엄청난 반향을 일으키며 성공을 거두었는데, 이 책 역시 비판적인 태도를 대중에게 널리 전파했다. 암흑 시대에 등장한 이래 유럽 문명의 핵심이 되었던 성서는 다시는 그 위상을 회복하지 못했다.

과학의 역할

전통적인 기독교 신앙과 오랫동안 기독교적인 가치관에 바탕을 두었던 도덕, 정치, 경제에 타격을 가한 두 번째 사상의 원천은 과학이었다. 성서의 내용이 관찰 가능한 실제의 사실과 정확하게 일치하지 않음을 나타내는 경험적 증거들이 과학에 의해 발견되자, 기독교 교리의 내부적, 논리적 모순에 대한 계몽주의의 공격은 우려할 만한 수준에까지 이르렀다.

그 시작은 지질학이었다. 1830년대에 스코틀랜드의 과학자인 찰스 라이엘이 쓴 『지질학 원리』가 출간되자 18세기 말부터 등장했던 사상들에 더욱 큰 관심이 쏟아졌다. 이 책은 자연 환경과 지질학적 구조가 단 한 번의 창조 행위가 아닌, 비와 바람 등 현재까지도 작용하고 있는 힘에 의한 결과라고 설명했다. 나아가 그는 이 이론이 사실일 경우, 각각의 지질학적 지층에 다양한 생물의 화석이 존재한다는 사실은 각 지질학적 시대마다 새로운 동물이 반복적으로 생겨났음을 보여 주는 것이라고 주장했다. 이 주장이 사실이라면, 성서 속의 단 한 번의 창조 행위는 어려움에 처하게 될 것이었다.

또한 영국의 여러 동굴에서 멸종한 동물의 뼈 화석과 석기 도구가 함께 출토됨에 따라 인류와 관련한 성경의 연대학이 사실과 다르다는 주장이 널리 제기되었다. 한편 1859년에는 영국의 지식 사회가 '인류가 지금까지

민족이란 무엇인가?

민족을 인종이나 언어가 아닌 공동의 목표를 함께 이루겠다는 사람들의 공통된 의지에 바탕을 둔 공동체로 간주하는, 민족에 대한 자유주의적인 개념은 에르네스트 르낭이 상세히 설명한 바 있다.

'민족이란 과거에 치러진, 그리고 앞으로 치러질 희생을 바탕으로 하여 형성된 거대한 결속체라 할 수 있다. 민족은 과거를 전제로 한다. 그러나 민족은 현재 속에서 구체적인 사실로 요약된다. 즉, 계속해서 함께 살고자 하는, 자유롭게 표현된 동의와 기대로 나타난다. 또한 민족의 존재는 개개인의 존재가 삶에 대한 영속적인 확인인 것과 마찬가지로, 매일매일의 국민 투표라 할 수 있다.…… 한 체제가 과거의 조직들을 개화되지 못한 사람들의 손에 맡김으로써 민족의 분리와 몰락이 야기된다는 주장은 반대에 부딪힐 것이다. 확실히 이와 같은 사안에서는 어떠한 원칙도 극단적으로 적용해서는 안 된다.…… 민족은 영원한 존재가 아니다. 민족에는 시작이 있으며 끝 또한 존재할 것이다. 또한 민족은 하나의 유럽 연합체로 대체될 수도 있다. 그러나 이는 우리가 살고 있는 세기에 적용되는 법칙은 아니다. 현재로서는 민족의 존재가 바람직하며 심지어 필수적이라 할 수도 있다.'

1882년 에르네스트 르낭의 『민족이란 무엇인가』에서 발췌

다윈의 진화론

'복잡하게 얽힌 강둑을 눈여겨보는 일은 흥미로울 것이다. 다양한 종류의 식물이 땅을 뒤덮고 있으며 덤불숲에서는 새들이 지저귀고 갖가지 곤충들이 날아다니는가 하면 축축한 땅에서는 벌레들이 기어 다닌다. 또한 이렇게 각자 다를 뿐 아니라 복잡한 방식으로 서로 의존하는 정교한 형태의 생물들이 우리 주위에서 작용하는 여러 법칙에 의해 생겨났다는 사실 역시 생각해 보면 흥미로울 것이다. 가장 넓은 의미에서 이러한 법칙은 성장과 생식, 생식에 따른다고 할 수 있는 유전, 삶의 환경이 미치는 직접적, 간접적 작용과 용불용用不用 효과에 따른 변이(생물의 경우, 자주 사용하는 기관은 발달하고 사용하지 않는 기관은 퇴화하여 없어지게 됨)라 할 수 있다. 또한 증가율이 높아져 살아남기 위한 경쟁이 발생하고, 이로 인해 형질이 분기하며, 발달이 덜한 형태가 멸종하게 되는 자연선택이 일어난다. 그러므로 자연에서의 전쟁 그리고 기근과 죽음을 통해 우리가 생각할 수 있는 가장 고귀한 일, 즉 더욱 고등한 생물이 번식하게 되는 것이다. 생명은 본래 창조주에 의해 하나 또는 그 이상의 형태로 탄생했다. 또한 이 지구가 중력이라는 고정된 법칙에 따라 주기를 거치는 동안 가장 아름답고 가장 놀라운 형태의 생명체들은 단순한 형태에서부터 진화해 왔고 현재도 진화하고 있다는 이러한 생명관은 숭고하다.'

1876년 찰스 다윈의 『종의 기원』의 마지막 장에서 발췌

흔적을 찾았던 시기보다 더욱 과거로 거슬러 올라간 태곳적부터' 프랑스의 솜 강 일대에서 인류가 구석기 사회를 이루어 살았음을 증명하는 논문들을 발간했다. 이를 계기로 인류의 역사가 성경에서보다 더 오래되었다는 주장은 공식적으로 인정될 수 있었다.

찰스 다윈

1859년에는 이러한 의문들이 조금 더 다른 차원, 즉 생물학적인 측면에서 대두되었다고 할 수 있다. 이것은 지나친 단순화일지도 모르나 크게 틀린 말은 아닐 것이다. 1859년에 영국의 과학자인 찰스 다윈이 근대 문명에 한 획을 긋는 『종의 기원』이라는 책을 발표했다. 이 책은 가장 큰 반향을 일으킬 시기에 가장 혼란이 일어날 듯한 국가에서 발간되었다. 당시 영국에서는 예로부터 교회가 교육과 같은 영역을 지배하는 것이 타당한가에 대한 논의가 진행되고 있었기 때문이었다.

특히 다윈의 이름과 결부되었던 '진화'라는 말은 당시에 이미 친숙한 용어였다. 그러나 다윈은 저서에서 이 단어를 사용하지 않으려 했고 『종의 기원』의 초판이 발행된 지 10년이 지나 5판에 이르러서야 이 단어를 사용하게 되었다. 그런데 『종의 기원』은 생명체는 단순한 형태에서 오랜 진화를 거쳐 현재의 형태로 변화했다는 진화론의 가설을 대표하는 위대한 책이 되었다.

1871년 『인간의 유래』라는 또 다른 책에서 그가 주장한 바와 같이, 인간 역시 이러한 진화를 거쳤다. 이러한 진화가 어떻게 이루어지는가에 대해서는 다양한 가설이 존재했다.

찰스 다윈(1809~1882)은 생물체에 대한 개념에 대변혁을 일으켰다. 그는 1859년에 처음으로 선보였던 진화론을 1871년에는 구체적으로 인간에 적용했다.

그중에서도, 식량을 차지하기 위해 인간이 살인적인 경쟁을 벌인다는 맬서스의 이론에 착안한 다윈은 혹독한 환경에 좀 더 잘 적응하는 형질을 가진 생명체만이 '자연선택'을 통해 살아남는다는 이론을 펼쳤다. 이러한 그의 이론은 잘못 해석되고 통속화되어 '적자생존' 이라는 슬로건으로 이용되기도 했다.

그러나 그의 저서에 담긴 많은 이론들은 새로운 사고를 형성하는 데 크게 기여했다. 그리고 중요한 사실로서, 다윈의 진화론은 널리 전파되었던 성서 속의 창조론과 이에 따른 인간의 특별한 입지에 일격을 가했다. 성서 비평과 지질학과 더불어 그의 저서 때문에 사려 깊고 신중한 독자들은 성경을 말 그대로 진실이라고 받아들일 수 없었다.

과학의 새로운 입지

과학이 성경의 권위를 약화시킨 일은 과학이 공식화된 믿음에 영향을 미쳤던 가장 확실하고 유일한 사례였다. 그러나 그에 못지않게 중요한 사실은 과학이 광범위한 기반의 대중 속에 막연하게나마 새롭게 위신을 세운 일이었다. 이것은 과학이 자연을 조작할 수 있는 최상의 수단으로 새롭게 자리매김한 덕분이었다. 당시 자연은 점차 저항할 힘을 잃어 가는 듯 보였다.

그리고 이를 시작으로 과학의 신화가 형성될 조짐이 보였다. 이러한 신화는 17세기의 위대한 과학 업적이 일반 대중의 삶을 크게 변화시키지 못했던 반면 19세기의 과학적 성과는 점차 이들의 삶에 큰 변화를 일으켰다는 사실에 바탕을 두고 있었다. 사람들은 무균 수술법을 창시했던 조셉 리스터나 전자기학에 크게 기여했던 마이클 패러데이의 이론은 전혀 이해할 수 없었다. 그러나 1900년대의 의약품이 그들의 윗세대보다는 훨씬 발전되었음을 알았고 일터나 가정에서 전기가 사용되는 장면을 목격했다.

또한 1914년에는 대서양을 가로질러 무전 송신이 가능해졌고, 공기보다 밀도가 낮은 가스 없이도 작동이 가능한 비행기가 일반적으로 보급되었다. 또 아스피린이 널리 보편화되었고, 미국의 한 제조업체는 최초로 자동차를 대량 생산하여 저렴한 가격에 판매하기 시작했다. 물론 이러한 사실을 열거하는 것만으로는 과학이 이룬 객관적인 업적을 충분히 설명할 수 없지만, 이러한 물질적인 발전은 일반 사람들에게 깊은 인상을 심어 주었고, 이들은 과학을 새로운 종교로 숭배하게 되었다.

오랫동안 과학은 오직 기술을 통해 사람들의 삶에 긍정적인 영향을 미쳤으므로 대중은 기술이라는 경로를 통해 과학에 대한 인식을 갖게 되었다. 그러므로 대부분의 경우, 과학에 대한 경외심 역시 공학 또는 제조업 분야에서 얼마나 눈부신 성과가 이루어지는가에 따라 달라졌다. 현재까지도 과학은 다른 많은 방면에도 큰 영향이 있지만 유독 산업 분야에서 두각을 나타내고 있다.

이렇듯 과학은 지배적인 세계 문명은 물론 사회와도 긴밀한 관계를 이루고 있었다. 그러나 과학의 발전은 단순한 권력의 성장 이

영국의 물리학자인 마이클 패러데이(1791~1867)의 실험실 풍경. 그는 1831년에 전자기 유도 법칙을 발견함으로써 전기학과 이를 실제에 응용할 수 있는 가능성을 크게 발전시켰다.

상이었다. 1914년까지 다져진 기반 위에서 과학은 지배적인 세계 문화, 즉 서양 문화의 원동력이 되었다. 이것은 20세기 중반 이후 뚜렷해진 현상이었다. 이렇게 급속한 발전을 이룬 과학은 이미 인간 생활 곳곳에 영향을 미치고 있는 반면, 사람들은 여전히 과학의 가장 기초적인 철학적 의미를 알아내려 애쓰고 있다.

과학 기관의 발달

과학의 역할이 어떻게 변화하는가를 가장 쉽게 관찰하려면 과학이 사회적이고 물질적인 현상으로서 어떠한 위치에 있는가를 살펴보아야 한다. 17세기에 물리학 분야에서 최초로 장족의 발전이 이루어진 이래 과학은 이미 사회적 사실이 되었다. 그리하여 학자들이 모여 후대에 과학적이라는 평가를 받았던 방식으로 자연을 연구할 수 있는 기관들이 설립되었다. 또한 통치자들은 전문 지식을 지닌 과학자들을 고용해 특수한 문제들을 해결했다. 항해나 농업 등 당시에 과학이라기보다는 대개 유용한 기술로 간주되었던 분야에서 실제로 전문가는 아니었으나 실험을 통해 뜻 깊은 공헌을 한 자들도 있었다.

그러나 용어상의 측면에서 본다면, 이 시대는 19세기 이후와 비교해 상당히 뒤떨어져 있었다. 당시에도 과학자들은 여전히 '자연 철학자'로 불리고 있었던 것이다. '과학자'라는 말은 19세기가 3분의 1이나 지나서야 생겨났다. 그때가 되어서야 엄밀한 실험과 관찰을 통해 자연을 연구하는 일과 검증받지 않은 이성을 근거로 자연에 대해 사색하는 일을 구별해야 할 필요가 생기게 된 것이다. 그렇지만 일반인들은 이러한 연구를 행하는 자와 응용 과학자 및 기술자를 제대로 구별하지 못했다. 후자의 경우는 당시 전례 없이 발전했던 공학, 광업, 제조업의 시대에서 과

1815~1905년에 걸친 주요 과학적, 기술적 발전

1815년	광파 이론, 오귀스탱 장 프레넬
1818년	원자의 무게, 이욘스 베르셀리우스
1827년	전기 전도의 법칙, 게오르그 옴
1831년	전자기 유도의 법칙, 마이클 패러데이
1835년	전신의 발명, 새뮤얼 모스
1839년	사진술의 발명, 루이 자크 다게르
1846년	마취술, 윌리엄 모튼
1847년	윤전식 인쇄기, 리처드 호
1856년	최초의 합성 염료, 윌리엄 퍼킨 경
1859년	진화론, 찰스 다윈
1860~1865년	전자기학, 제임스 클럭 맥스웰
1865년	유전의 법칙, 그레고어 멘델
1865년	소독법, 조셉 리스터
1866년	다이너모, 베르너 폰 지멘스
1869년	원소의 주기율표, 드미트리 멘델레예프
1870년대	통계역학과 열역학, 루트비히 볼츠만
1876년	전화의 발명, 알렉산더 그레이엄 벨
1878년	전기 백열등의 발명, 토머스 에디슨
1882년	결핵균 발견, 로버트 코흐
1885년	광견병 백신, 루이스 파스퇴르
1885년	자동차, 고트리브 다임러, 카알 벤츠
1885~1889년	전파의 발견, 하인리히 헤르츠
1895년	시네마토그래프, 뤼미에르 형제
1896년	무선 전신, 굴리엘모 마르코니
1897년	전자의 발견, 조셉 톰슨 경
1898년	라듐의 분리, 퀴리 부부
1900년	양자론, 막스 플랑크
1901년	돌연변이설, 휴고 드 브리스
1902년	방사능 연구, 어니스트 러더퍼드
1903년	비행기의 발명, 라이트 형제
1905년	특수 상대성 이론, 앨버트 아인슈타인

학을 뚜렷하게 대표하던 자들이었다.

19세기는 과학이 최초로 지식인들에 의해 특화된 연구 분야로 인정받은 시기이기도 했다. 이렇게 새로운 지위를 인정받게 된 과학은 교육 분야에서 더욱 중요해졌다. 그리하여 기존 대학에 과학과 관련된 새로운 학과가 개설되었고, 프랑스와 독일 같은 국가에

서는 특수한 과학 및 기술 기관이 설립되었다. 또한 전문적인 연구에서도 과학적인 요소들이 널리 도입되었다.

이러한 발전은 과학이 사회적, 경제적 삶에 점차 눈에 띄는 영향을 미치면서 더욱 가속화되었다. 그리고 전반적인 결과로서, 이미 오래전부터 존재했던 경향이 더욱 뚜렷해지게 되었다. 1700년경 이래, 세계의 과학자 인구는 꾸준히 그리고 기하급수적으로 늘어나 그 숫자는 15년마다 약 두 배 가까이 증가했다. 이는 그때부터 사망한 과학자보다 생존해 있는 과학자가 더 많았다는 중요한 사실을 말해 준다. 또한 19세기에는 천문 관측소의 설립 등 과학이 발전했음을 보여 주는 다른 성과들이 이루어졌고 이러한 성과는 시간이 흐름에 따라 점차 늘어났다.

과학적 발견의 실질적인 응용

과학자의 수가 크게 늘어나자 인간은 점차 환경을 통제할 수 있게 되었고 삶의 수준 역시 크게 향상했다. 이러한 현상은 일반인 역시 쉽게 알 수 있었다. 그리고 이 덕분에 19세기에는 과학이 최초로 진정한 종교이자 더 나아가 숭배의 대상이 될 수 있었다. 1914년에 유럽과 미국의 지식인층은 마취제, 자동차, 증기 터빈, 경금속 및 특수 금속, 비행기, 전화기, 무선, 그 밖에 한 세기 전에는 상상도 할 수 없었던 놀라운 물건들을 당연한 것으로 받아들이게 되었다.

이러한 발명품들은 이미 엄청난 파장을 일으켰다. 그중에서도 가장 영향력이 컸던 것은 값싼 전력을 이용한 발명품이었을 것이다. 이미 교외 거주민들은 전기 전차와 열차를 이용했고, 공장에서는 전기 모터가 가동되었으며, 가정에는 전등이 보급되는 등 전기를 통해 도시의 모습이 새롭게 바뀌고 있었다. 한편 인간 생활에 이용되던 동물의 수도 크게 줄어들었다. 한 예로, 1900년에 영국에서는 3만 6,000마리의 말이 전차를 끌었던 반면 1914년이 되어서는 그 수가 900마리로 크게 줄어들었다.

물론 과학의 실질적인 응용은 예전부터 이루어져 왔다. 대부분이 탄도학, 항해학, 지도 제작, 농업, 몇몇 기본적인 산업 공정에 한한

프랑스의 항공 기술자인 루이 블레리오(1872~1936)는 1909년에 최초로 영국 해협을 비행기로 횡단했다.

것이긴 했으나, 17세기 이래 과학적 활동은 얼마간의 결과물을 생산해 냈다. 그러나 19세기가 되서야 과학은 놀랍고 경이로운 몇 가지의 업적을 일궈 내는 것에서 벗어나, 진정으로 사회를 지탱하고 변화시키는 중요한 역할을 하기 시작했다. 한 예로, 염색 화학은 19세기에 약품, 폭발물, 소독제 등의 제조에서 대대적인 혁신을 일으켰던 광범위한 분야였다. 이러한 성과는 경제적 파장은 물론 인류적, 사회적 여파까지 몰고 왔다.

그리고 빠른 염색이 가능한 새로운 염료가 개발되자 수백만의 사람들이 영향을 받았다. 그 결과, 염료로 쓰이는 쪽을 재배하던 인도인들은 새로운 염료의 발명으로 쪽을 내다팔 시장을 잃게 된 반면, 서양의 산업 노동자들은 덜 칙칙한 옷을 사 입을 수 있게 되었다. 그 후 대량 생산과 인조 섬유의 보급으로, 입는 옷에서 그 사람의 신분이나 지위가 드러나는 시대는 서서히 막을 내리게 되었다.

의학의 발전

과학은 이미 삶을 유지하는 일과 삶을 변화시키는 일 사이의 경계를 넘나들게 되었다. 물론 물리학 등 1914년 이전에 이루어진 일부 과학의 성과는 이후에 논의하는 편이 좋겠지만, 기초 과학은 계속해서 사회를 변화시키고 있었다. 그중에서 가장 눈으로 영향력을 평가하기 쉬웠던 분야가 바로 의학이었다. 1914년까지 의학은 한 세기 전과는 비교할 수 없을 정도로 눈부시게 발전했다.

기술은 곧 과학이 되었다. 그리고 감염의 이론과 통제를 위한 발판이 마련되었다. 1860년대에 리스터가 개발했던 소독제는 20~30년이 지나 일반화되었고, 그와 그의 동료이자 프랑스의 가장 위대한 화학자인 루이스 파스퇴르는 세균학의 기반을 닦았다. 그리고 빅토리아 여왕은 새로운 의학 기술을 널리 알리는 데 앞장섰다. 여왕이 자녀를 출산할 당시 마취제를 사용했던 일례는 아직 초기 단계에 머물러 있던 신기술이 사회적으로 빠르게 수용되는 데 도움이 되었다.

그러나 1909년에 감염의 선택적인 치료의 토대가 되었던 화학 요법제 살바르산의 발견, 말라리아 매개체의 발견, 'X—레이'의 발견 등의 업적이 얼마나 중요한가를 아는 사람은 드물었을 것이다. 이러한 과학적 업적은 높이 평가할 만하지만 그 후 50년 동안 그보다 더 위대한 발전이 이루어졌다.

과학의 신화

1914년 이전에도 과학은 신화로 여겨질 만할 위력을 발휘한 바 있었다. 여기서 말하는 신화는 허구나 거짓을 뜻하지 않는다. 과학을 신화라 부르는 것은 실험에 의해 '진실'로 판명된 방대한 양의 결론으로 구성된 과학이

파스퇴르(1822~1895)가 개에게 면역 실험을 하고 있는 모습. 그는 혐기성 박테리아를 발견했고 1885년에는 광견병 백신을 개발하는 등 각종 전염병을 퇴치하는 데 기여했다.

과거의 위대한 종교가 그랬던 것처럼 우리의 세계관에 영향을 주었음을 나타내는 편리한 방법일 뿐이다. 바꾸어 말하면, 과학은 자연을 탐구하고 조작하는 방법 이상으로 중요해졌다는 이야기다.

과학은 또한 형이상학적인 질문, 즉, 인류가 추구해야 할 목표, 행동을 다스리기 위한 규범 등에 대한 길잡이 역할을 하는 것으로 여겨졌다. 무엇보다도 과학은 대중의 태도를 형성하는 데 기여했다. 물론 이 모든 것은 과학자들이 추구하는 과학과는 근본적으로 연관이 없었다. 그러나 결론적으로는 엘리트층이 특별한 종교적 믿음이나 초월적인 사상을 갖지 않는 문명사회가 형성되었다.

즉, 자연을 조작하여 무언가를 얻을 수 있다는 믿음에 바탕을 둔 문명사회가 형성되었다는 이야기다. 원칙적으로 이러한 사회는 지식과 금전 등 충분한 자원이 있을 경우 해결할 수 없는 문제는 없다고 간주한다. 물론 이러한 사회는 애매하긴 하지만 결코 알 수 없는 개념은 아니다. 그러나 많은 과학자들은 이러한 결론을 철회했다. 이 개념이 무엇을 의미하는지는 아직도 확실하게 이해하기 어렵기 때문이다. 그러나 지배적인 세계관은 현재도 이 개념에 바탕을 두고 있으며, 이것은 1914년 전에 이미 불가결한 요소가 되었다.

사회학의 탄생

과학에 대한 가장 노골적인 형태의 확신을 '과학주의'라고 한다. 그러나 과학의 전성기였던 19세기 후반에도, 이에 합당한 자격을 갖추고 확실하게 이 사상을 지지한 사람은 드물었다. 그럼에도 지식인들은 자연 과학의 영역을 넘어 다른 곳으로까지 과학을 확대시키고자 했다. 이것은 당시의 과학적 방법이

1911년 런던의 옥스퍼드 거리에 등장한 자동차와 승합자동차. 당시 세계 대부분의 도시에서는 여전히 마차가 일반적인 교통수단이었으나 미국에서는 저렴한 가격의 자동차가 이미 대량 생산되기 시작했다.

과학과 진보적인 사상

19세기에는 과학이 물리학적, 생물학적 세계를 설명하고 습득한 지식을 기술의 개발에 적용할 수 있는 능력이 극적으로 향상되었다. 이 덕분에 서양 세계 전역과 후에는 일본, 인도, 중국에서는 과학적 추론과 실험을 통해 인간의 많은 문제가 해결될 수 있다는 믿음이 널리 퍼져 나갔다.

제레미 벤담(1748~1832), 오귀스트 콩트(1798~1857), 칼 마르크스(1818~1883), 허버트 스펜서(1820~1903)와 같은 사상가들은 인간의 행동과 사회 자체를 과학적으로 연구해야 할 필요가 있다고 주장했다. 벤담은 기쁨, 고통과 관련하여 인간의 행동을 측정함으로써 사회적 조직에 대한 원칙을 규정하고자 했다. 또 마르크스는 결정론적인 유물론에 입각한 체제를 구축했고 콩트는 실증주의를 확립하고 사회학을 과학의 한 분야로 정의했다. 그리고 스펜서는 인간의 진보에서 '경쟁'이란 종의 진화에서 '자연선택'이 행하는 역할과 같다고 주장함으로써 자본주의를 과학적으로 정당화시키려 했다.

물론 일부 반대파들은 이러한 주장을 공공연하게 비판했다. 토머스 헉슬리(1825~1895)는 다윈론의 대표적인 지지자였지만 인간 사회는 잔인한 자연선택과는 전혀 다른 원칙에 기반해야 한다고 주장했다.

누리던 위신을 잘 드러내주는 예이다.

그 초기의 사례로, 영국의 개혁자이자 지식인인 제레미 벤담을 추종했던 공리주의자들은 '사회과학'을 창시하고자 노력했다. 제레미 벤담은 최대 다수의 감정과 그 강도를 고려함과 동시에, 사람은 기쁨과 고통에 반응하며 기쁨은 극대화되고 고통은 최소화되어야 한다는 원칙을 계산적으로 적용하여 사회를 관리하고자 했다. 그리고 19세기에 다윈의 영향을 크게 받은 마르크스 역시 사회에 대한 과학을 확립하고자 했다. 프랑스의 철학자인 오귀스트 콩트는 이러한 과학을 사회학이라 이름 붙였다.

이렇듯 자연 과학을 모방하려는 시도는 모두 일반적이고 준 기계적인 법칙을 탐색하는 일에 바탕을 두었다. 그러나 당시의 자연 과학은 점차 그러한 법칙에 의존하지 않고 있었다. 그럼에도 불구하고 이러한 탐색 자체는 여전히 과학적 모델의 위상을 보여 주고 있다.

다시 고려되는 과거의 가치관

역설적으로, 과학 역시 1914년까지 유럽 문명 속에서 불확실한 긴장을 일으키고 있었다. 이러한 긴장감은 전통적인 종교에 제기된 문제들에서 명백하게 드러났으나, 더욱 미묘한 방식으로 작용하기도 했다. 주로 다윈의 사상에서 비롯된 결정론이나 인류학 및 인간 정신 연구에 의한 상대주의 등의 분야에서, 과학은 18세기 이래 과학의 핵심을 이루었던 객관성과 합리성에 대해 서서히 확신을 가질 수 없게 했다. 1914년이 되자 자유주의적이고 합리적이며 개화된 유럽은 과거의 전통적이고 종교적이며 보수적인 유럽과 마찬가지로 긴장에 직면할 조짐을 보였다.

유럽의 상호관계

의혹의 그림자는 그리 길지 않았다. 20세기 초에는 많은 유럽인들이 미래에 대해 회의적이거나 두려워했다. 그러나 유럽이 세계정세의 중심에서 이탈한다거나, 세계의 중추가 되는 정치적 권력을 잃는다든가, 또는 세계의 운명을 결정하는 데서 제외된다든가 하는 생각은 결코 하지 않았다. 외교적으로 그리고 정치적으로, 유럽의 정치가들은 모든 중요한 문제에 있어 세계 나머지 지역을 무시할 수 있었다.

1908년에 영국의 잡지인 「펀치」에 실렸던 정치 만화로, 당시 국제 외교 무대를 장악했던 독일을 비꼬고 있다. '라이벌 관계의 출연자'라는 제목의 이 만화에서는 무대 뒤에 남겨진 한 콘서티나라는 악기의 연주자가 '베를린에서 온 저 난리법석을 떠는 배우는 도대체 뭐지?'라고 하면서 무대에 설 기회를 빼앗긴 것에 불만을 품고 있다.

A RIVAL ATTRACTION.

그러나 유럽 기원의 또 다른 국가인 미국이 위세를 떨치고 있는 서반구와 일본이 점차 부상하면서 미국인들이 이해관계를 두고 있는 극동 지역에서는 예외였다. 그럼에도 불구하고, 1900년의 유럽 정치가들의 절대적인 관심사는 그들 간의 상호관계였다. 당시 대부분의 정치가들에게 그 밖에 우려할 만한 사안은 없었다.

5. 제1차 세계 대전의 시대

20세기 초, 오스트리아의 프란츠 요제프 황제가 비엔나에서 열린 무도회에 참석한 모습. 그의 재임 기간(1848~1916) 동안 오스트리아 제국은 거센 민족주의의 압력에 시달려야 했다. 오스트리아 제국은 1867년에 오스트리아-헝가리 제국이 되었다.

1870년 이래 유럽 국가들이 대규모 전쟁을 성공적으로 저지했다는 사실은 1900년 들어 국제 정세가 점차 불안정해지고 있다는 정치적 증거와 대비되었다. 일례로 주요 국가들은 국외로까지 여파를 미칠 수 있는 심각한 내부적 문제를 안고 있었다.

한편 서로 큰 차이점이 있었지만, 통일 독일과 통일 이탈리아는 신생 국가라는 공통점이 있었다. 생겨난 지 불과 40년밖에 되지 않은 이들 국가에서는 통치자들이 내부에서 분란을 일으키는 세력에 민감했고, 따라서 광신적인 애국주의를 추구하는 경향을 보였다.

한편 이탈리아의 일부 지도층은 오스트리아-헝가리 제국에 대한 의구심과 반감을 지닌 채로 위험한 식민주의적 모험을 계속했다. 오스트리아-헝가리 제국은 공식적으로는 이탈리아의 동맹국이었으나, 이탈리아인들은 여전히 이 제국의 통치자에 대한 좋지 못한 감정을 씻어 내지 못했다. 어쨌든 결국 이탈리아는 1911년에 터키와 전쟁을 벌였다.

독일은 이탈리아를 도울 수 있을 정도로 엄청난 산업적, 경제적 성공을 거두었다. 그러나 신중하게 정치를 펼쳤던 비스마르크가 은퇴하자, 독일의 외교 정책은 독일인들이 말하는 대로 '유리한 지위'인 존경과 신망을 얻기 위한 방향으로 흘러갔다.

독일은 또한 산업화에 따른 문제에 직면하게 되었다. 즉, 독일의 산업화로 새롭게 떠오른 경제적, 사회적 세력이 보수적인 독일의 헌

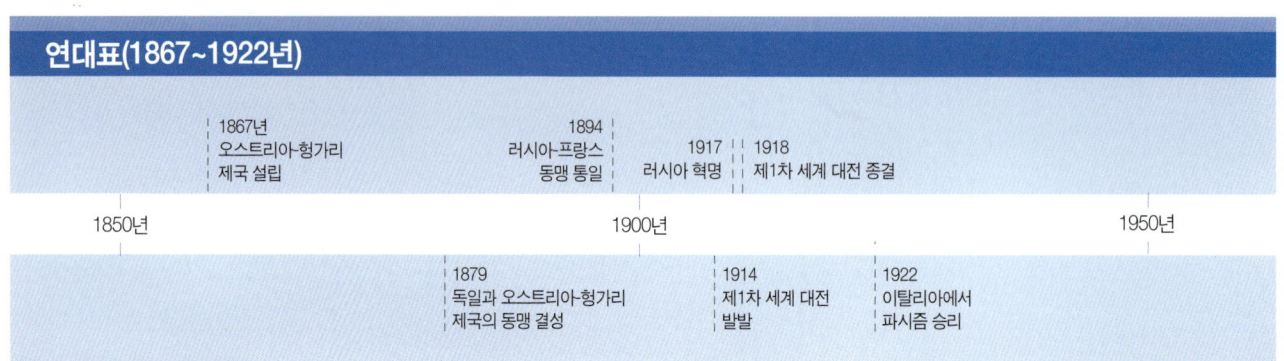

연대표(1867~1922년)

- 1867년 오스트리아-헝가리 제국 설립
- 1879 독일과 오스트리아-헝가리 제국의 동맹 결성
- 1894 러시아-프랑스 동맹 통일
- 1914 제1차 세계 대전 발발
- 1917 러시아 혁명
- 1918 제1차 세계 대전 종결
- 1922 이탈리아에서 파시즘 승리

136 유럽의 제국들

법과 조화를 이루기가 점차 어려워진 것이다. 이 헌법에서는 여전히 제국주의 시절 농업에 기반을 둔 반봉건적 귀족을 매우 중시했다.

러시아의 문제

국내의 긴장은 신생 국가들만의 문제가 아니었다. 거대한 왕조의 제국이었던 러시아와 오스트리아-헝가리 제국*은 내부적으로 중대한 문제를 안고 있었다. 특히 이 두 제국은 여전히 국가가 백성을 통제하는 과거 신성동맹의 시대 속에서 살고 있었다.

그러나 이렇게 과거를 고수하던 두 국가도 급격한 변화를 겪었다. 오스트리아와 헝가리라는 2중 제국의 형태를 띤 새로운 오스트리아 합스부르크 왕조는 헝가리 마자르인의 민족주의의 성공적인 산물이었다. 그리고 20세기 초에는 오스트리아-헝가리 제국이라는 한 테두리 안에서 반쪽씩인 이 두 왕국을 유지하기가 점차 힘들어지는 징조가 나타났다. 이에 속한 국가들의 인내심이 바닥나려 했던 것이다. 게다가 보헤미아와 오스트리아에서 일어난 산업화는 과거에 형성된 긴장 관계에 새로운 긴장감을 더하기 시작했다.

한편 러시아에서는 1905년에 정치 혁명이 일어나면서 더욱 급격한 변화가 이루어졌다. 독재 정치와 테러리즘은 알렉산더 2세의 개혁이 약속한 자유를 파괴했으나 세기 말부터 시작된 급격한 산업 성장을 막지는 못했다. 이로써 대대적인 해방을 전제 조건으로 하는 경제적 혁명이 시작되었다. 그리고 농민들로부터 곡물을 거두어 이를 수출함으로써 외채를 갚을 수 있게 되었다.

20세기에 러시아는 마침내 어마어마한 속도로 경제 발전을 이룩했다. 물론 1910년 러

* 오스트리아-헝가리 제국 1867~1918년 동안 지속된 오스트리아와 헝가리의 2중 국가 체제. 오스트리아 황제 프란츠 요제프 1세가 두 나라의 국왕을 겸했다. 군사, 외교, 재정을 공동으로 하되 별개의 의회와 정부를 가지고 독립된 정치를 행했다. 이후 1918년 제1차 세계 대전에 패배해 붕괴되었다.

1893년 지중해 연안에 위치한 프랑스의 툴롱 군항에 있는 러시아 소함대의 모습. 이듬해에는 독일에 대한 불신으로 프랑스와 러시아가 러시아-프랑스 동맹을 결성했다.

1910년에 러시아의 한 시골에서 열린 농민들의 모임. 사진 속에서 왼편에 앉아 있는 사람은 글을 읽고 쓸 줄 아는 것으로 보인다. 당시 러시아의 시골 지방에서는 글을 아는 사람이 극히 드물었다.

시아의 선철 생산량은 영국의 생산량의 3분의 1 미만이었고 철강 생산량은 독일의 생산량의 4분의 1에 해당하는 등 생산량은 여전히 낮은 수준이었다. 그러나 이 결과도 매우 빠르게 성장한 것이었다.

1914년이 되자 마침내 러시아에서는 고비를 넘기고 인구 성장률보다 더욱 빠른 속도로 농작물을 생산할 수 있게 되었다. 또한 러시아의 스톨리핀 총리는 생산력 향상을 목적으로 하는 독립적이고 부유한 농민층을 형성하기 위해 과감하게 노력했다. 과거에 러시아에서는 농노제가 폐지되면서 토지가 각 농가에 나누어져 농촌 공동체가 이를 소유했다. 그런데 그는 이러한 토지 집단 소유제를 폐지하고 각 농민이 자신의 땅을 갖게 한 것이다.

그러나 러시아는 여전히 낙후된 국가였다. 1914년에 러시아에서는 도시에 거주하는 인구가 전체 인구의 10% 미만에 그쳤고 1억 5,000만 명 이상의 전체 인구 중 산업 분야 종사자는 약 300만 명에 불과했다. 외국인들의 눈에 러시아는 발전을 위해 아직도 가야 할 길이 멀어 보였다. 러시아는 강대국이 될 잠재력이 있으나 심각한 약점이 있었다. 독재 정권은 부정적인 통치를 일삼았고, 개혁에 너그럽지 못했으며, 1905년에 헌법 제정을 약속하고도 변화를 거부했다.

또한 문화의 수준은 전반적으로 낮았고 발전의 가망이 없었다. 산업화는 더 나은 교육에 대한 수요를 일으켜 새로운 긴장을 일으킬 뿐이었다. 또한 자유주의의 전통은 약했고 테러와 독재주의의 전통이 강했다. 뿐만 아니라 러시아는 필요한 자본을 여전히 해외에서 끌어다 쓰고 있었다.

프랑스

러시아의 자본은 동맹국인 프랑스가 제공한 것이었다. 영국과 이탈리아와 함께 제3공화국은 유럽 강대국 사이의 자유주의 및 헌법상의 원칙을 상징했다. 프랑스는 지적으로 활기찼지만, 사회적으로는 보수적이고 불안정했으며 스스로도 인정하는 약점이 있었다. 프랑스의 이러한 표면적인 불안정은 정치인들이 격한 분쟁을 일으킨 결과이기도 했고, 일부 정치인들이 혁명적인 전통과 수사법을 고수하려 한 결과이기도 했다. 그러나 노동 계급의 활동은 미미했다.

한편 프랑스의 산업화는 더디게 진행되었다. 사실상 프랑스는 다른 유럽 국가만큼 안정적이었으나 산업의 발전은 부진했다. 이 때문에 프랑스는 군사력이 약하다는 또 다른 약점을 안게 되었는데, 프랑스 역시 이 문제점을 잘 알고 있었다. 프랑스-프로이센 전쟁이 있었던 1870년은 프랑스가 결코 독일의 군사력을 능가하지 못한다는 사실을 보여 준 해였다. 이후 두 국가의 입지는 점차 벌어졌다.

게다가 프랑스의 인적 자원은 크게 부족했고 경제 발전에 있어서도 독일을 따라잡지 못했다. 1914년 이전에 프랑스의 석탄 생산량은 독일의 6분의 1에 해당했고 선철 생산량은 독일의 3분의 1 미만, 철강 생산량은 독일의 4분의 1에 해당했다. 1870년 프랑스-프로이센 전쟁의 패배를 갚기 위해서는 동맹국이 필요하다는 사실을 프랑스는 알고 있었다.

1900년의 영국

1900년에 프랑스는 영국 해협 너머로는 동맹국을 찾을 수 없었다. 주로 식민지 문제 때문이었다. 러시아와 마찬가지로, 프랑스는 영국이 이해관계를 두고 있는 많은 지역에서 영국과 충돌하게 되었다. 세계 최고의 제국으로 군림하던 영국은 오랫동안 유럽 국가들 간의 분쟁에 휘말리지 않을 수 있었다. 이것은 물론 장점이었다. 그러나 영국 역시 내부의 문제를 안고 있었다. 영국은 최초로 산업화를 이룬 반면, 노동 계급이 동요하고 국가의 상대적인 역량이 점차 불확실해지면서 크게 혼란을 겪었다.

1900년이 되자 영국의 일부 사업가들은 독일을 주요 경쟁국으로 인식하게 되었다. 여러 증거로 보아, 기술과 방식의 측면에서 독일의 산업은 영국의 산업보다 훨씬 우수했다. 이제 영국에서는 과거의 확신이 서서히 약해지기 시작했고, 자유 무역 자체를 의심하기 시작했다. 게다가 아일랜드 얼스터 지방의 사람들과 여성 참정권론자들이 봉기를 일으키고, 사회적 법안과 관련하여 부유층의 이득을 보호하려는 상원과 격렬한 분쟁이 일어나면서 영국의 의회 정치는 위기에 처할 조짐을 보였다.

영국에서는 중기 빅토리아 시대의 정치가 더 이상 공감을 끌어내지 못했다. 그러나 영국의 제도와 정치적 관례는 상당히 견고했다. 영국의 의회 군주제가 대대적인 변화를 견뎌 낼 수 있다는 것은 1832년 이래 증명되었고, 앞으로도 계속 그럴 것으로 보였다.

약 64년간 재임했던 빅토리아 여왕이 1901년에 사망하자 영국의 시대는 막을 내렸다. 사진 속에서 여왕의 장례 행렬이 와이트 섬의 카우스 거리를 지나고 있다.

커져 가는 미국의 세력

19세기 중반 이후 영국의 국제적인 입지에 나타난 근본적인 변화는 당시 영국이 인식하지 못한 시각에서 바라봐야 알 수 있다. 즉, 유럽 외에 강력한 두 세력인 일본과 미국의 관점에서 바라봐야 한다. 아마도 러일 전쟁에서 승리를 거둔 일본의 위력이 더욱 두드러져 보일 수도 있다. 그러나 미국이 곧 유럽을 집어삼키고 세계 최대의 강대국으로 부상할 수 있음을 보

세기가 바뀐 후에도 미국으로 이주하는 사람들은 계속해서 늘어났다. 뉴욕 엘리스 섬에 있는 환전소에 도착한 사람들의 모습

여 주는 증거가 있었다.

19세기 서반구에서 미국은 굳건한 힘의 바탕 위에 패권을 확립하면서 영토 확장의 전성기를 맞이했다. 그리고 스페인과의 전쟁과 파나마 운하의 건설로 이 과정은 마무리되었다. 또한 미국의 국내적, 사회적, 경제적 환경을 보건대, 미국의 정치 체계는 남북전쟁이라는 19세기 중반의 대대적인 위기를 극복한 이후, 자국의 문제들을 쉽게 해결할 수 있었다. 이 중 심각한 문제는 산업화에서 비롯된 것이었다.

또한 19세기 말로 향하면서, 경제적으로 가장 강력한 국가가 나머지 국가들을 압박하면 모든 상황이 순조로워질 것이라는 확신이 처음으로 의문시되었다. 그러나 이것은 미국에서 엄청난 규모의 산업 체제가 성숙한 후의 일이었다. 이 체제는 미래에 미국이 지니게 될 힘의 바탕이 되었다. 1914년에 미국의 선철과 철강 생산량은 영국과 독일의 생산량을 합친 것의 두 배 이상이었다. 그리고 미국의 석탄 생산량 역시 이 두 국가를 넘어서는 수준이었다.

이와 동시에 미국의 높은 생활 수준은 많은 이주민들을 계속해서 끌어들였고, 자연 자원과 값싸고 의욕적인 노동력은 미국 경제력의 원천이 되었다. 또 다른 경제력의 원천은 외국 자본이었다. 당시 미국은 최대의 채무국이었던 것이다.

1914년에 미국의 헌법은 영국과 러시아를 제외한 다른 유럽 국가보다 역사가 깊었다. 그러나 새로운 이주민이 계속 유입되면서, 미국은 오랫동안 신생 국가의 특징과 심리를 지니고 있었다. 또한 미국에서는 새로운 시민들을 통합해야 할 필요성이 강력한 민족주의적 감정으로 이어지는 경우도 많았다.

그러나 지리적 위치, 유럽을 거부하는 전통, 앵글로 색슨 전통에 의해 형성된 엘리트층의 정부 및 사업 분야의 장악 등을 이유로,

미국의 민족주의적 감정은 서반구 외의 지역에서는 폭력적인 형태를 띠지 않았다. 1914년에도 미국은 여전히 잠재력을 감추고 있던 신흥 국가였다. 유럽이 미국을 그들의 분쟁에 끌어들이기 전까지 미국은 그다지 중요해 보이지 않았다.

두 차례의 세계 전쟁

1914년에는 유럽 내부의 분쟁으로 전쟁이 일어났다. 이는 역사적으로 가장 잔인하거나 기간이 길었던 전쟁도 아니었고 엄밀히 말해 후에 이름 붙여진 대로 '최초의' 세계 전쟁도 아니었다. 그러나 가장 격렬한 형태의 총력전이었으며 그때까지 일어난 전쟁 중 지리적으로 가장 규모가 큰 전쟁이었다. 모든 대륙의 국가가 이 전쟁에 참여했고, 전쟁에 소요된 비용도 사상 최대였으며, 전례 없이 많은 양의 자원이 사용되었다.

또한 사회 전체가 전쟁에 동원되었는데, 부분적으로는 전쟁 사상 최초로 기계가 절대적으로 중요한 역할을 했기 때문이다. 이렇게 과학은 최초로 전쟁을 변화시켰다. 이 전쟁을 가장 잘 표현한 말이 당시의 참전자들이 이름 붙였던 '대전Great War'이라는 두 글자다. 당시 이 전쟁이 일으켰던 어마어마한 심리적 영향을 생각한다면 그럴 만도 하다.

한편 두 차례의 전쟁 중 첫 번째 전쟁의 핵심은 독일이 지닌 힘을 어떻게 통제하느냐 하는 것이었다. 전쟁의 타격으로 유럽의 정치적, 경제적, 군사적 패권은 모두 사라져 버렸다. 두 차례의 전쟁은 근본적으로 유럽의 문제에서 비롯되었고, 전쟁은 주로 유럽적인 특색을 지녔다. 그러나 독일이 일으킨 두 번째 대전과 마찬가지로, 전쟁은 다른 분쟁 역시 일으켰고 국제 사회 전반을 혼란스럽게 만들었다.

유럽은 모든 분쟁의 핵심이었고 스스로 입힌 피해로 결국 세계 패권을 잃게 되었다. 이러한 사실은 제1차 세계 대전이 끝난 1918년이 아닌, '제2차 세계 대전'이 끝난 1945년에 명백해졌다. 물론 제1차 세계 대전 당시에 이미 돌이킬 수 없는 타격이 가해진 상태였다.

전쟁 후 유럽 대륙에서는 1914년 이전에 존재했던 질서 구조가 사라지게 되었다. 그리하여 일부 역사가들은 1914년에서 1945년에 이르는 시기를 하나의 단위, 즉 유럽의 '내전' 시대라고 일컫게 되었다. 그리고 이것은 은유적인 표현으로서, 부정적인 의미로 사용된 것은 아니다. 유럽은 오랫동안 전쟁에서 자유롭지 못했으며, 내부의 무질서를 진압하는 일은 국가라면 당연히 겪게 되는 일이었다.

유럽은 단 한 번도 통일된 적이 없었고 그러므로 유럽에서 진정한 내전이란 있을 수 없었다. 그러나 유럽은 단일한 문명의 근원이자 중심지였다. 유럽인들은 자신들이 유색인종보다 다른 유럽인들과 더 많은 공통점을 지니고 있다고 생각했다. 게다가 유럽은 1914년 당시에는 경제적인 단일체였으며 가

제1차 세계 대전에서 작전을 수행 중인 MK V 탱크의 모습. 영국은 가시 철사와 기관총으로도 막을 수 없는 탱크를 개발했고, 이를 1916년에 서부 전선에서 최초로 사용했다.

장 오랫동안 내부의 평화가 지속되었던 힘의 체제였다. 그러므로 이 모든 사실을 생각하면 지난 두 차례의 전쟁을 내전이라 부를 만하다. 물론 이러한 근거는 1945년에 사라졌다. 어쨌든 유럽의 내전은 한 문명이 지닌 자기 파괴적이고 광적인 힘을 보여 주었다.

미묘한 평화

유럽의 균형은 40년이 넘도록 강대국들 사이의 평화를 유지했다. 그러나 1914년이 되자 평화에도 금이 가기 시작했다. 이제는 전쟁을 하면 평화 이상의 것을 얻게 될 것이라는 생각이 사람들 사이에 널리 퍼지게 되었다. 이러한 생각은 특히 독일, 오스트리아-헝가리 제국, 러시아의 지배 계층 사이에서 일반적이었다.

이러한 생각이 확산될 무렵, 국가들 사이에는 복잡한 연대, 의무, 이해관계가 존재하고 있었다. 그 속에서 여러 국가가 밀접한 연관을 맺고 있었으므로 분쟁이 일어나면 이는 두 국가 혹은 몇 개 국가에 한정되지는 않을 듯했다. 한편 불안정을 야기하는 또 다른 주범은 강대국과 특별한 관계를 맺고 있는 작은 국가들이었다. 이 중 일부는 큰 전쟁을 치르려는 자들이 의사결정을 내리도록 효과적으로 움직일 수 있었다.

위험을 초래하는 유럽

1914년에 유럽의 미묘한 상황은 당시 정치가들이 처했던 심리적인 환경에 의해 상당히 위험해졌다. 당시는 민족주의적, 애국주의적 자극에 의해 민중의 정서가 쉽게 흔들리던 시대였다. 또한 사람들은 대개 전쟁의 위험을 인식하지 못했는데, 소수 사람들 외에는 1870년과는 다른 전쟁이 일어날 것이라 예상치 못했기 때문이다.

사람들은 1870년 프랑스-프로이센 전쟁을 기억했으나, 불과 몇 해 전 미국의 버지니아와 테네시 주에서 최초로 장기간에 걸친 학살과 엄청난 비용이 따랐던 근대식 전쟁이 일어났음은 생각지 못했다. 남북전쟁에서는 그때까지, 아니 심지어 오늘날까지 미국이 참전했던 모든 전쟁의 사망자를 합친 것보다 더 많은 사망자가 속출했다.

전쟁이 파괴적이며 폭력적이라는 사실은 누구나 알고 있었지만 20세기의 전쟁이라면 신속하게 끝날 것이라고들 생각했다. 무기를 공급하는 데 드는 엄청난 비용으로 인해 사람들은 문명 국가가 나폴레옹 시대의 프랑스처럼 긴 전쟁을 할 것이라고는 상상하지 못했다. 복잡한 세계 경제와 세금 납세자들은 이러한 전쟁에서 살아남을 수 없었다. 어쨌든 이러한 사실은 전쟁에 대한 우려를 완화시켰을 것이다.

더욱이 1914년에 많은 유럽인들은 삶에 지루함을 느낀 나머지 무력감과 무미건조함을 없애 줄 정서적인 해방감을 전쟁에서 찾으려는 기미도 보였다. 물론 혁명주의자들은 국

영국 여성들에게 남편과 자식들을 제1차 세계 대전에 참전하도록 권유하라는 내용의 포스터. 그러나 1916년까지 영국의 이러한 대대적인 선전 운동은 불필요했다. 당시에는 참전이 국민적인 지지를 받았기 때문이다. 그래서 일정한 연령에 다다르지 못한 청년들은 전쟁에 참여하기 위해 나이를 속이고 군에 지원하기도 했다. 그러나 참전자들 중 살아 돌아온 사람은 얼마 되지 않았다. 양편에서 어마어마한 규모의 학살이 자행되었기 때문이다.

1878년에 개최된 베를린 회의에 참석한 주요 대표들의 모습. 맨 앞에 키가 큰 사람이 독일의 비스마르크 총리로, 러시아의 대표인 슈발로프와 악수를 하고 있다. 왼편에 지팡이를 짚고 서 있는 자는 영국의 벤저민 디즈레일리 총리이며 그 옆은 오스트리아-헝가리 제국의 프란츠 요제프 황제다.

제적인 분쟁이 좋은 기회를 제공한다고 생각해 이를 반겼다.

마지막으로, 오랜 기간 동안 외교가들이 중대한 위기에 처할 때마다 전쟁을 일으키지 않고도 협상에 성공했던 것은 그 자체로 위험 요소였다. 이러한 체제가 상당히 자주 작용한 결과, 1914년 7월에 평소보다 극복하기 어려운 위기가 발생했는데 이를 해결해야 할 대다수 사람들은 이 문제가 얼마나 중요한지를 인식하지 못했다. 전쟁이 일어나기 바로 직전에도, 정치가들은 왜 또 한 차례의 대사 회담 혹은 유럽 회의를 통해 그들의 문제를 해결할 수 없는지 명확히 이해할 수 없었다.

혁명적인 민족주의

1914년에 대두된 갈등 중 하나는 한참 전으로 거슬러 올라간다. 이 갈등은 남동 유럽에서 계속된 오스트리아-헝가리 제국과 러시아의 오랜 경쟁 관계에서 비롯된 것이었다. 이들이 경쟁하게 된 가장 주요한 이유는 크림 전쟁 이후 오스만 제국이 유럽에서 급속하게 쇠퇴했기 때문이다. 그러므로 제1차 세계 대전은 어느 면에서는 오스만 제국의 영토를 차지하기 위한 또 다른 전쟁이라 할 수도 있다.

1878년에 베를린 회의*가 개최되어 유럽이 위험한 순간을 극복한 이후, 1890년대에 오스트리아 합스부르크 왕가와 러시아 로마노프 왕조의 정책은 일종의 합의를 이루게 되었다. 이러한 상태는 동아시아 지역에서 러시아의 제국주의적 야심이 일본에 의해 좌절된 후 러시아가 다뉴브 지역에 관심을 보이면서 깨지게 되었다. 당시 오스트리아 및 터키 제국 외부의 상황으로, 오스트리아-헝가리 제국의 정책은 새로이 적극성을 띠게 되었다.

이러한 상황의 밑바탕에는 혁명적인 민족주의가 자리 잡고 있었다. 청년 투르크당의 개혁 운동은 오스만 제국을 다시 한 번 통합시키려 했다. 그러나 이 상황을 틈타 오스만 치하의 발칸 국가들은 강대국들에 의한 현 상태에서 벗어나기 위해 노력했고, 오스트리아는 또다시 혼란스러워진 상황 속에서 이득을 추구하고자 했다. 그리하여 1909년에 오스트리아는 보스니아 헤르체고비나를 강제 합병하여 러시아를 자극했다.

* 베를린 회의
1878년 6월 13일부터 7월 13일까지 베를린에서 오토 폰 비스마르크의 주재로 열린 유럽 열강들의 국제회의. 7개국, 즉 영국, 러시아, 독일, 오스트리아, 프랑스, 이탈리아, 터키가 발칸 지역에 대한 열강의 대립을 조정하기 위해 논의했다. 이 회의를 통해 러시아의 해군력이 확장되는 것을 저지하고 오스만투르크의 위상을 재정립했다.

보스니아 합병의 또 다른 결과로서, 오스트리아-헝가리 제국은 더 많은 슬라브인들을 받아들이게 되었다. 이미 이 제국의 국민들은 불만을 품고 있었는데, 특히 마자르인의 통치하에 있던 슬라브인들의 불만이 거셌다. 마자르인들의 이해관계에 압박을 받은 오스트리아 정부는 슬라브 국민들이 지원을 요청할 가능성이 있는 세르비아에 반감을 가지게 되었다.

일부 슬라브인들은 세르비아가 남슬라브인을 통합할 미래 국가의 중심이라 생각했다. 또 세르비아의 통치자들은 보스니아에서 베오그라드 지역을 테러와 타도의 기지로 삼고 있던 남슬라브 혁명주의자들을 탄압할 수 없었다. 아니, 어쩌면 탄압하길 원치 않는 듯했다. 역사에서 얻는 교훈은 유감스러운 경우가 많았다. 오스트리아 정부는 이탈리아 통일의 중심이 되었던 사르데냐 왕국처럼, 다뉴브 지역에서 세르비아가 모든 남슬라브인들을 통합할 수 있다고 생각할 수밖에 없었다. 이러한 상황을 미리 방지하지 않으면 오스트리아는 또다시 영토를 잃게 될지도 몰랐다.

모든 남슬라브인을 통합할 미래의 유고슬라비아는 일부 합스부르크 자문관들의 눈에 오스트리아 제국을 위협하는 것으로 보였다. 이러한 사실은 오스트리아-헝가리 제국이 강대국의 지위를 잃는 것은 물론 헝가리에서 마자르인들이 특권을 잃게 된다는 사실을 의미했다. 그 이유는 유고슬라비아라는 남슬라브 왕국이 헝가리 영토에 남아 있는 슬라브인들에게 정당한 대우를 해 줄 것을 요구할 것이기 때문이었다. 오스만 제국의 쇠락은 러시아에 유리할 뿐이었다. 러시아는 세르비아의 뒤편에 서 있었다.

갈등에 휘말린 유럽 국가

다른 국가들 역시 각자의 관심이나 선택 혹은 감정이나 공식적인 외교 정책 등에 의해 복잡한 상황 속으로 빠져들게 되었다. 이 중에서 공식적인 외교 정책은 생각보다 중요하지 않았다. 1870년대와 1880년대에 프랑스를 고립시키고 독일의 우위를 유지하려던 비스마르크의 노력은 전쟁이 없을 때 독특한 동맹 체제를 낳았다. 이러한 체제의 공통점은 동맹국들이 서로를 지원하기 위해 전쟁을 치를 수 있다는 것이었고, 이 사실은 외교 관계에 압력을 가하는 듯 보였다.

그러나 동맹 체제는 계획대로 운영되지 못했다. 그렇다고 해서 이 체제가 전쟁이 일어나는 데 한몫을 하지 않았다는 것은 아니다. 다만 공식적인 협약은 사람들이 그것을 원할 경우에만 그 효력을 발휘할 수 있었다. 그리고 전쟁은 1914년에 다른 요인들에 의해 일

1903년 세르비아 왕 알렉산더 1세와 그 부인의 암살 장면을 그린 프랑스의 삽화. 원안의 인물은 알렉산더 1세의 뒤를 이은 피터 1세다. 대내외적인 분쟁으로 발칸 반도는 유럽에서 가장 불안정한 지역이었다.

1884년 바르샤바 회의에 참석한 러시아의 알렉산더 3세, 오스트리아-헝가리 제국의 프란츠 요제프 황제 그리고 독일의 빌헬름 1세의 모습. 당시 독일의 총리였던 비스마르크는 이 회의가 진행되는 동안 러시아와의 동맹을 유지하기 위해 많은 노력을 기울였다. 후에 빌헬름 2세는 이 동맹을 끊어 버렸다.

어났다.

전반적인 상황의 밑바탕에는 1871년에 독일이 프랑스로부터 알자스와 로렌 지방을 빼앗은 결과 프랑스가 끊임없이 복수를 꾀했다는 사실이 깔려 있었다. 독일의 비스마르크는 처음에 독일, 러시아, 오스트리아-헝가리 제국으로 이루어진 3제 동맹을 맺어 강대국 중에서 유일한 공화국인 프랑스가 가했던 혁명 및 타도의 위협에 적극적으로 맞섰다. 프랑스 혁명이 일어났던 1789년 이전에 태어났던 사람들은 1871년에도 살아 있었고, 이 대혁명의 시기를 거친 사람들의 경험담을 기억하는 사람 역시 많았다. 이와 동시에 파리 코뮌*의 혁명은 국제 봉기에 대한 오래된 두려움을 부활시켰다.

그럼에도 불구하고 보수주의적인 3제 동맹은 1880년대에 결렬되었다. 이는 특히 오스트리아-헝가리 제국과 러시아 사이에 충돌이 일어날 경우, 독일은 최후의 수단으로 전자의 국가를 지지해야 한다는 비스마르크의 생각 때문이었다. 그 후 독일과 오스트리아-헝가리 제국 그리고 이탈리아가 1882년에 3국 동맹을 맺었다. 비스마르크는 이와 별개로 러시아와 '재보장 조약'을 체결했다. 그러나 그는 이런 식으로 러시아와 오스트리아-헝가리 제국 사이의 평화를 유지하는 것에 불안감을 느꼈다.

유럽의 양대 진영

1909년까지 러시아와 오스트리아-헝가리 제국 사이의 충돌은 일어나지 않을 것 같았다. 그 당시 비스마르크의 후계자들은 러시아와의 재보장 조약을 폐기했고, 러시아는 1892년에 프랑스의 동맹국이 되었다. 그리고 이 시점부터, 독일에 의해 모든 국가가 평형 상태를 유지했던 비스마르크 시대의 유럽은 양대 두 진영으로 갈라서게 되었다.

독일의 정책은 상황을 더욱 악화시켰다. 잇따른 위기 속에서 독일은 불만을 품고 다른 국가를 위협했고 자국이 존중받기를 원했다. 특히 1905년과 1911년에 독일은 프랑스를 직접적으로 겨냥해 불만을 나타냈다. 독일은 상업 및 식민지 문제를 구실 삼아 무력을 행사함으로써, 프랑스는 러시아와 동맹을 맺어 독일이 원하는 바를 무시할 권리가 없음을 나타냈다.

* 파리 코뮌
1871년 3월 18일~5월 28일 프랑스 정부에 대항하여 파리에서 일어난 민중 봉기. 프로이센과의 전쟁에서 패배하고 나폴레옹 3세의 제2제정이 몰락하면서 비롯되었다. 혁명 정부는 72일 동안 지속되었으나 결국 정부군에게 패배해 붕괴되었고, 정부의 무자비한 탄압으로 약 3만 8,000명이 체포되고 7,000명 이상이 추방당했다.

독일은 이미 1900년에 군사 계획상에서 필요할 경우 양면적인 전쟁을 할 수 있음을 인정했다. 독일은 러시아의 자원들을 동원하는 동시에 프랑스를 신속하게 굴복시킬 수 있는 준비를 갖추었다.

20세기가 시작되자 오스트리아와 러시아 사이에 전쟁이 일어날 경우, 독일과 프랑스 역시 이에 참여할 가능성이 높아지게 되었다. 게다가 독일은 지난 몇 년간 터키를 지지함으로써 그러한 가능성을 더욱 높였다. 한편 러시아로서는 상황이 전보다 더욱 위태로워졌다. 러시아의 흑해 항구에서 해외로 수출되는 곡물이 그 근처의 해협을 통과해야 하기 때문이었다. 더구나 곡물의 수출량은 점차 늘어나고 있었다. 따라서 러시아는 군사력을 증강하기 시작했다. 이를 위해 러시아는 자국의 대규모 군대와 물자를 동부 유럽의 전쟁터로 파견, 수송할 수 있는 철도망을 건설했다.

갈등에 연루된 영국

독일의 정책이 영국을 적으로 삼지 않았다면 영국은 후에 발생할지도 모를 오스트리아와 러시아 간의 분쟁에 관여할 필요가 없었다. 19세기 후반 영국은 주로 프랑스와 러시아와 갈등을 겪었다. 이러한 분쟁은 제국주의적 야심이 충돌한 아프리카와 중앙 및 동남아시아에서 벌어졌다. 영국과 독일의 관계는 이따금 까다로운 경우를 제외하고는 그보다 훨씬 원활하게 유지되었다. 영국은 새로운 세기에 접어든 시점에서도 여전히 유럽이 아닌 제국 건설에 집착하고 있었다. 영국은 일본과 동맹을 맺어 동아시아 지역에서 자국의 이익을 보호하고자 했다. 이것은 18세기 이래, 전쟁이 없을 때 영국이 체결한 최초의 동맹이었다.

그 후 1904년에 영국은 오랜 기간에 걸친 프랑스와의 분쟁을 해결했다. 이것은 아프리카에 대한 합의로, 영국이 이집트에 대한 특권을 갖는 대가로 프랑스 역시 모로코에 대한 지배권을 갖게 된 것이었다. 이 협정은 오스만 제국의 영토를 나눠 갖기 위한 또 한 차례의 합의였으나, 한편으로는 그 기원이 1713년 우트레히트 강화조약까지 거슬러 올라가는 식민지 분쟁 역시 포함하는 것이었다. 결과는 좋지 못했으나, 몇 년 후 영국은 페르시아의 이권 지역과 관련해 이와 비슷한 조약을 러시아와 체결했다. 그러나 영국과 프랑스의 합의는 분쟁의 원인을 해결하는 것 이상의 역할을 했다. 이들의 합의가 특별한 협상 관계가 되었던 것이다.

한편 영국과 프랑스의 협상에 불만을 품은 독일은 국제회의 차원에서 자국이 모로코 문제에 대해 결정해야 한다는 것을 프랑스에 알리기로 했다. 독일은 목적한 바를 달성했으나, 프랑스를 견제하는 행위는 프랑스와 영국의 결속 관계를 더욱 굳건하게 했다. 한편 영국은 수십 년 만에 처음으로 유럽 대륙에서 힘의 균형을 맞춰야 한다는 사실을 깨닫기 시작했다. 그렇지 않을 경우 독일이 모

1906년 3월 영국의 잡지인 「펀치」에 실렸던 '버티고 앉아 있기'라는 제목의 만화. 모로코에 대한 프랑스의 지배를 견제하려는 독일이 우스꽝스럽게 표현되어 있다.

든 권력을 차지할 것이기 때문이었다. 그렇게 된다면 독일은 대륙에서 가장 강력한 군사 국가가 될 터였다. 또한 영국이 대륙에서 세력을 넓히기 위해 오랫동안 노력을 기울였던 마지막 시대인 프랑스의 루이 14세와 영국의 말버러 공작 시절부터 영국의 전략이 전제해 왔던, 자국의 우월성에 대한 생각이 변화할 것이었다.

한편 독일은 벨기에를 통해 프랑스에 침입하여 서부 전선에서 빠르게 승리를 거두고 난 후 동부 전선에 병력을 집중시켜 러시아를 공격하겠다는 슐리펜 계획을 전쟁 이전에 마련해 놓은 상태였다. 그래서 영국은 프랑스와 비밀 군사 회담을 열어 프랑스 군대가 독일의 침략을 어떻게 막아낼 것인가에 대해 논의했다. 독일의 계획은 더 이상 진전되지 않았으나, 독일은 대대적인 해군을 창설하겠다는 계획을 추진해 영국의 민심을 불안하게 했다.

그 결과 영국과 독일은 해군력 경쟁에 돌입했고, 두 국가의 국민들의 감정은 크게 타올랐다. 그리고 두 국가의 해군력의 격차가 크게 좁혀지자, 1911년에 독일은 프랑스의 모로코 침략에 개입하여 또 한 차례 위기를 일으켰다. 이를 계기로 영국 총리는 프랑스를 보호하기 위해 전쟁까지도 불사할 수 있다는 뜻을 공공연하게 내비쳤다.

대전의 발발

전쟁은 남슬라브 땅에서 시작되었다. 세르비아는 1912년에서 1913년에 이르는 발칸 전쟁에서 좋은 성과를 거두었다. 이 전쟁에서 신생 발칸 국가들은 최초로 터키의 유럽 영토 대부분을 빼앗았고, 그 후 획득한 영토를 둘러싸고 다툼을 일으켰다. 그러나 세르비아는 오스트리아의 저지가 없었다면 더 많은 영토를 장악할 것이었다. 러시아는 세르비아를 비호하고 있었고 군대 재건 및 확장 계획을 실시하고 있

1914년 6월 28일 보스니아의 사라예보를 방문한 오스트리아-헝가리 제국의 황태자 페르디난트 부부의 모습. 이 사진이 찍힌 뒤 그들은 한 테러리스트에 의해 암살당했다. 이 사건에 대한 복잡한 반응으로 제1차 세계 대전이 발발했다.

었는데, 이 계획은 3~4년 후 결실을 맺었다.

만약 오스트리아가 세르비아를 굴복시킨 후 힘을 잃은 세르비아가 남슬라브인들에게 도움을 줄 수 없다는 것을 남슬라브인들이 알 수만 있다면 빠르면 빠를수록 좋은 전략이었다. 독일은 오스트리아의 동맹국이었으므로, 세르비아를 지지하고 있는 러시아와의 전쟁을 피하지 않을 듯했다. 동시에 전쟁의 승리를 보장할 수 있는 시간은 충분했다.

위기는 1914년 6월 사라예보에서 보스니아의 한 테러리스트가 오스트리아 황태자를 암살하면서 발생했다. 오스트리아인들은 이 사건의 배후에 세르비아가 있다고 생각했다. 이들은 세르비아에게 교훈을 일깨워 주고 범슬라브의 동요를 잠재울 순간이 왔다고 생각했다. 독일은 오스트리아를 지지했다. 7월 28일에 오스트리아는 세르비아에 선전포고를 했다. 그리고 1주일 후 모든 강대국들이 전쟁에 참여했다. 역설적이게도, 오스트리아-헝가리 제국과 러시아는 여전히 평화 상태에 있었다. 오스트리아가 결국 오랜 경쟁국이었던 러시아에 선전포고를 한 것은 8월 6일이었다.

한편 독일은 전쟁 전에 이미 군사 작전을 세워 놓은 상태였다. 독일은 러시아를 공격

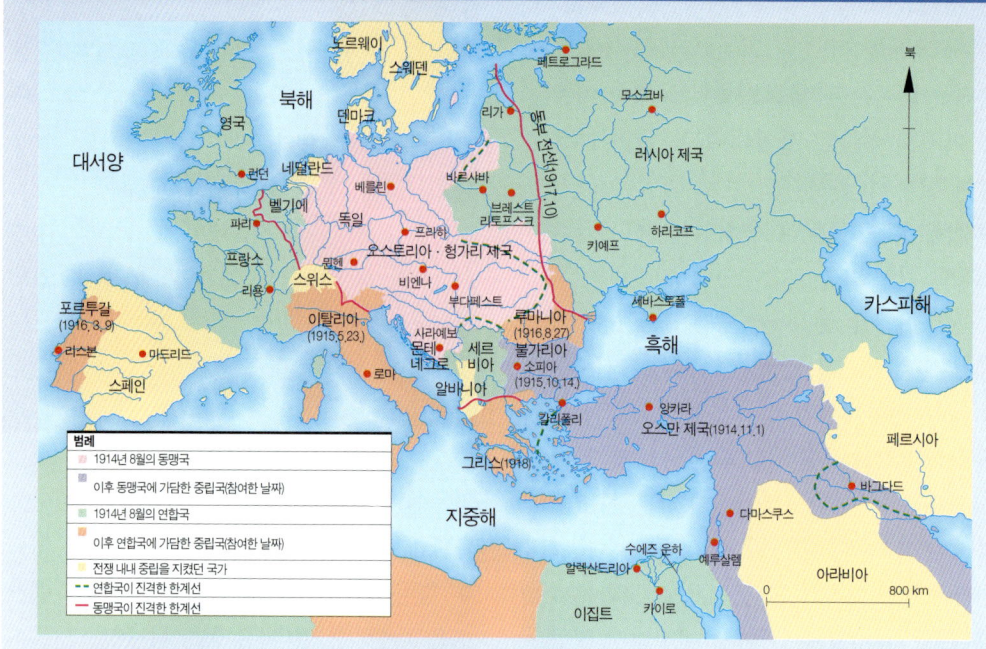

제1차 세계 대전(1914~1918년)

제1차 세계 대전이 시작된 당시 오스트리아-헝가리 제국과 독일은 세르비아, 러시아, 프랑스, 벨기에, 영국과 전쟁을 치렀고, 다른 국가들은 전쟁이 진행되면서 이에 참여했다. 최초로 독일의 진격이 시작된 후 곧바로 서부 전선이 형성되었으며, 동부 전선에서는 오스트리아-헝가리 제국과 독일이 세르비아, 루마니아, 러시아 제국의 일부 영토를 가까스로 점령했다. 1917년에 러시아 혁명이 일어나고 1918년 초에 볼셰비키가 권력을 장악하고 평화를 요구한 후에 독일은 대부분의 병력을 서부 전선으로 이동시켰다. 그리고 이곳에서 전쟁의 승패가 판가름 났다.

하기 전에 프랑스를 먼저 침략하겠다는 중요한 결정을 수년 전에 내렸다. 슐리펜 계획이라 불리는 이 작전은 영국이 중립성을 보장하고 있었던 벨기에를 통해야만 가능했다. 그 후 전시 체제는 자동적으로 갖춰지게 되었다. 러시아가 세르비아를 보호하기 위해 군대를 동원하여 오스트리아-헝가리 제국에 압력을 가하자, 독일은 러시아에 선전포고를 했다. 프랑스를 공격해야 했던 독일은 그에 대한 구실을 찾아 프랑스에도 공식적으로 선전포고를 했다.

따라서 프랑스와 러시아의 동맹은 실제로 효력을 발휘하지 못했다. 독일이 벨기에의 중립을 침해하자 영국 정부는 독일의 프랑스 공격에 대해 불안해했다. 그러나 영국은 어떠한 근거로 간섭을 행하여 독일의 공격을 막아야 할지 알 수 없었다. 그러나 영국은 마침내 국가를 한데 통합할 사안을 찾아내 8월 4일에 독일과의 전쟁을 선포했다.

전쟁의 현장

전쟁의 기간과 강도가 예상을 뒤엎었던 것처럼, 전쟁의 지리적인 범위 역시 최대 규모였다. 전쟁이 일어나자 일본과 오스만 제국이 곧장 이에 합류했다. 일본은 프랑스, 영국, 러시아의 연합국 편에 섰고, 오스만 제국은 독일과 오스트리아-헝가리 제국의 동맹국 편에 섰다. 또한 이탈리아는 1915년에 오스트리아의 영토를 얻는 대가로 연합군 측에 참여했다.

한편 전쟁에서 승리한 후에 현금화할 수 있

는 수표를 제공하는 등 새로운 제휴국을 얻기 위한 노력도 있었다. 불가리아는 1915년 9월에 동맹국에 참여했고, 루마니아는 그 다음 해에 연합국에 참여했으며, 그리스 역시 1917년에 연합국에 참여했다. 한편 포르투갈은 1914년에 전쟁에 참여하려 했으나 내부의 문제로 좌절되었고, 결국 1916년에 독일의 선전포고를 받게 되었다.

1916년 말에는 본래 프랑스와 독일, 오스트리아와 러시아 사이의 경쟁에서 비롯되었던 문제가 다른 전쟁들로 인해 혼란에 휩싸였다. 발칸 국가들은 오스만 제국의 유럽 영토를 둘러싸고 세 번째 발칸 전쟁을 치르고 있었고, 영국은 독일의 제해권과 상권에 맞서 싸웠으며, 이탈리아는 리소르지멘토*를 위한 마지막 전쟁을 벌이고 있었다. 유럽 외 지역에서는 영국, 러시아, 아랍이 오스만 제국의 아시아 영토 분할을 놓고 전쟁을 벌였고, 일본은 동아시아 지역에서 패권을 확립하기 위해 또 한 차례의 이득이 되는 계획을 추진하고 있었다.

새로운 형태의 전쟁

1915년과 1916년에 참전국들이 제휴국을 찾아 나섰던 이유는 전쟁이 예상치 못하게 막 다른 골목으로 향하는 조짐을 보였기 때문이다. 당시 전쟁의 특징은 모든 이를 놀라게 할 만했다. 전쟁은 독일이 프랑스 북부를 급습하면서 시작되었다. 독일은 이 전투에서 본래의 의도대로 결정적인 승리를 거두지는 못했지만, 벨기에의 일부 영토와 그보다 더 많

제1차 세계 대전 사령 본부에서 카이저 빌헬름 2세가 독일 최고의 전략가인 힌덴부르크(왼쪽)와 루덴도르프와 작전 회의를 하고 있는 모습.

* 리소르지멘토Risorgimento 19세기 이탈리아의 통일 운동. 이탈리아어로 '부흥'이라는 뜻이다. 18세기 말 프랑스 대혁명이 전파한 자유와 평등 사상을 통해 이탈리아인들의 민족의식을 일깨운 이념 운동으로, 이탈리아의 여러 국가를 외국의 지배에서 해방시키고 정치적 통일을 이룩했다. 1870년 로마 교황령을 병합함으로써 막을 내렸다.

프랑스 총리인 조르주 클레망소(1841~1929)가 최전선을 방문한 모습. 그의 개인적인 에너지는 참혹한 전쟁에 맞선 프랑스인들의 사기를 북돋는 데 큰 힘이 되었다.

은 프랑스 영토를 점령하게 되었다.

한편 동부에서는 독일과 오스트리아가 러시아의 공격을 진압한 상태였다. 그 후 전쟁은 유례없는 규모의 포위전으로 이어졌는데, 이 현상은 동부보다 서부에서 두드러졌다. 이렇게 전쟁이 격렬해진 이유는 두 가지였다. 그중 하나는 엄청난 살상력을 지닌 현대식 무기가 쓰였기 때문이었다. 연발총, 기관총, 가시 철사는 대규모 폭격이 앞서지 않는다면, 어떤 보병대의 공격이라도 막아 낼 수 있었다.

이러한 무기의 위력은 당시에 어마어마했던 사상자 수를 보면 알 수 있다. 1915년 말에는 프랑스 군대의 사망자 수만 30만 명이었고, 그것도 모자라 1916년에 일곱 달 동안 계속된 베르됭 전투에서는 31만 5,000명의 프랑스군이 사망했다. 그리고 같은 전투에서 독일군은 28만 명이 사망했다.

이와 동시에 그보다 북쪽인 솜 강에서 벌어진 전투에서는 영국군의 사상자가 42만 명에 달했고 독일군도 이와 비슷한 수준이었다. 이 전투의 첫날이었던 7월 1일은 영국 군대의 역사상 가장 비참한 날이었다. 이날 영국군의 사상자 수는 6만 명이었고, 그중 3분의 1 이상이 사망했다.

이로써 현대 전쟁은 엄청난 비용 때문에 단기간에 끝날 것이라는 예상은 크게 빗나가고 말았다. 이렇듯 대규모 전쟁이 일어난 두 번째 이유는 산업 사회가 전쟁을 치르기 위해 놀라운 능력을 발휘했기 때문이다. 1916년 말, 사람들은 이미 몹시 지쳐 있었다. 그러나 그때까지 참전국들은 방대한 물자를 생산하고 새로운 병사들을 보충하기 위해 사상 최대의 규모로 자국의 국민들을 동원하고 조직할 수 있는 능력을 보여 주었다. 이렇듯 전쟁에는 사회 전체가 참여했다. 노동 계급은 전적으로 전쟁에 반대했지만, 이들의 국제적인 결속은 물론 노동 계급의 타도를 반대하는 지배 계급의 국제적인 이해관계 역시 전혀 고려의 대상이 되지 못할 듯했다.

국제적인 충돌

전쟁터에서 각국의 군대가 서로를 항복시키지 못하자 전쟁은 전략적, 기술적으로 빠르게 확장했다. 이러한 이유에서 외교관들은 새로운 동맹국을 찾고, 장군들은 새로운 전선을 찾으려 했던 것이다. 비록 성공하진 못

1917년 11월 캉브레 전투 당시, 영국의 탱크가 적군으로부터 빼앗은 대포를 영국 전선으로 이동시키고 있다.

했으나, 1915년에 연합국은 터키를 전쟁에서 격퇴하고 흑해를 통해 러시아와 접촉할 의도로 다르다넬스 해협에서 터키를 공격했다. 또 프랑스의 교착 상태를 해결하기 위한 통로를 찾던 중 살로니카에 새로운 발칸 전선을 형성하게 되었다. 이 전선은 세르비아가 격퇴당하던 당시 무너졌던 전선을 대신하게 되었다.

식민지들 역시 작은 규모로라도 전쟁이 전 세계로 확대될 것임을 처음부터 알고 있었다. 독일의 식민지는 영국의 절대적인 해군력 덕분에 비교적 쉽게 점령할 수 있었으나, 아프리카에 있는 식민지를 점령하기 위해서는 긴 전투를 치러야 했다. 그러나 유럽 밖에서 가장 중요했던 전투는 터키 제국의 동부와 남부에서 일어났다. 당시 영국과 인도의 군대는 터키군을 공격하기 위해 메소포타미아로 진입했다. 또 다른 군대는 수에즈 운하에서 팔레스타인으로 진격했다. 그들은 아랍인들이었다. 아라비아의 광활한 사막을 건너가 터키를 공격해 독립을 쟁취하겠다는 아랍인들의 봉기는 산업 전쟁의 잔인성과 비열함을 완화시켜 주는 몇 안 되는 낭만적인 일화가 되었다.

엄청난 규모의 전쟁

전쟁의 기술적 발전은 전쟁의 산업적 여파가 얼마나 대단한지와 행동 규범이 얼마나 타락했는가에서 가장 잘 나타났다. 반세기 전, 미국의 남북전쟁은 민주주의 시대에서 대전쟁의 엄청난 경제적 수요를 통해 그 산업적 여파를 미리 보여 준 바 있다. 유럽의 제분소, 공장, 탄광, 용광로는 쉴새 없이 분주하게 돌아가고 있었다. 미국, 일본의 경우에도 마찬가지였다. 미국은 영국의 압도적인 제해권으로 인해 동맹국에 합류하지 못하고 연합국 편에 섰다.

영국의 군인이자 정보 요원이었던 토마스 에드워드 로렌스(1888~1935). 아라비아의 로렌스로 널리 알려진 그는 제1차 세계 대전 당시 오스만 제국에 맞선 아랍의 반란에서 중요한 역할을 했다. 아라비아 의상을 입은 로렌스의 이 초상화는 1918년에 다마스쿠스에서 그려진 것이다.

한편 전쟁터에 있는 수백만의 병력을 유지하기 위해서는 무기와 탄약뿐만 아니라 엄청난 양의 식량, 옷, 의료 장비, 기계 등을 공급해야 했다. 이 전쟁에서는 수백만 마리의 동물 외에도 최초로 내연기관이 사용되었다. 트럭과 트랙터는 말과 노새가 사료를 먹어치우듯 무서운 기세로 휘발유를 빨아들였다. 많은 통계 자료가 전쟁의 새로운 규모를 말해 주고 있지만, 다음의 한 사례만으로도 그 규모를 충분히 알 수 있을 것이다. 1914년에는 대영제국 전역에 전쟁의 부상자들을 위한 병상이 1만 8,000개였으나 4년 후에는 63만 개로 늘어났다.

이렇게 수요가 막대하게 증가하자 그 여파는 사회 전반으로 확대되었다. 그 결과, 모든 국가에서는 저 나름대로 정부가 경제를 통제하고 노동력을 동원했으며, 여성의 고용이 크게 늘어나고 새로운 건강 및 복지 서비스가 도입되었다.

이러한 여파는 해외로도 뻗어 나갔다. 미국은 더 이상 채무국이 아니었다. 연합국 측은 전쟁 비용을 지불하기 위해 미국에 실시했던 투자를 현금화하여 자신들이 채무국이 되었다. 또한 인도의 산업은 오랫동안 필요로 했던 자극을 받게 되었고, 아르헨티나와 영국의 백인 자치령에 있는 목장 노동자와 농부들도 호황을 맞이했다. 그러나 영국의 백인 자치령은 유럽에 군대를 파견하고 독일의 식민지에서 독일군과 전투를 하는 등 군사적인 부담을 공유해야 했다.

표적이 된 사회 전반

기술의 발전으로 전쟁은 더욱 잔인해졌다. 이는 기관총과 강력한 폭발물로 끔찍한 학살이 가능해졌기 때문만은 아니었다. 또한 전쟁터에서 군사들이 지지부진한 전투 때문에 고심하던 당시 등장한 유독 가스, 화염 방사기, 탱크와 같은 신무기 때문만도 아니었다.

전쟁이 잔혹해진 이유는 전쟁에 참여하고 있는 사회 전체가 군사 행동의 표적이 될 수 있었기 때문이다. 민간 근로자와 유권자들의 사기와 건강, 능률성은 자주 공격 대상이 되었다. 그리고 이러한 공격이 비난을 받을 경우 그 비난 자체는 또 다른 형태의 군사 행동, 즉 선전 활동에 대한 타격이 되었다.

글을 읽고 쓸 줄 아는 대중이 많아지고 영화 산업이 등장함에 따라, 새로운 형태의 전쟁하에서는 강연이나 학교와 같은 구식의 지지 수단이 보완되거나 대체되었다. 영국은 런던에 비행선으로 원시적인 수준의 폭격을 가했던 독일을 '베이비 킬러'라고 비난했다. 이에 독일은 해상 봉쇄를 실시했던 영국의 선원들 역시 마찬가지라고 응수했다. 독일의 늘어나는 유아 사망률은 당시 영국의 주장을 뒷받침해 주었다.

해상 봉쇄와 잠수함의 발명

독일 총사령부는 1914년에 그 위력이 과소평가되었던 잠수함을 새롭게 이용하게 되었다. 그 이유는 부분적으로, 영국이 서서히, 그러나 확실하게 해상 봉쇄에 성공을 거두었기 때문이었다. 또한 독일은 전쟁 전에 영국과의 관계를 해치면서 구축한 자국의 해상력을 위태롭게 하고 싶지 않았다. 이에 따라 독일은 연합국의 선박은 물론 연합국을 지원하던 중립국의 선박에도 잠수함 공격을 실시했다. 공격은 사전 경고 없이 이루어지거나 비무장 선박에도 행해졌다.

잠수함 공격은 1915년 초에 처음으로 개시되었다. 당시에는 잠수함이 몇 척 되지 않았고, 공격으로 인한 피해 역시 크지 않았다. 그러나 그해 영국의 거대 여객선이 잠수함에 의해 격침되어 다수의 미국인을 포함한 1,200명이 사망하자 비난의 소리가 거세졌고, 독일은 무차별적인 선박 공격을 중단했다.

그러나 독일의 잠수함 작전은 1917년 초에 재개되었다. 당시에는 독일이 먼저 영국을 해치우지 않을 경우 영국이 해상 봉쇄를 통해 독일의 숨통을 조일 것이 확실했다. 그해 겨울 발칸 국가에서는 기근이 발생했고, 오스트리아 비엔나의 변두리 지역에서는 사람들이 굶어 죽었다. 그때까지 프랑스의 사상자 수는 335만 명이었고 영국은 100만 명 이상, 독일은 250만 명이었으며, 독일은 여전

1915년 이프르에서 독일군은 막다른 궁지에 몰린 전투를 해결하기 위해 최초로 유독 가스 공격을 시도했다. 사진 속에서 독일군들은 공격에 대비하여 가스 마스크를 시험하고 있다.

1918년 4월 독일군의 가스 공격으로 눈이 먼 병사들이 프랑스에서 치료를 받기 위해 줄을 서 있다.

히 두 전선에서 전투를 하고 있었다. 또한 식량 폭동과 파업이 점차 잦아졌고, 유아 사망률은 1915년보다 50%가량 증가했다.

더욱이 동부와 서부 두 전선에서 싸우고 있는 독일이 영국과 프랑스만큼 결정적인 타격을 가할 수 있는 가능성은 희박했고, 어느 면으로 보나 방어전을 취하는 편이 유리해 보였다. 이러한 열세 속에서 독일은 무제한 잠수함 작전을 재개하기로 결정했고, 그 결과 1917년에 미국이 참전함으로써 전쟁은 큰 전환점을 맞이하게 되었다. 독일은 이러한 결말을 예상했으나, 미국이 큰 영향력을 미치기 전에 영국과 프랑스를 굴복시키려고 모험을 한 것이었다.

전쟁에 참전하는 미국

1914년에 연합국과 동맹국 중 어느 편에도 호의적이지 않았던 미국의 여론은 그 후 크게 변화했다. 연합국의 선전 활동 및 군수품 구매와 더불어 독일이 시행한 최초의 잠수함 작전은 미국의 참전에 한몫을 했다.

연합국 측은 전쟁의 목표를 논의하는 과정에서 모든 민족 권익 보호에 기반을 두어 유럽을 재건하자는 계획을 발표했고, 이에 다양한 민족들로 이루어진 '외국계' 미국인들은 공감했다. 또한 독일의 잠수함 작전은 미국의 이해관계는 물론 미국 시민의 안전에 직접적인 위협이 되었다.

게다가 독일이 미국에 맞서 멕시코 및 일본과 동맹을 맺고자 했다는 사실이 미국에 알려지자, 미국의 반감은 더욱 거세졌다. 이어서 미국의 선박이 사전 경고도 없이 독일에 의해 침몰되자, 미국은 즉각 전쟁을 선포했다.

1917년의 공포

총력전을 치르는 데 역부족인 수단만으로는 막다른 궁지에 몰린 유럽의 전쟁을 해결할 수 없었다. 따라서 신세계는 본의 아니게 구세계의 전쟁에 참여하게 되었다. 연합국은 이를 반겼다. 승리를 장담할 수 있었기 때문이다. 그러나 연합국은 곧바로 암울한 해를 맞이했다. 영국과 프랑스에게 1917년은 1916년보다 더욱 비참한 해였다.

연합국이 독일의 잠수함을 제압하는 데는

제1차 세계 대전에 참전했던 120만 명의 미국 병사들 중 일부가 1917년 가을에 유럽으로 가고 있는 모습. 미국의 참전은 연합국의 승리를 이끄는 데 큰 역할을 했다.

* 볼셰비키
러시아 사회민주노동당의 한 분파. 1903년 제2회 러시아 사회 민주 노동당 대회에서 레닌을 지지한 급진파를 이르던 용어에서 비롯되었으며, '다수파'를 뜻한다. 1917년 10월 혁명을 지도하여 정권을 장악한 뒤 1918년에 당명을 '러시아 공산당'으로 바꾸었다. 이후 '소비에트 연방 공산당'으로 당명을 다시 바꾸었다가 1990년에 소련의 해체되면서 해산되었다.

* 10월 혁명
1917년 10월 24~25일 러시아에서 일어난 공산주의 혁명. 이 혁명으로 사회민주노동당 볼셰비키파가 권력을 장악하여, '볼셰비키 혁명'이라고도 한다. 전쟁과 기아에 허덕이던 러시아 민중들이 차르 니콜라이 2세를 퇴위시키고 혁명 정부를 수립했다.

수개월이 걸렸다. 뿐만 아니라 프랑스에서 일어났던 파스샹달 전투를 비롯한 수차례의 참혹한 전투에서, 영국의 국가적인 의식은 치유할 수 없는 상처를 입었고 8km의 진흙탕을 건너는 데 40만 명의 병사가 희생되었다. 또한 1916년에는 인내심이 바닥난 프랑스 군대가 수차례의 폭동을 일으키기도 했다. 그러나 연합국 중 가장 최악의 상황에 빠진 국가는 러시아였다. 러시아 제국은 결국 무너져 버렸고, 1917년 말이 되자 강대국으로서 지녔던 힘을 잃게 되었다.

볼셰비키 혁명

전쟁으로 러시아는 황폐해졌다. 이는 중앙 및 동부 유럽이 혁명적인 변화를 일으키게 된 계기이기도 했다. 1917년 2월 러시아에서 일어난 '혁명'을 초래한 장본인은 오랫동안 참고 견뎌 온 러시아를 좌절하게 만든 독일군이었다. 러시아의 교통 체제가 마비되었고, 무능하고 부패한 자들로 가득한 정부는 입헌주의와 자유주의를 패배만큼이나 두려워했기 때문에 도시가 굶주림에 고통 받았다. 1917년이 되자 치안 부대는 더 이상 손을 쓸 수 없을 만큼 상황이 악화되었다. 식량 폭동에 이어 반란이 일어났고, 전제 군주 정권은 순식간에 힘을 잃었다.

그러던 중 자유주의자와 사회주의자들로 구성된 임시 정부가 수립되었고 전제 군주제가 폐지되었다. 그러나 새로운 정부는 전쟁을 계속 감행하여 국민들에게 실망만을 안겨 주었다. 볼셰비키*의 지도자인 레닌의 주장대로, 러시아인들은 빵과 평화를 원하고 있었다.

그 와중에 레닌은 중도적인 임시 정부로부터 권력을 빼앗기 위해 노력했고, 이는 임시 정부가 실패하는 계기가 되었다. 도시의 빈곤과 결핍을 해결하지 못한 상황에서, 분열하는 국가와 행정부와 군대를 다스려야 했던 임시 정부는 두 번째 변화였던 10월 혁명*에 휘말리게 되었다. 이 혁명은 미국의 제1차 세계 대전 참전과 함께 유럽 역사를 가르는 1917년의 중요한 사건이었다.

과거에 유럽은 자신들의 문제를 스스로 해결했다. 그러나 이제는 미국이 유럽의 미래에 막강한 결정권을 행사하게 되었다. 또한 국가 설립자들의 신조에 따라 전쟁 전의 유럽 질서를 파괴하는 국가, 즉 세계 정치에서 진정으로 의식적인 혁명의 중심을 이루는 국가가 생겨나게 되었다.

전쟁에서 이탈하는 러시아

혁명 후 러시아의 기본적인 정치 기관이었던 노동자와 군인들의 평의회에 이어 소비에트 사회주의 공화국 연방이 설립되자, 즉각 새로운 전략적 상황이 발생했다. 볼셰비키 당원들은 자신들이 차지하지 못했던, 러시아 최초로 보통 선거에 의해 선출된 제헌 의회를 해산시켰다. 또한 토지와 평화를 약속하여 농민층의 신뢰를 얻음으로써 자신들의 '쿠데타'를 강화시켰다.

그들이 살아남기 위해서는 이러한 정책이 필요했다. 당시 러시아에서 정권을 확립하는 데 필사적이었던 볼셰비키당의 기반은 몇 개 도시의 소수 산업 노동 계급에 한정되어 있었기 때문이다. 그들은 평화를 통해서만 더욱 안전하고 폭넓은 지지 기반을 확보할 수 있었다.

한편 정권을 안정시키기 위해 전쟁에서 이탈한 러시아에 대해 독일은 상당히 불리한 조건의 강화 조약을 제시했고, 러시아는 협상을 중단했다. 그러나 러시아는 이후 1918년 3월에 브레스트리토프스크 조약*이라는 더욱 참담한 내용의 협상을 받아들여야 했다. 이 조약으로 러시아는 많은 영토를 상실했으나, 새로운 질서를 확립한 자국이 내부의 문제를 해결하는 데 절실하게 필요로 했던 평화와 시간을 얻게 되었다.

러시아에 대한 연합국의 적대감

연합국은 볼셰비키당에게 격분했고, 그들의 행동을 부정한 배반 행위라 비난했다. 또한 러시아의 새로운 정권이 시민들에게 비타협적인 혁명적 선전을 펼쳤으므로 이 정권에 대해 연합국은 결코 누그러질 수 없었다. 러시아의 지도자들은 모든 자본주의 선진국에서 노동 계급의 혁명이 일어나길 기대했다. 이러한 사실은 연합국이 러시아의 내정에 몇 차례 군사적으로 간섭하는 데 새로이 중요성을 부여했다.

1918년에 연합국 측은 러시아에 군대를 파

* 브레스트리토프스크 조약 벨로루시 브레스트리토프스크 지역에서 독일 등의 동맹국들이 우크라이나 공화국과 러시아를 상대로 체결한 평화 조약. 신생 소비에트 국가였던 러시아가 독일의 군사 공격에 못 이겨 체결했으며, 이로 인해 러시아는 우크라이나, 폴란드, 핀란드, 발트 해 지역을 잃었다. 이후 1918년 11월 11일 제1차 세계 대전에서 동맹군이 패하면서 폐지되었다.

1920년에 페트로그라드에서 블라디미르 일리치 레닌(1870~1924)이 군중 앞에서 연설하고 있는 모습. 볼셰비키당의 지도자였던 레닌의 과단성과 힘은 10월 혁명 이후 발생한 혼란 속에서도 그의 정당이 권력을 유지하는 데 크게 기여했다. 전쟁으로 러시아의 많은 지역은 황폐화되었다.

제1차 세계 대전의 시대

1917년 12월 브레스트리토프스크에서 열렸던 예비 평화 협상에 참석한 독일 및 러시아 대표들의 모습. 러시아의 혁명가인 트로츠키는 프롤레타리아 혁명이 유럽 전역으로 확대되길 기대하면서 이 협상을 일부러 연장했다. 그러나 이 혁명이 현실로 이루어지지 못하고 2월에 독일이 러시아 영토로 다시금 진격하자, 러시아는 결국 독일이 제시한 불리한 협상 조건을 받아들이게 되었다.

병해 무력 간섭을 실시했다. 물론 러시아의 동부 전선을 유지함으로써, 독일이 서부 전선에 집중하지 못하게 했다는 점에서 연합국의 본래 목적은 전략적인 것이었다. 그러나 많은 자본주의 국가와 볼셰비키 당원들은 이러한 연합국의 행동을 곧장 반공산주의 운동으로 해석했다. 게다가 엎친 데 덮친 격으로, 연합국은 러시아에서 소비에트 정권을 몰락시킬 수도 있었던 백군과 적군의 내전에 연루되었다.

마르크스주의와 굳이 연관시켜 생각하지 않더라도, 이러한 사건들은 오랫동안 러시아와 자본주의 국가들 간의 관계를 악화시켰다. 게다가 이러한 사건들을 마르크스주의와 연관지을 경우, 서양 열강들이 러시아를 향해 품었던 근본적인 적대감을 다시 한 번 보여 주는 것이었다. 그래서 러시아는 언제나 이러한 반감을 떠올리게 되었다.

이렇듯 외부 세력이 사회주의 정권을 위협하는 상황에서, 러시아의 혁명은 독재적인 정부를 추구할 수밖에 없었다. 구질서를 회복하려는 연합국과 이들을 후원하는 지주들의 움직임은 정권의 자유화를 탄압하는 독재 정치와 경찰에 의한 정치적 테러와 학살이라는 결과를 낳았다.

레온 트로츠키(1879~1940)는 1918년부터 군사 인민 위원이었으며 적군을 조직했다. 이 사진은 1918년에서 1921년까지 계속된 러시아 내전 당시 그가 군사들에게 열띤 연설을 하고 있는 모습을 찍은 것이다.

민족주의의 착취

중부 및 서부 유럽에서 혁명이 일어날 것이라는 러시아 공산당의 확신은 어느 면에서는 맞았으나 결정적으로는 빗나갔다. 전쟁의 마지막 해가 되자 혁명이 일어날 가능성은 분명해졌으나, 계급적 차원이 아닌 국가적 차원에서였다. 연합국은 부분적으로는 볼셰비키당의 자극을 받아 그 나름대로 혁명 전략을 마련했다.

1917년 말이 되자 연합국은 전쟁에서 불리해졌다. 동부 전선에서 러시아 군대를 이용해 적군을 격퇴하지 못한 채, 봄에 연합국은 프랑스에서 독일의 공격을 받게 될 것이 분명했다. 또한 프랑스에 있는 연합국 군대를 돕기 위해 미국군이 파견되기에는 오랜 시간이 걸릴 것이었다.

그러나 연합국은 혁명적인 무기를 사용할 수 있었다. 다시 말해, 오스트리아-헝가리 제국의 민족들에게 호소할 수 있게 된 것이다. 덤으로, 이 전략은 미국의 입장에서, 연합국의 대의명분은 이제 러시아 제국과 아무런 관련이 없으므로 이념적으로 순수하다는 사실을 강조할 수 있었다. 이에 따라 연합국은 1918년에 오스트리아-헝가리 군대를 겨냥해 타도적인 선전 활동을 실시했고, 망명해 있는 체코인과 남슬라브인들을 격려했다.

독일이 항복하기 전, 오스트리아-헝가리 제국에서는 국가 의식이 되살아나기 시작했고 발칸 운동이 일어나 결국에는 승리를 거두면서 이미 정권이 무너지고 있었다. 이것은 구 유럽에 가해진 두 번째 결정타였다. 우랄 산맥, 발트 해, 다뉴브 지방으로 둘러싸인 이 지역의 정치 구조는 수세기 만에 처음으로 위기를 맞이했다. 심지어는 폴란드 군대까지 등장했는데, 독일은 러시아를 겨냥하여 이들을 지지했다. 한편 미국의 대통령은 폴란드의 독립이 연합국의 평화 유지에 필요하

러시아군 최고 사령관인 코르닐로프가 군대를 통솔하고 있다. 1917년 여름에 혼란스러운 쿠데타를 일으킨 그는 후에 볼셰비키당에 맞선 러시아 백군을 창설하는 데 참여했다. 그는 러시아 내전 초기에 일어난 전투에서 전사했다.

다고 선언했다. 이로써 지난 세기에 존재했던 모든 확신은 변화하게 되었다.

전쟁의 대가

주요 전투는 혁명을 바탕으로 하여 치러졌다. 여름이 되자 연합국은 독일의 마지막 대공격을 가까스로 중단시킬 수 있었다. 연합국은 많은 이득을 얻었으나 그것으로 충분하지 않았다. 연합국 군대가 승리를 향해 나아가기 시작하자, 독일의 지도자들은 전쟁의 종결을 원하게 되었다.

독일의 지도층 역시 국내에서 혁명에 의해 정권이 붕괴될 조짐이 있었다. 결국 독일의 황제가 왕위에서 물러남으로써 독일의 세 번째 왕조가 몰락했다. 오스트리아의 합스부르크 왕가는 이미 사라진 상태였으므로 독일의 호엔촐레른가가 오랜 경쟁 관계에 있던 합스부르크보다 조금 더 오래 살아남은 셈이었다. 새로운 독일 정부는 휴전을 요청했고 전쟁은 종결되었다.

이렇게 엄청난 전쟁으로 치른 대가는 정확히 계산할 수 없었다. 그러나 직접적인 전투로 1,000만 명이 사망했고 발칸 반도에서만

발진 티푸스로 100만 명이 사망했다는 통계만 봐도 전쟁의 막대한 규모를 짐작할 수 있다. 그러나 이러한 수치만으로는 전쟁으로 불구가 된 자들이 입은 물리적인 피해, 참전한 아버지나 남편을 잃은 가족들의 상실감, 사상, 확신, 선의에 가해진 정신적인 타격을 모두 설명할 수 없다. 유럽인들은 전쟁 후 세워진 거대한 공동묘지를 보고 나서야 자신들이 무슨 일을 저질렀는지 깨닫고 경악을 금치 못했다.

한편 경제적 피해 역시 극심했다. 유럽에서는 수많은 사람들이 굶주림에 시달렸다. 또한 전쟁이 시작된 지 1년 후 제조업 분야의 생산량은 1914년의 약 4분의 1 미만이었고, 러시아의 제조업 생산량은 예전 수준의 20%에 그쳤다. 몇몇 국가에서는 교통 체계가 마비되고, 복잡하고 정교한 외국환 체제가 파괴되어 이 중 일부는 전혀 복구될 수 없었다.

이러한 혼란의 중심에는 중부 유럽의 경제적 원동력이었으나 이제는 전쟁에 모든 것을 쏟아 부어 버린 독일이 있었다. 전쟁 후 열린 강화 회의에서 영국의 젊은 경제학자인 J. M. 케인즈는 다음과 썼다. '우리는 운명의 침체기에 접어들었다.…… 우리는 물질적인 안녕을 넘어서서 무언가를 느끼거나 배려할 수 있는 능력을 일시적으로 잃게 되었다.…… 이제 인내심의 한계에 다다른 우리에게는 휴식이 필요하다. 그토록 희미하게 타오르는 인간의 영혼 속에서 지금처럼 삶이 근본적인 요소가 되었던 때는 인간의 일생에서 단 한 번도 없었다.'

파리강화회의

1918년 말이 되자 전후 처리를 위해 파리강화회의의 대표단이 모이기 시작했다. 한때는 이들의 실패를 지적하는 일이 유행처럼 번졌으나, 이들이 맡았던 임무가 얼마나 중요한지 생각해 본다면 그 성과는 어느 정도 인정받을 만했다. 이 강화회의는 1815년 이래 최대 규모로 개최되었으며 회의를 주도한 자들은 높은 기대와 냉혹한 현실 사이에서 균형을 잡아야 했다.

그러나 중요한 의사 결정권은 극히 소수 국가만이 쥐고 있었다. 그리하여 영국 및 프랑스의 총리와 미국의 우드로 윌슨 대통령이 회의를 주도했다. 이 협상은 승전국 사이에서 이루어졌고, 패전국인 독일은 그들이 제시한 조건을 받아들여야 했다. 한편 독일의 제3의 공격을 무엇보다도 우려하고 있는 프랑스와 이러한 위험을 우려하지 않아도 되는 앵글로 색슨 국가들의 충돌하는 이해관계 속에는 유럽의 안보라는 중요한 문제가 자리 잡고 있었다. 그러나 이 문제는 다른 많은 사안들에 가려 제대로 보이지 않았다.

파리강화회의는 국제적 차원의 협상이 되어야 했다. 이 회의는 과거의 대규모 강화회의가 그러했듯 유럽 외의 영토를 다룰 뿐만 아니라 비유럽 국가의 목소리 역시 반영해야 했다. 주요 조약들을 체결한 27개 국가 가운데 17개국이 유럽 외 대륙의 국가였다. 이 중 가장 강력한 국가였던 미국은 일본, 영국, 프랑스, 이탈리아와 함께 '주요' 승전국 집단을 이루었다. 그럼에도 불구하고, 이 국제적인 차원의 협상에 유럽과 아시아의 국경을 모두 접하고 있는 러시아의 대표가 한 명도 참석하지 않았다는 점은 불길한 징조였다.

이 강화회의는 독일과 체결한 조약은 물론 불가리아, 터키, 오스트리아-헝가리 제국의 분리를 요구하는 '후계 국가'들과 체결한 개별적인 조약들로 구성되었다. 이 중 다시 살아난 폴란드, 유고슬라비아라는 국가로 확대된 세르비아, 그리고 완전한 신흥 국가인 체코슬

1919년 파리에서 승전 기념 행렬을 지켜보는 관중들. 그러나 독일이 보복할지도 모른다는 우려가 몇 년 후 현실로 나타났던 프랑스에서는 승리의 기쁨이 오래가지 못했다.

제1차 세계 대전이 끝날 무렵 프랑스의 한 수용소에서 교도관들이 독일군 전쟁 포로를 감시하고 있다.

로바키아는 강화회의에서 연합국 측에 섰고, 영토가 크게 줄어든 헝가리와 구 오스트리아의 게르만 중심지는 패전국 측에 섰다. 이러한 상황은 해결하기 어려운 문제를 일으켰다. 그러나 강화회의의 핵심은 1919년 6월에 체결된 베르사유 조약에서 볼 수 있듯 독일과의 협상이었다.

베르사유 조약

베르사유 조약은 독일에 대한 처벌적인 조약으로서, 독일이 전쟁 발발에 책임이 있음을 확실히 명시했다. 이렇게 가혹한 조약을 체결한 이유는 독일이 도덕적인 죄를 저질렀기 때문이 아니라, 가능하다면 독일이 제3의 전쟁을 일으키지 못하도록 프랑스가 제재를 가하고자 했기 때문이다. 따라서 독일은 전쟁 배상금을 지불해야 했는데, 이는 조약에서 가장 불리한 조항이었다. 독일인들은 이에 분노했고 참담하게 패배를 인정해야 했다.

게다가 조약의 내용은 경제적으로 현실성이 없었다. 또한 독일에 대한 처벌은 또 다른 협정으로 뒷받침되지 않았으므로, 어느 날 독일이 무력을 동원해 베르사유 조약의 내용을 뒤집을 수도 있었다. 따라서 프랑스는 불만을 표시했다. 독일은 이 조약으로 알자스와 로렌을 프랑스에 양도했고, 폴란드 회랑 지대를 폴란드에 양도했다. 한편 독일의 서부 지역에서 프랑스는 라인 강 지방을 '비무

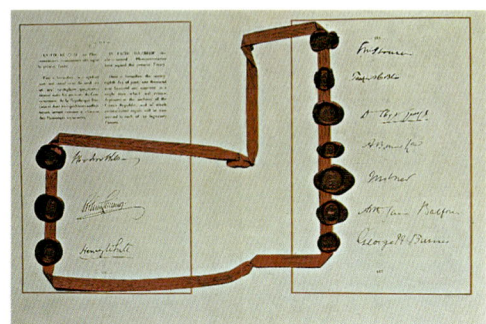

베르사유 조약의 마지막 장에는 윌슨 대통령이 이끄는 미국 대표단의 서명과 날인이 포함되어 있다.

1919년 6월 28일에 베르사유 궁전 거울의 방에서 베르사유 조약이 체결되던 모습을 담은 윌리엄 오르펜(1878~1931)의 유명한 작품.

장화'한 것 외에 별달리 얻은 바가 없었다.

민족의 문제

두 번째 주요 특징으로서, 파리강화회의는 가능한 한 민족자결주의*와 민족의 원칙을 적용하려 했다. 대부분의 경우, 이것은 단순히 기존 사실을 인정하는 일에 지나지 않았다. 폴란드와 체코슬로바키아는 강화회의가 시작되기 전에 이미 국가로서 존재했고, 유고슬라비아는 과거의 세르비아를 중심으로 세워졌다. 따라서 1918년 말에 이러한 원칙들은 과거의 오스트리아—헝가리 제국이 지배했던 많은 지역에서 이미 승리를 거둔 셈이었다. 러시아의 발트 지방에서도 곧 이 원칙들이 적용되었다.

신성 로마 제국보다도 오랫동안 왕위를 지켜왔던 오스트리아 합스부르크 왕조는 마침내 몰락했고, 그 자리에는 여러 국가들이 들어서게 되었다. 이 국가들은 꾸준히 명맥을 잇지는 못했으나 20세기의 대부분 동안 살아

* 민족자결주의
모든 민족은 다른 민족의 간섭을 받지 않고 독자적인 국가를 형성하며 자신의 정부를 선택할 수 있다는 사상. 미국의 우드로 윌슨 대통령이 전후 세계 질서에 필요한 주요 목표로 상정했으며, 이는 당시 강대국의 지배를 받던 전 세계의 수많은 약소민족들에게 큰 희망과 용기를 주었다.

1922년에 자택에서 사진기를 향해 포즈를 취하고 있는 루마니아 왕실 가족의 모습. 제1차 세계 대전 당시 연합국 편에서 싸웠고 많은 영토를 적군에게 빼앗겼던 루마니아는 파리강화조약에서 유리한 대우를 받았다. 또한 과거에는 헝가리에 속해 있던 광대하고 민족적으로 다양한 지역인 트란실바니아를 합병해도 좋다는 허가를 받았다.

* 폴란드 회랑
제1차 세계 대전 이후 베르사유 조약에 의해 패전국 독일이 폴란드에 돌려준 서프로이센과 포즈난 북부 지방. 폴란드와 발트 해를 잇는 너비 32~112km의 긴 땅이다. 이 지역은 폴란드가 자유롭고 안전하게 바다로 접근할 수 있는 유일한 통로였다.

있었다. 한편 특정 국경 지역의 주민들은 반드시 국민 투표를 통해 그들의 운명을 결정지어야 한다는 주장에도 민족자결주의가 적용되었다.

유감스럽게도 민족의 원칙은 모든 곳에 적용할 수 없었다. 지리적, 역사적, 문화적, 경제적 현실로 인해 이 원칙을 일률적으로 따르기 어려웠기 때문이다. 다뉴브 지역의 경제 공동체가 파괴되었던 경우처럼, 이 원칙이 앞서 언급한 현실보다 우선시될 경우 좋지 않은 결과가 나타날 수 있었다.

그러나 이 원칙이 우선시되지 않더라도 불만이 생겨나 상황이 좋지 못할 수 있었다. 동부 및 중부 유럽에는 국가에 충성심을 느끼지 못하는 다수의 소수 민족들이 불만을 품은 채 살아가고 있었다. 또한 폴란드 인구의 3분의 1은 폴란드어를 구사하지 않는 자들이었고, 체코슬로바키아 인구의 3분의 1 이상은 폴란드인, 러시아인, 독일인, 마자르인, 루테니아인들이었다. 그리고 확대된 루마니아에는 100만 명이 넘는 마자르인이 살고 있었다.

일부 지역에서는 이 원칙을 어기는 것을 엄연한 부당 행위로 간주했다. 독일인들은 자신들의 땅을 가로질러 폴란드와 발트 해를 잇는 '폴란드 회랑'*이 생긴 것에 분노했고, 이탈리아는 연합국이 참전의 대가로 주겠다던 아드리아 해안의 영토를 모두 받지 못해 실망했으며, 아일랜드는 여전히 자치를 이루지 못하고 있었다.

국제연맹의 창설

비유럽 문제 중 가장 중요했던 것은 독일 식민지의 처리였다. 이와 관련하여 중요한 변화가 일어났다. 이제 미국이 과거의 식민주의적 탐욕을 거부하게 된 것이다. 대신, 과거에 독일이나 터키의 통치를 받았던 비유럽 민족들을 신탁 통치의 형태로 보호하게 되었다. 새로이 설립된 '국제연맹'은 이들 민족이 자치 정부를 수립할 수 있을 때까지 이들을 관리할 수 있는 '위임 통치권'을 승전국에 부여했다. 이러한 조처는 유럽 제국주의의 마지막 정복을 미화하는 데 이용되기도 했으나, 강화회의에서 결정된 가장 현실성이 없는 조항이었다.

미국의 대통령인 우드로 윌슨의 열정은 국제연맹의 창설에 크게 기여했다. 그는 국제연맹의 규약을 베르사유 조약의 제1편으로 지정했다. 이는 베르사유 조약이 민족주의 사상을 초월함을 보여 주는 사례였다. 베르사유 조약은 유럽의 민족주의 역시 초월했다. 국제연맹의 정식 회원인 42개 국가 중 26개 회원이 비유럽 국가로, 새로운 시대가 왔음을 알리는 것이었다.

유감스럽게도, 베르사유 조약에 대한 의회의 인준 거부로 미국은 국제연맹에 가입하지 못했다. 이러한 사실은 국제연맹이 지녔던 약점 중 가장 치명적인 것이었다. 이러한 결점 때문에 국제연맹은 사람들의 기대를 충족시키지 못했다. 아마도 세계 정치의 현실을 고려한다면, 국제연맹의 내용은 원칙적으로 실현 불가능했을 것이다.

그러나 국제연맹은 간섭이 없었다면 위험할 수 있는 여러 문제를 해결하는 데 성공했다. 국제연맹이 비현실적이고 막연한 존재가 아니었다면 그보다 더 많은 일을 할 수 있을 것이라는 과장된 기대가 생겨났을 것이다.

국제연맹

1919년 4월 28일에 파리강화회의의 대표단은 1920년 1월부터 발효되는 국제연맹 협약을 체결했다. 국제연맹의 목적은 '국제 협력을 증진하고 국제 평화와 안보를 이루는 것'이었다.

그러나 국제연맹은 미국이 참여하지 않았기 때문에 처음부터 불리한 입장에서 출발했다. 또한 제1차 세계 대전의 패전국은 물론 소비에트 정권의 러시아 역시 이에 참여하지 않았다. 그 후 소비에트 연방은 1934년에, 그리고 독일은 1926년에 국제연맹에 가입했다. 그러나 1933년에 히틀러는 국제연맹에서 독일을 탈퇴시켰고, 1937년에는 이탈리아의 무솔리니 역시 그와 같은 전철을 밟았다. 일본 역시 1933년에 연맹에서 탈퇴했다. 이러한 사실은 항상 중요한 국가들이 연맹에서 탈퇴했음을 보여 준다.

국제연맹은 제네바에 본부를 두었다. 이 연맹은 회원국으로 구성되는 총회와 영국, 프랑스, 이탈리아, 일본 4개 상임국과 3년마다 선출되는 기타 회원국으로 이루어진 이사회, 그리고 안건과 보고서를 준비하는 사무국으로 구성되었다.

국제연맹의 권한은 제한되어 있었다. 그리하여 군사적 간섭을 할 수 없었고 오직 경제적 제재를 통해서만 침략 행위에 반대할 수 있었다. 한편 국제연맹의 부설 기구 중에는 각국 정부가 최저 임금제와 최대 노동 시간제에 대한 법안을 통과시키도록 권장했던 국제노동기구도 있었다.

국제연맹은 권한에 제약이 있었는데도, 국제적인 분쟁을 막는 데 몇 차례 성공했다. 유고슬라비아가 알바니아를 침략했던 1921년과 불가리아가 그리스를 침략했던 1925년이 그 예라 할 수 있다. 그러나 일본이 만주를 침략했던 1931년과 이탈리아가 에티오피아를 침략했던 1935년에는 국제연맹이 아무런 힘을 발휘하지 못하자, 영국과 프랑스는 국제연맹을 나치를 견제하는 데 이용할 수 없다고 생각하게 되었다. 제2차 세계 대전 중에는 국제연맹을 더욱 효율적인 기구로 대체하자는 논의가 진행되었고, 이에 따라 국제연합이 창설되었다.

미국의 대통령인 우드로 윌슨(1856~1924)은 국제연맹의 원동력이 되었다.

비협조적인 러시아

러시아는 강화회의와 마찬가지로 국제연맹에도 참여하지 못했다. 그러나 강화회의에 참석하지 못한 사실이 더욱 중요할 것이다. 유럽 역사의 다음 단계를 결정 지을 이 정치적 조약은 러시아를 고려하지 않고 발효되었다. 동부 유럽에서 이 사건은 어떠한 러시아 정부라도 관심을 보일 수밖에 없는 경계선을 긋는 일이었다. 실제로 볼셰비키 지도자들은 이 조약을 배제하는 구실을 찾기 위해 온갖 노력을 다 했다. 자본 국가들이 자신들을 굴복시킬 것이라 믿었던 이들은 혁명적인 선전을 통해 주요 강대국과의 관계를 나쁘게 만들었다.

사실상 영국의 로이드 조지 총리와 미국의 윌슨 대통령은 동료 및 유권자들보다 러시아에 더욱 유연한 태도를 보였고, 심지어 동정하기까지 했다. 그러나 프랑스의 클레망소 총리는 전적으로 볼셰비키당에 반대했고, 프랑스의 많은 전직 군인과 투자자들의 지지를 얻었다. 베르사유 조약은 민주주의의 유권자들을 실망시키는 일이 얼마나 위험한가를 항상 인지하고 있는 국가들이 체결한, 최초의 대규모 유럽 강화조약이었다.

그러나 책임을 배분한 결과, 유럽의 사안과 관련해 가장 큰 비중을 차지하는 러시아가 새로운 유럽을 형성하는 데서 제외되었다. 일시적으로는 아무런 움직임을 보이지 않았지만, 러시아는 이 조약을 수정하거나 폐지시키고자 하는 국가들과 합류하려 했다. 이는 상황을 더욱 악화시켜, 러시아의 통치자들은 이 조약이 보호하고자 했던 사회 체제를 혐오하게 되었다.

파리강화조약의 약점

파리강화조약은 많은 기대를 불러일으켰다. 그러나 이러한 기대는 대부분 비현실적이었다. 사실 이 조약은 바람직한 측면이 많았지

새로운 국가인 아일랜드 자유국에서는 임시 정부와 영국-아일랜드 조약의 내용에 반대하는 비정규군 사이에 내전(1922~1923)이 일어났다. 사진 속에서는 이 조약에 반대했던 군사 세력인 아일랜드 공화국 군인들이 1922년 7월 더블린 전투가 벌어졌던 당시 거리를 지나고 있다.

만, 대부분 인간이 통제할 수 없는 요소들을 다루었기 때문에 실패했다.

우선 정치적으로 좁은 의미에서 보면, 유럽이 세계의 패권을 장악했던 시대는 지나가고 말았다. 1919년에 체결된 강화조약들은 유럽의 범위를 넘어서 미래를 보장하는 데 큰 도움이 되지 않았다. 또한 과거 제국주의 시대의 군사들은 세력이 크게 약해져, 이제 유럽 밖은 물론 유럽 내에서조차 임무를 수행할 수 없었고 이들 중 일부는 사라져 버렸다. 유럽은 전쟁에서 독일을 패배시키는 데 미국을 필요로 했으나, 이제 미국은 의도적으로 고립되는 시기에 접어들었다. 게다가 러시아 역시 유럽 대륙을 안정시키는 데 참여하길 거부했다.

이렇듯 다시금 고립주의를 추구한 미국과 이념에 의해 단절된 러시아로 인해 유럽은 불안정한 존재로 남게 되었다. 유럽에서 혁명이 일어나지 않자 러시아는 고립된 채 자국에만 집착하게 되었다. 또한 미국의 윌슨 대통령은 국제연맹을 창설해 유럽의 평화 정착에 참여할 기회를 제공했지만, 정작 미국의 의회는 이를 거부했다. 그 결과 유럽의 자율성에 대한 환상이 계속되었다. 그러나 실제로 유럽의 자율성이라는 것은 존재하지는 않았고, 이러한 체제는 유럽의 여러 문제를 해결하는 데 충분한 역할을 하지도 못했다.

마지막으로 파리강화조약의 가장 큰 약점은 이 조약이 전제한 새로운 체제들이 경제적으로 취약하다는 데 있었다. 그 내용들에 대해 많은 의문이 제기되었다. 그중 민족자결주의는 경제적으로 비현실적이었다. 그러나 어떠한 근거로 민족자결주의에 반대해야 하는지는 딱 꼬집어 말하기 어렵다.

성공에 대한 환상

유럽에서는 원래 있었던 많은 환상에 더해 새로운 환상마저 생겨나 그 어느 때보다도 정국이 불안정해지려 했다. 연합국의 승전과 평화 정착에 대한 미사여구로 인해 많은 사람들은 자유주의와 민주주의가 승리를 거두었다고 생각했다. 어쨌든 반민족이며 편협한 네 개의 독재주의 제국이 붕괴했고, 오늘날까지 파리강화조약은 역사적으로 모든 체결국이 민주주의 국가였던 유일한 협정으로 남아 있다.

자유주의적인 낙관론은 전쟁 내내 윌슨 대통령이 취했던 과시적인 태도로부터 힘을 이끌어 냈다. 그는 미국이 참전한 것을 다른 연합국의 참전과 확실히 차별시키려 애썼다. 즉, 미국의 참전은 다른 국가들이 과거의 악습을 버릴 경우 세계가 민주주의에 있어서 안전지대가 될 수 있다는 믿음과 더불어 고결한 여러 사상에서 비롯되었다고 거듭 주장한 것이다.

몇몇 사람들은 그가 옳다고 생각했다. 특히 새로운 독일을 비롯한 신생 국가들은 자유주의적인 의회 헌법을 도입했고, 공화국 체제를 형성한 경우도 많았다. 마지막으로 국제연맹에 대한 환상 역시 존재했다. 제국이 아

1927년에 그려진 이 영국 만화는 공산주의의 선전 활동을 비방하고 있다. 만화 속에서 열변을 토하고 있는 자는 그 주위에 모인 사람들만큼 프롤레타리아 계급으로 보이지는 않는다. 그의 뒤에는 '왕과 국가에 대항하여', '적군을 지지하자!'와 같은 슬로건이 적힌 포스터들이 있다.

닌 새로운 국제적 기구라는 꿈은 결국 현실로 이루어질 것처럼 보였다.

| 공산주의와 유럽의 불안 |

강화회의가 자유주의와 민주주의의 승리라는 생각은 옳지 못한 생각과 오류에서 비롯된 것이었다. 강화조약의 조인자들은 부채를 갚고 기득 권익을 보호하고 냉혹한 현실을 생각해야 하는 등 자유주의 원칙들을 추구하는 일 이상의 임무를 해내야 했다. 따라서 이러한 원칙들은 실제 상황에서는 제대로 지켜지지 못했다. 무엇보다도 독일에서는 이로 인해 민족주의가 충분히 실현되지 못했고, 민족주의자들은 다시금 거센 분노를 드러냈다.

이러한 상황은 피할 수 없었는지 모르나 독일은 자유주의가 아닌 또 다른 사상이 자라날 수 있는 토양이었다. 게다가 신생 국가와 더불어 기존 국가의 민주주의 제도는 경제 구조가 크게 손상된 세계를 기반으로 서 있었다. 모든 국가에서 빈곤, 곤궁, 실업 등으로 정치적 분쟁이 더욱 심해졌고, 많은 곳에서 이와 같은 문제들은 국가의 주권을 존중하면서 생겨난 특별한 혼란으로 오히려 더욱 악화되었다. 뿐만 아니라 전쟁 중에는 기존의 경제적 교역 형태가 파괴되어 농민층의 빈곤이나 실업과 같은 문제들을 해결하기가 더욱 어려워졌다.

한때 서부 유럽을 위한 곡창 지대였던 러시아는 경제적으로 접근이 불가능해졌다. 이 사

공산주의

공동 재산에 입각한 사회생활의 조직이라는 개념은 고대 시대부터 존재했다. 물론 공산주의 철학자와는 거리가 멀었으나 기원전 4세기에 플라톤은 이상적인 국가에서 통치 계급은 재산도 가족도 없어야 한다고 주장했다. 또한 16세기 영국의 토머스 모어는 자신의 저서인 『유토피아』에서 소수가 아닌 모든 구성원이 공동 재산을 공유하는 이상적인 사회를 최초로 설명했다. 프랑스 혁명 당시 그라쿠스 바뵈프는 혁명적인 모의를 통해 공산주의 사회를 설립할 것을 제안했다.

한편 현대적인 공산주의는 칼 마르크스와 프리드리히 엥겔스의 『공산당 선언』(1848)과 함께 등장했다. 마르크스에 따르면, 역사는 필연적으로 공산주의 사회가 형성되는 방향으로 흐른다고 한다. 또한 이러한 사회에서는 사유 재산과 국가 체제가 사라져서 사람들이 완전히 자유로워질 수 있다고 한다. 이러한 마르크스의 사상을 실현할 수 있는 사회를 세우고자 했던 레닌의 꿈은 1917년 러시아에서 볼셰비키당이 권력을 장악하자 현실로 이루어졌다. 그 다음 해에 볼셰비키당은 공산당이 되었고, 1919년에는 공산당 제3인터내셔널, 즉 코민테른이 창설되었다. 그러나 1991년 러시아에서 공산당이 권력을 잃을 당시, 공산주의 정부가 통치하던 국가들은 마르크스가 제시했던 국가의 '쇠락'이 아닌 거대한 국가 관료제로서의 특징을 더욱 강하게 지니고 있었다.

소비에트 연방을 창설하고 국제적인 공산주의 운동을 이끈 블라디미르 일리치 레닌(왼쪽)과 그의 후계자인 조셉 스탈린.

실은 혁명주의자들이 이용할 수 있는 배경이 되었다. 공산주의자들은 이러한 상황을 반겼고, 이를 이용할 준비가 되어 있었다. 이들은 자신들이 역사로부터 임무를 부여받았다고 믿었기 때문이다. 머지않아 그들의 노력은 일부 국가에서 나타난 또 다른 급진적 현상인 파시즘에 의해 더욱 강화되었다.

국제적인 공산주의

공산주의는 두 방면에서 새로운 유럽에 위협을 가했다. 내부적으로 각 국가에 혁명적인 공산주의 정당이 생겨났다. 이들 정당은 국가에 긍정적인 영향을 미치기는커녕 큰 불안감을 조성했다. 또한 이들은 모든 수단을 동원해 강력한 진보 정당의 등장을 막았는데, 그 이유는 그들이 생겨난 배경 때문이었다.

한편 대외적으로, 1919년 3월에 러시아는 국제적인 사회주의 운동을 지휘하기 위해 '코민테른'*, 즉 제3인터내셔널을 창설했다. 러시아가 이 단체를 결성한 이유는 과거의 지도자들이 또다시 국제적인 사회 운동을 주도하지 못하도록 하기 위해서였다. 러시아는 혁명적인 열성이 부족해 전쟁이라는 기회를 충분히 활용하지 못한 과거의 지도자들을 비난한 바 있었다. 레닌에게 있어 사회주의 운동을 평가하는 기준은 코민테른을 지지하느냐 하는 것이었다. 효율적인 혁명 정당을 필요로 했던 그의 견해에 따라, 코민테른의 원칙은 의도적으로 엄격했고 규율적이었으며 비타협적이었다.

대부분의 국가에서는 사회주의자들이 두 진영으로 갈라졌다. 그리하여 코민테른을 지지하는 사회주의자들은 공산주의자로 불렸고, 나머지 사회주의자들은 여전히 마르크스주의를 외치는 자들이 있긴 했지만 잔류 정당이나 단체에 속해 있었다. 이들은 모두 노동 계급의 지지를 얻기 위해 경쟁했고, 크게

제1차 세계 대전 중의 러시아

1918년 3월 러시아의 공산주의 정부가 동맹국과 브레스트리토프스크 조약을 체결했을 당시, 동맹국은 과거 러시아 제국의 서부 국경에 있는 광대한 영토를 점령하고 있었다. 독일의 패전으로 러시아는 우크라이나와 벨로루시를 되찾게 되었는데, 이들 지방은 1922년에 러시아 및 트랜스코카시아와 함께 소비에트 사회주의 공화국 연방으로 통합되었다. 반면 핀란드와 세 개의 발트 해 국가, 폴란드는 독립을 이루었다.

대립했다.

이렇듯 좌파에 대한 새로운 혁명적 위협은 유럽인들을 매우 불안하게 했다. 유럽에는 공산주의자들에게 혁명의 가능성이 충분했기 때문이다. 그중에서도 가장 대표적인 사례는 헝가리에 볼셰비키 정부가 들어선 일이었다. 그보다 더 놀라운 사실은 독일에서 공산주의 쿠데타가 일어났고, 그중 일부는 일시적이나마 성과를 거두었다는 것이었다.

* 코민테른
1919년에 설립된 각국 공산당의 연합. 제2인터내셔널이 셋으로 나뉘면서 등장했다. 레닌의 주도 아래 소련 공산당과 독일 사회민주당 좌파를 중심으로 창립되어 국제 공산주의 운동을 지도하다가 1943년에 해산되었다. '국제 공산당'이라고도 한다.

특히 독일의 상황은 모순적이었다. 독일에서는 패전 직후 들어선 새로운 공화정 정부를 사회주의자들이 장악했기 때문이다. 그런데 이들은 혁명을 막기 위해 어쩔 수 없이 과거의 직업 군인 등 보수 세력의 힘을 빌리게 되었다. 이것은 코민테른이 형성되기 전의 일이었고, 분열되어 있는 독일 좌파의 상황에 어려움을 더했다. 그러나 모든 곳에서 공산주의 정책은 보수주의에 단합하여 저항했고, 혁명적인 수사법과 음모로 온건주의자들을 불안에 떨게 만들었다.

러시아를 두려워하는 동부 유럽

동부 유럽에서는 사회적인 위협이 러시아의 위협으로 비춰지기도 했다. 볼셰비키 지도자들은 코민테른을 소비에트 외교 정책의 수단으로 이용했다. 이러한 행동은 최초의 사회주의 국가인 러시아를 국제 노동 계급의 중심지로 확보하느냐에 따라 세계 혁명의 미래가 달라진다는 그들의 주장을 생각해 보면 수긍할 만했다. 내전 초기와 러시아에서 볼셰비키가 서서히 권력을 잡아 가던 시기에, 이러한 믿음은 각국의 자본주의 정부를 선점하기 위해 해외에 만연한 불만을 고의적으로 자극했다.

그러나 동부 및 중부 유럽의 상황은 그보다 심각했다. 이 지역의 실질적인 영토 문제는 베르사유 조약이 체결된 후에도 오랫동안 해결되지 못했다. 이곳에서는 새로운 폴란드 공화국이 러시아와 전쟁을 치른 후 1921년 3월에 강화조약을 체결하여 영토를 획득하고 나서야 비로소 제1차 세계 대전이 종결되었다. 폴란드는 신흥 국가 중에서 가장 규모와 야심이 컸고, 전통적으로 러시아에 강한 반감을 품고 종교적으로 볼셰비키당을 가장 적대시했던 국가였다.

그러나 러시아가 권력을 되찾고 특히 그에

프롤레타리아 독재

레닌은 새로운 러시아 정권을 '프롤레타리아 독재'라 규정했다. 그러나 이 정권은 대중 노동 계급이 아닌 중앙집권화되고 통제된 정당에 의한 것임이 드러났다.

'프롤레타리아의 독재는 이 새로운 계급이 더욱 강력한 적인 부르주아에 맞서 투쟁하는 가장 단호하고 무자비한 전쟁을 의미한다. 부르주아 계급의 저항은 단 한 국가에서 일어난다 할지라도 그들의 타도에 의해 열 배는 강력해진다. 또한 그들의 영향력은 국제 자본의 힘과 그들의 국제적인 관계가 지닌 힘과 연속성뿐만 아니라 관습과 소규모의 생산이 지닌 힘에 기인한다. 유감스럽게도 소규모 생산은 세계 곳곳에서 여전히 이루어지고 있으며, 그 결과 자본주의와 부르주아 계급이 지속적으로, 날마다, 시간마다, 자발적으로, 그리고 대규모로 생겨나고 있다. 따라서 이 모든 이유에서 프롤레타리아의 독재가 필요하다. 또한 부르주아 계급에 대한 승리는 불굴의 투지와 규율과 비타협적인 단일 의지를 촉구하는, 오랜 기간에 걸친 생과 사를 오가는 결연하고 필사적인 투쟁 없이는 이루어질 수 없다.'

블라디미르 일리치 레닌의 『'좌익' 공산주의의 소아병』(1920)의 2장에서 발췌

따라 사회 혁명의 가능성이 짙어지자 신흥 국가들은 위기감을 느끼기 시작했다. 그 결과, 1939년 이전에 신흥 국가의 상당수는 독재 정부 혹은 군부 정부로 전환했다. 이들 정부는 최소한 강력한 반공산주의 노선이 유지될 수 있게 했다.

| 혁명 후의 러시아 |

동부 및 중부 유럽에서 공산주의 혁명에 대한 두려움은 전쟁이 끝난 직후 가장 컸다. 당시는 경제가 붕괴되었고, 한때는 바르샤바 자체를 위협하기도 했던 폴란드-러시아 전

제1차 세계 대전과 10월 혁명과 내전이 일어나 기근이 발생하자, 불행을 겪고 있던 수백만의 러시아인들은 더욱 고통 받게 되었다. 사진은 굶주림에 고통 받고 있는 한 농민 가족의 모습이다.

쟁이 누구의 승리로 끝날지 모르는 불확실한 시기였다. 결국 1921년에 평화가 찾아오고, 상징적으로 소비에트 사회주의공화국 연방과 영국 사이에 공식적이고 정연한 관계가 성립되자 상황은 크게 안정되었다.

이러한 결과는 극히 위태로웠던 내전 당시에 싹튼 러시아 정부의 의식과 관련이 있었다. 러시아는 여전히 더 나은 외교적 수단을 마련하지 못했고 혁명적인 선전 활동과 자본주의 국가에 대한 비방도 끊이지 않았으나, 볼셰비키당은 비로소 산산이 부서진 러시아의 땅을 재건하는 데 관심을 돌리게 되었다.

1921년에 러시아의 선철 생산량은 1913년의 5분의 1 수준이었고 석탄 생산량은 1913년의 3% 수준이었다. 또한 철도의 열차 운행률은 전쟁이 시작될 당시의 절반 이하였다. 가축의 수는 4분의 1 이상 줄어들었고, 곡물의 수송량 역시 1916년의 5분의 2 미만이었다. 게다가 이렇게 경제적으로 열악한 상황에서 1921년에는 러시아 남부 지역에 가뭄이 발생했다. 가뭄으로 인한 기근으로 이곳에서는 200만 명 이상이 사망했고 심지어 인육을 먹는다는 사례까지 보고되었다.

내부의 정치적 불화

러시아는 경제의 자유화로 전환점을 맞이했다. 1927년이 되자 산업 및 농업 분야의 생산량은 전쟁 전의 수준으로 되돌아왔다. 그런데 이 시기의 정권은 지도력이 점차 불안정해지고 있었다. 이러한 현상은 1924년에 레닌이 사망하기 전부터 나타났다. 확고한 통치력으로 체제 내에서 힘의 균형을 조절하던 자가 사라지자, 공산당의 지도력이 변화하고 그에 대한 논의가 이루어지는 시대가 열리게 되었다.

물론 이러한 변화와 논의는 1917년의 러시아 혁명으로 등장한 정권의 중앙집권적이고 독재적인 속성에 반대하는 것은 아니었다. 공산주의자들 중 어느 누구도 정치적 자유화가 가능하다든가, 비밀경찰과 독재적인 정당 없이 적대적인 자본 국가들 속에서 살아남을 수 있다고 생각하지 않았기 때문이다. 그러나 이들은 정권의 경제 정책과 책략에 대해서는 반대했고, 때로는 개인적인 경쟁이 이러한 반대를 부추기기도 했다.

크게 본다면 두 가지 견해가 등장했다. 그 중 한 견해는 혁명이 러시아 대중, 즉 농민층의 호의에 의존하고 있음을 강조했다. 러시아의 농민들은 처음에 토지를 소유하도록 허가 받았고, 후에는 정부가 자신들의 희생을 대가로 도시에 식량을 제공하려 하자 분노했다. 이후 그들은 레닌의 신 경제정책인 'NEP'와 경제의 자유화에 의해 다시 한 번 회유되었다. 이 정책에 따라 농민들은 스스로 이윤을 얻을 수 있었고, 많은 식량을 생산해 이것을 도시에 팔기 시작했다.

나머지 한 견해는 이 사실을 더욱 장기적인 관점에서 바라본 것이었다. 즉, 농민층을 회유하면 러시아가 가혹한 세계에서 살아남는 데 필요한 산업화가 지연된다는 것이다. 따라서 이 견해를 지지하는 자들에 따르면, 정당은 도시의 혁명적인 투쟁자들에게 의존하고 여전히 볼셰비키화되지 않은 농민들을 이용하는 반면, 산업화를 추진하고 해외에서 혁명을 부추겨야 한다고 했다. 이 견해는 공산당 지도자였던 트로츠키가 지지했던 것이다.

스탈린과 산업화

트로츠키는 권력에서 밀려났으나 그의 견해는 널리 영향력을 미쳤다. 복잡하게 얽힌 정당의 정치적 상황 속에서 결국에는 당원이었던 조셉 스탈린이 권력을 장악하게 되었다. 그는 레닌이나 트로츠키보다 지적 수준이 상당히 떨어졌으나, 그들과 마찬가지로 무모했고 역사적으로는 더욱 중요한 인물이었다.

스탈린은 적들에게 하듯 과거의 동료나 볼셰비키 당원들에게 거침없이 권력을 휘둘러 서서히 자신을 무장했다. 그와 동시에 볼셰비키당이 이미 정권을 잡아 그 길을 열어 놓았던 실질적인 러시아의 혁명을 진행시켰고,

유리 피메노프의 '새로운 모스크바'라는 이 작품은 스탈린 통치하의 소비에트 연방의 모습을 상당히 경쾌하게 그려내고 있다. 사실 1930년대에는 스탈린의 대숙청에 의해 다수의 공산주의자들을 포함한 수백만 명의 소비에트 시민들이 투옥되거나 처형당했다.

1936년 제8차 소비에트당 대회 대표단의 모습. 앞줄 맨 왼쪽에서부터 다섯 번째에 앉은 자가 조셉 스탈린이다. 앞줄의 맨 왼쪽은 그로부터 20년 후에 스탈린의 행위를 비난했던 니키타 후루시초프며, 맨 오른쪽은 1937년에 스탈린 대숙청의 희생양이 되었던 미하일 투하체프스키다.

새로운 러시아의 기반이 될 새로운 엘리트층을 형성했다.

스탈린은 산업화를 가장 중시했다. 그는 농민들에게 강제로 산업화의 비용을 부담시키는 방법을 찾아야 했다. 그리하여 1928년부터 두 차례의 '5개년 계획'을 통해 산업화를 추진했는데, 이 계획에 따라 농민들은 집단 농장에서 곡식을 수확해야 했다.

그의 정당은 최초로 농촌 지방을 정복하게 되었다. 새로운 내전 속에서 수백만 명의 농민들이 목숨을 잃거나 추방당했고, 곡물을 강제 징수하는 바람에 다시금 기근이 찾아왔다. 도시에는 식량이 공급되었으나 경찰 당국은 이마저도 최소로 유지했다. 실질 임금 역시 하락했다. 그러나 1937년이 되자 1928년 이후 건설된 공장들에서 러시아 산업 생산량의 80%를 만들어 내게 되었다. 이로써 러시아는 다시 한 번 강대국이 되었고, 이러한 성과만으로도 스탈린은 역사 속에서 입지를 굳힐 수 있었다.

그러나 그에 따른 고통은 엄청났다. 농민들을 집단 농장으로 몰아넣기 위해 정부는 역사상 그 유례를 찾아볼 수 없는 잔학한 행위를 일삼았고, 이를 계기로 러시아는 과거의 독재주의 시절보다도 더욱 효율적인 전체주의 국가가 되었다.

스탈린은 원래 동유럽의 그루지야인이지만 완전히 러시아 사람처럼 보였고, 이반 4세나 표트르 대제처럼 무모하게 권력을 휘둘렀던 독재자였다. 또한 그는 사회의 경제 구조는 그 사회의 정치를 결정한다는 마르크스주의를 어느 면에서는 모순적으로 지지한 자였다. 스탈린은 정확하게 이 이론을 거꾸로 뒤집었다. 따라서 그는 정치적 권력을 사용할 의지가 있다면 경제적인 하부 구조는 힘에 의해 혁명을 일으킬 수 있다고 믿었다.

이탈리아의 파시즘

자유주의적 자본 사회를 비판했던 자들은 사회가 진보를 이룩하고 문화적, 윤리적 삶에 활기를 불어넣을 수 있는 국가로 소비에트 체제의 러시아를 꼽곤 했다. 이들은 러시아를 상당히 낙관적으로 바라보고 있었다. 그러나 서양 문명에 실망한 이들에게 제시된 본보기는 러시아뿐만이 아니었다.

1920년대에 이탈리아에서는 파시즘이라 불리는 운동이 등장했다. 그리고 후에는 다른 국가에서 일어난, 파시즘과 막연하게 관련이 있는 다른 급진적인 운동들 역시 자유주의와 마르크스주의를 거부하는 공통점이 있을 경우에는 모두 파시즘으로 불리게 되었다.

제1차 세계 대전은 입헌주의 국가인 이탈리아에 큰 타격을 입혔다. 1914년에 이탈리아는 당시의 강대국들보다 부유하지 않았는데도 전쟁에서 어마어마하게 큰 부담을 떠안았다. 게다가 전투에서 패하는 경우가 많았으며 많은 전투가 이탈리아 영토 내에서 이루어졌다. 더욱이 전쟁이 계속되면서 이탈리아에서는 불평등 문제로 사회적 대립이 더욱 심해졌다.

전쟁이 끝나고 평화가 찾아오자 인플레이션 현상은 빠른 속도로 심화되었다. 농업과 산업 분야의 재산 소유자, 즉 유산자들과 노동력이 부족한 덕분에 높은 임금을 받았던 자들은 투자나 고정 수입에 의존하는 계층이나 중산층보다 인플레이션으로 인한 피해가 덜했다. 그러나 이들은 대부분 1870년 이탈리아의 통일을 가장 열렬하게 지지하던 자들이었다. 이들은 보수적인 로마 가톨릭 교회와 혁명적인 사회주의자들의 반대 속에서도 입헌주의 자

이탈리아와 독일의 파시즘

파시즘은 1919년 이탈리아에서 베니토 무솔리니가 창시한 정치적 운동이다. 이 운동은 제1, 2차 세계 대전 당시 유럽을 크게 변화시켰다. 당시에는 이탈리아 파시즘의 영향을 받은 정당이 몇 개 생겨났는데, 이 중에는 독일 국가 사회주의 노동당도 있었다. 이탈리아의 파시스트들과 다른 국가의 유사한 정당들은 당시 존재하던 모든 기타 정치 운동을 배척해야 한다고 주장했다. 이들은 보수적인 우파 정당과 제휴를 맺는 경우도 많았으나, 자유주의와 사회주의에 반대했고 공산주의에 크게 반기를 들었으며 어느 정도는 반보수주의 성향도 지니고 있었다.

이탈리아 및 독일 파시스트들의 목표는 경제적, 사회적, 문화적 사안에 간섭할 수 있는 민족주의적 권위주의 국가를 수립하는 것이었다. 이들은 투쟁을 통해 영토를 확장하려 했다. 이들은 공격적이고 세속적이었으며 젊음, 남성다움, 전쟁을 미화했다. 또한 교묘하게 인물을 우상시함으로써 카리스마적인 지도자에게 경의를 표했다.

독일과 이탈리아의 제2차 세계 대전 패배와 그들의 파시스트 정권이 행했던 잔학 행위에 대한 기억은 전쟁 이전에 파시즘이 누렸던 위신을 완전히 무너뜨렸다. 그러나 몇몇 유럽 국가에서는 청년 실업이 점차 늘어나면서 파시스트와 성격이 유사한 네오파시즘 운동이 나타났다.

베니토 무솔리니(1883~1945)(왼쪽)와 제1차 세계 대전 말에 초강경 민족주의를 적극적으로 옹호했던 작가인 가브리엘레 단눈치오.

유 국가를 유지시켜 왔다.

이들은 1915년 이탈리아의 제1차 세계 대전 참전을 '리소르지멘토'의 확장이라고 여겼다. 리소르지멘토는 이탈리아를 하나의 국가로 통일하려던 19세기의 투쟁으로, 이탈리아 혈통이거나 이탈리아어를 사용했던 자들이 살던 지역에서 오스트리아를 몰아내려 했던 운동이었다. 모든 민족주의와 마찬가지로, 이 운동 역시 혼란스럽고 비과학적이었으나 그 영향력만큼은 대단했다.

후에 평화가 찾아오자 이탈리아 국민들은 실망했고 환상에서 깨어났다. 그리고 민족주의가 가져다준 허망한 꿈들은 실현되지 못한 채 남아 있었다. 게다가 전쟁 직후 경제적 위기가 깊어지자 사회주의자들은 의회에서 더욱 거센 목소리를 내기 시작했다. 러시아에 혁명적인 사회주의 정부가 존재하는 시점에서 이들은 더욱 위협적이었다. 이러한 상황 속에서 실망과 두려움을 안은 채 사회주의자들의 반 민족주의에 지친 많은 이탈리아인들은 자유로운 의회주의에서 벗어나 이탈리아가 좌절을 극복할 수 있는 길을 찾기 시작했다.

이탈리아인들은 국내의 격렬한 반마르크스주의와 해외의 비타협적인 민족주의에 공감했다. 후자에 대한 예로, 파리강화회의에서 이탈리아가 얻지 못했던 피우메의 아드리아 해 항구를 점령한 어느 모험가가 큰 반응을 얻기도 했다. 어쨌든 반마르크스주의는 로마 가톨릭 국가에서 매력적인 존재일 수밖에 없었다. 그러나 보수적인 전통 교회에서만 마르크스주의에 반대하는 새로운 지도자가 생겨난 것은 아니었다.

베니토 무솔리니

1919년이 되자, 저널리스트이자 재향 군인이며 전쟁 전에는 과격한 사회주의자였던 베니토 무솔리니가 '전투자 동맹'이라는 뜻의

1922년 '로마 진군' 당시 무솔리니가 파시스트 군사들의 선두를 이끌고 있는 모습. 그러나 실제로 그는 로마까지 진군하기는커녕 편안하게 기차를 타고 그의 추종자들보다 먼저 그곳에 도착해 있었다.

'파시 디 콤바티멘토'를 결성했다. 이 조직은 모든 수단을 동원하여 권력을 추구하는 것을 목적으로 했다. 그중에서도 젊은 폭도 집단들은 처음에는 사회주의자와 노동 계급의 기관을, 그리고 후에는 선출된 권력 기구를 겨냥해 폭력을 행사했다.

이러한 움직임은 널리 확산되었다. 이탈리아의 입헌 정치가들은 이 운동을 진압하지도, 회유하지도 못했다. 이 운동의 지지자를 뜻하는 파시스트들은 곧 지방 관리와 경찰로부터 공식적 혹은 준공식적인 비호와 보호를 받게 되었다. 또한 조직적인 폭력이 거의 공식적으로 인정되었다.

1922년에 파시스트들은 중요한 선거에서 승리를 거두었고, 일부 지역에서 사회주의자나 공산주의자 등의 정치적 반대 세력을 위협하여 사실상 정부를 마비시켰다. 같은 해에 다른 정치가들이 파시즘의 도전을 제압하는 데 실패하자, 결국 이탈리아의 국왕은 무솔리니에게 내각을 구성할 것을 요청했다.

이에 무솔리니는 연립 정권을 구성했고 폭

력 사태는 중단되었다. 이는 후대의 파시즘 신화에서 '로마 진군'으로 불리는 사건이었으나, 이로써 이탈리아의 입헌주의가 곧바로 끝난 건 아니었다. 무솔리니는 서서히 1당 독재 체제를 형성해 나갔다. 그는 1926년에 파시스트당을 제외한 모든 정당을 불법화했고 선거를 중지시켰다. 이에 큰 반대는 없었다.

파시스트 정부

무솔리니의 새로운 정권은 테러리즘에 뿌리를 두었고 자유주의의 이상을 노골적으로 비난했다. 그러나 그의 통치는 전체주의에는 크게 못 미쳤고, 그가 이따금 감탄조로 이야기하던 러시아의 통치보다 잔인하지 않았다. 그는 분명 혁명적인 변화를 향한 야심이 있었고, 그의 추종자들 중에는 그보다 더 큰 야심을 품고 있는 자들도 꽤 있었다. 그러나 실제로 혁명은 선전 활동에 그치는 경우가 대부분이었다.

그가 이끈 운동 뒤에 실질적인 급진주의의 압력이 존재했던 것과 마찬가지로, 그의 혁명 뒤에는 자신을 배제시켰다고 생각한 기성 사회에 대한 그만의 신경질적인 조바심이 존재했다. 이탈리아의 파시즘은 이론과 실제가 좀처럼 일치하지 않았고, 오히려 기성 사회의 권력을 반영하기 시작했다.

이에 관련해 가장 주목할 만한 사건으로, 무솔리니는 교황과 외교 협정을 체결했다. 이 협약에서 이탈리아는 바티칸 시국에 대한 교황의 주권을 인정했고, 그 대가로 교황은 최초로 이탈리아를 공식 국가로 인정했다. 파시즘의 혁명적인 수사법에도 불구하고, 1929년에 체결된 라테란 조약은 이탈리아에서 가장 거대한 보수 세력에 대한 양보였다. 이에 대해 교황은 '우리는 이탈리아에 신을 다시 주었고, 신에게 이탈리아를 다시 주었다.'라고 말했다.

한편 파시즘이 자유 기업을 비판한 것은 이 조약의 체결만큼 혁명적이지 못했다. 그 결과

> ### 무솔리니의 파시스트 독트린
>
> '무엇보다도 파시즘은…… 영구적인 평화의 가능성과 효용성을 모두 믿지 않는다.…… 오직 전쟁만이 인간의 힘을 최고조에 이르게 하고 이에 맞설 수 있는 용기를 지닌 자들에게 고귀함을 부여한다.'
>
> '이러한 삶에 대한 개념은 파시즘이 역사에 대한 물질적 개념인 소위 과학적인 마르크스 사회주의에 전적으로 반대하게끔 한다.…… 파시즘은 언제나 신성함과 영웅적 행위를 옹호한다. 다시 말해, 파시즘은 직·간접적 경제적 동기의 영향을 받지 않는 행위를 지지한다는 이야기다.…… 파시즘은 인간을 동물의 수준으로 전락시킬 수 있는, 복지와 행복이 동등한 평형 상태를 부정한다.'
>
> '파시즘은 사회주의는 물론 민주주의 이데올로기의 복잡한 체제 전반에 맞서 투쟁한다.…… 파시즘은 단순히 수가 많다는 이유로 다수가 인간 사회를 이끌 수 있다는 사실에 반대한다.…… 파시즘은 인류에게 유익하고 유리한 불변의 불평등을 긍정한다.'
>
> '파시즘은 국가에 대한 개념에 바탕을 두고 있다. 파시즘은 모든 개인과 집단을 상대적인 존재로 보는 반면 국가를 절대적인 존재로 간주한다.'
>
> 1932년 베니토 무솔리니의 『파시스트 독트린』 중에서 발췌

1929년 무솔리니(오른쪽)가 지켜보는 가운데 가스파리 추기경이 라테란 조약에 서명하고 있다.

174 유럽의 제국들

개인의 이해관계는 국가에 종속되었고, 노동조합은 결국 회원들의 권익을 보호할 권리를 잃게 되었다. 또한 고용주들은 별다른 제약 없이 자유를 누렸고, 파시스트 정부의 경제 계획은 조롱의 대상이 되었다. 오직 농업 생산량만 눈에 띄게 늘어났을 뿐이었다.

기타 유럽 지역의 권위주의

파시즘이라 불렸던 다른 국가의 운동들 역시 표현 방식 및 야심과 그 실제 사이에 확연한 차이가 있었다. 새롭고 탈자유주의적인 부분을 반영했지만, 실제로 이러한 운동은 보수적인 권위와 불명예스럽게 타협하는 경우가 많았다. 이 점 때문에 이들 운동은 '파시즘'이라 부를 수 없었다.

많은 국가에서는 권위주의적이며 심지어 전체주의적인 야심을 품기도 했던 정권들이 등장했는데, 이들은 지극히 민족주의적이고 반 마르크스주의적이었다. 그러나 이러한 사상이 무조건 파시즘에서 비롯된 것이라고는 할 수 없었다. 한 예로, 포르투갈과 스페인에서 등장했던 정부는 새로운 대중 정치가 아닌 전통적인 보수 세력에 의존한 체제였다.

한편 대중 정치로 떠오른 세력 중에서 파시스트에 속했던 진정한 급진주의자들은 기존의 사회 질서와 타협하는 일에 불만을 품는 경우가 많았다. 결국 독일에서만 몇몇 사람들이 '파시즘'이라 불렸던 운동이 일어나 보수주의를 무너뜨리는 역사적인 혁명을 일으켰다. 이러한 이유에서 파시즘이란 명칭은 명확하게 정의하기 어려운 경우가 더러 있었다.

좌절된 민주주의

1918년부터 1920년에 걸쳐 나타났던 두 가지 현상은 단순히 구분하는 편이 좋을 듯하다. 그중 한 가지 현상은 영국과 프랑스 같은 선진 민주주의 국가에서조차 새롭고 급진적인 정치를 추구하는 사상가와 활동가들이 등장했다는 점이었다. 또한 이들은 이상주의와 의지력, 희생 같은 개념을 강조했다. 게다가 기득권을 고려하거나 유물론에 타협하는 일 없이 새롭게 사회와 국가를 재건하길 기대하기도 했다.

이러한 현상은 널리 확산되긴 했으나, 이탈리아와 독일 두 국가에서만 승리를 거두었다. 독일에서는 1933년이 돼서야 그 성과가 나타났으나, 여하튼 두 국가 모두 성공할 수 있었던 요인은 경제의 붕괴, 거센 민족주의, 반마르크스주의였다. 그리고 이 모든 현상을 두루 표현할 수 있는 단어는 파시즘일

무솔리니와 최고 군사 측근들의 모습. 제2차 세계 대전의 참전을 결정한 그는 그 자신과 그의 정권에 치명적인 결과를 초래했다.

미크로스 호르티(1868~1957) 장군은 1920년부터 1944년까지 헝가리의 국가 원수였고, 1919년에 벨라 쿤의 공산 정권을 몰아냈던 군대를 지휘한 바 있었다. 그의 정권은 제1, 2차 세계 대전 사이에 유럽에서 등장했던 많은 보수주의 독재 체제 중 하나였다.

것이다.

그러나 대개 경제 수준이 낮았던 다른 국가들, 특히 동부 유럽에서는 이를 파시스트 정권이라기보다는 권위주의 정권이라 부르는 편이 나을 것이다. 이곳의 많은 농민들은 파리강화조약으로 인해 고통을 겪었다. 게다가 여러 소수 민족들은 국가에 위협을 가하기도 했다.

많은 신생 국가에서 자유주의적인 제도는 표면적이었고, 전통적이고 보수적인 사회적, 종교적 세력은 여전히 위세를 떨쳤다. 경제적 여건이 비슷했던 라틴아메리카와 마찬가지로, 겉모습뿐인 이들의 입헌주의는 얼마 지나지 않아 권력자와 군인들의 통치에 타협하는 경향을 보였다. 1939년 이전의 신생 발트해 국가들, 폴란드, 체코슬로바키아를 제외한 오스트리아-헝가리 제국의 후속 국가들의 경우가 이에 해당했다. 한편 체코슬로바키아는 중부 유럽 혹은 발칸 반도에서 가장 효율적인 민주 국가였다.

이들 국가가 보수 세력에 의존해야 했던 사실은 1918년에 그들이 정치적 성숙에 걸었던 기대가 비현실적이었으며, 특히 러시아 국경에서 가장 뚜렷했던 마르크스 공산주의에 대한 두려움이 새롭게 나타났다는 점을 말해 준다. 물론 정도는 덜했지만, 이러한 압력은 전통적인 보수주의가 우세하고 가톨릭의 사회적 사고가 파시즘보다 중요했던 스페인과 포르투갈에서도 나타났다.

경제의 회복

전쟁 동안 민주주의의 실패는 고르게 나타나지 않았다. 1920년대에 나쁘게 시작된 경제는 후에 러시아를 제외한 대부분의 유럽 국가에서 서서히 회복되기 시작했다. 그리하여 1925년에서 1929년까지는 전반적으로 순조롭게 돌아갔다. 이러한 상황 속에서 신생 민주 국가의 정치적 미래에 대한 낙관주의가 생겨났다.

각국의 통화는 심각한 인플레이션을 극복했고 안정세에 들어섰다. 또한 많은 국가들이 다시 금본위 제도를 채택했는데, 이 일은 1914년 이전의 시대가 돌아왔다는 확신을 보여 주는 증거였다. 한편 1925년에는 유럽의 식료품과 원자재 생산량이 최초로 1913년의 수준을 넘어섰고, 제조업 분야 역시 회복세

▶ 미구엘 프리모 데 리베라(1870~1930) 장군은 왕과 군대의 도움으로 1923년에 스페인에서 군사 쿠데타를 일으켰다. 그는 군대의 지지를 잃어 사임했던 1930년까지 스페인에서 독재 정치를 행했다.

1928년에서 1951년까지 포르투갈 공화국의 대통령이었던 카르모나 장군이 1941년에 열광하는 관중 앞에 서 있는 모습. 그의 옆에 있는 자는 안토니우 드 올리베이라 살라자르로, 1932년에서 1968년까지 포르투갈의 총리를 역임한 진정한 독재자였다.

를 보였다. 세계의 무역이 활기를 되찾고 이제는 자본 수출국이 된 미국이 실시한 대규모 투자 덕분에, 유럽은 1954년이 될 때까지는 결코 다시 이룰 수 없었던 무역량을 1929년에 달성했다.

독일의 경제적 취약점

그러나 1920년대의 호황 이후 경제가 붕괴되었다. 불안정한 토대 위에서 경제 회복이 이루어졌기 때문이다. 갑작스레 위기가 찾아오자 그동안 누렸던 번영은 순식간에 무너지기 시작했다. 경제 위기는 유럽에서 전 세계로 퍼져 나갔고 이 일은 제1, 2차 세계 대전 사이에 벌어진 가장 중대한 사건이었다.

복잡했지만 상당히 효율적이었던 1914년의 경제 체제는 사실상 복구할 수 없을 정도로 파괴되었다. 전쟁 직후 경제에 대한 통제가 크게 강화되자, 국제 교역 역시 제재를 받게 되었다. 신흥 국가들은 관세와 외국환 관리를 통해 아직 초기 단계에 머물러 있는 자국의 경제를 보호하려 했고, 그보다 오래된 선진국들은 쇠약해진 자국의 경제를 복구시키려 애썼다.

베르사유 조약은 유럽의 산업 국가 중 가장 중요한 존재였던 독일에 배상금을 비롯하여 무거운 부담을 지움으로써 상황을 더욱 악화시켰다. 이 조약은 독일의 경제를 왜곡하고 수년 동안 독일의 경제 회복을 지연시켰을 뿐만 아니라 경제를 위한 원동력마저 앗아갔다. 동쪽으로는 독일의 가장 큰 잠재 시장이었던 러시아가 무역이 거의 이루어질 수 없는 경제적 국경을 두고 고립된 상태에 있었다. 독일의 이권이 걸린 또 다른 지역인 다뉴브 지방과 발칸 반도에서도 분열과 빈곤이 심화되었다.

이러한 어려움은 미국의 자본을 통해 일시적이나마 극복할 수 있었다. 물론 미국은 유럽의 상품은 구매하지 않고 자국의 관세 장벽 뒤에 숨은 채, 자국의 자본을 기꺼이 제공하려 했다. 이렇게 되자 세계는 미국의 계속

제1차 세계 대전에서 패한 독일이 적군이었던 프랑스에 대한 배상의 차원으로 제공한 코크스를 운반하고 있는 프랑스의 병사.

된 번영에 의존하는 위험한 상황에 처하게 되었다.

미국의 활황과 불황

1920년대에 미국은 세계 석탄의 약 40% 및 세계 제조품의 절반 이상을 생산했다. 전쟁으로 수요가 증가해 미국이 풍요를 누리게 되자, 미국인들의 삶은 크게 변화했다. 이들은 세계 최초로 가정에 자동차를 소유할 수 있게 되었다. 유감스럽게도 미국 내부의 번영은 세계의 경제에 의지하고 있었다. 미국은 이러한 번영을 토대로 자본을 수출했던 것이다. 이 점 때문에, 미국 경제의 주기 변동은 세계를 경제적 재난으로 몰아넣었다.

1928년에 미국에서는 단기 자본을 구하기가 어려워졌다. 게다가 오랜 기간 지속되었던 호황 역시 끝날 조짐을 보이기 시작했다. 이러한 요인 때문에 미국은 유럽으로부터 자국의 대부금을 회수했고, 그 결과 유럽의 차용자들은 어려움에 처했다. 한편 미국에서는 경제가 크게 쇠퇴할지도 모른다는 생각이 소비자들 사이에 퍼져 수요가 점차 줄어들었다.

그러던 중 뜻하지 않게 1929년 10월에 주식 시장이 대폭락했다. 후에 주가가 일시적으로 반등했고 대규모 은행가들이 신뢰를 회복하기 위해 주식을 구매했지만 별 소용이 없었다. 이 일대 위기는 미국의 사업적 확신과 해외 투자의 시대가 끝났음을 의미했다. 1930년에 마지막으로 주가가 잠시 반등한 이후 미국의 해외 투자는 완전히 중단되고 말았다. 그리고 세계의 불황이 시작되었다.

세계 경제의 붕괴

미국의 해외 투자가 중단되자 경제 역시 성장을 멈췄다. 그러나 또 다른 현상이 나타나 대공황 사태를 더욱 극단으로 몰고 갔다. 다시 말해, 채무국들이 자국의 재정을 관리하기 위해 수입을 줄인 것이다. 그 결과, 세계의 가격이 하락함으로써 1차 상품을 생산하던 국가들이 해외에서 구매할 수 없게 되었다.

또한 사태의 중심에서 미국과 유럽은 금융 위기로 빠져들었다. 여러 국가들은 금본위 제도에 맞추어 자국의 통화 가치를 일정하게 유지하려고 힘겹게 애쓰는 한편, 재정을 관리하기 위해 디플레이션 정책을 도입했다. 그러나 이는 또다시 수요를 감소시켰다. 1933년에는 프랑스를 제외한 모든 주요국이 금본위 제도를 폐지한 상태였다.

이러한 사실은 자유주의 경제라는 과거의 우상이 몰락했음을 상징적으로 나타냈다. 실제로 산업 세계에서는 실업 인구가 약 3,000만 명에 달했다. 또한 가장 최악의 해였던 1932년에 미국과 독일의 산업 생산 지표는 각각 1929년의 절반을 약간 웃도는 데 그쳤다.

이렇게 경제 불황의 여파는 무시무시한 기세로 퍼져 나갔다. 사람들의 생활 수준이 향상된 1920년대에 누리던 사회적 혜택은 사라졌다. 모든 국가가 실업 현상에 속수무책이었다. 실업 문제는 미국과 독일에서 가장 심각했으나, 전 세계의 1차 생산자들이 살고 있

1929년 주식 시장이 붕괴했다는 소식에 뉴욕의 월 스트리트에 있는 재무성 건물에 몰려든 두려움에 질린 미국 시민들.

주식 시장이 붕괴하기 한 해 전인 1928년의 미국 브로드웨이의 모습. 미국과 유럽이 별다른 걱정 없이 상대적인 풍요를 누렸던 1920년대의 시대는 끝나 가고 있었다. 전 세계가 또 한 차례의 참혹한 전쟁 준비에 돌입하자 이렇듯 평탄했던 시절은 먼 과거 속의 기억이 되고 말았다.

는 마을과 농촌에도 보이지 않는 형태로 도사리고 있었다. 1929년에서 1932년 사이에 미국의 국민 소득은 38% 하락했다. 제조품의 가격 역시 이와 마찬가지로 38% 하락했고, 원자재의 가격은 56%, 식료품의 가격은 48% 하락했다.

따라서 후진국과 더불어 경제 선진국 중에서도 빈곤한 지역은 말할 수 없이 큰 고통을 겪었다. 그러나 언제나 그런 것은 아니었을지도 모른다. 이들에게는 잃을 것이 별로 없었기 때문이다. 언제나 빈곤에 허덕였던 동부 유럽이나 아르헨티나의 농민들은 더 이상 나빠질 수도 없었던 반면, 일자리를 잃은 독일의 사무원이나 공장 직원은 상대적으로 더욱 고통을 겪었다.

유럽 패권의 쇠퇴

제2차 세계 대전이 일어나기 전까지는 세계 경제가 회복되지 못했다. 국가들은 너도나도 관세 장벽을 내세워 자국을 고립시켰고, 일부 국가에서는 정부가 경제에 대한 통제를 강화하여 경제적 자급을 이루려 노력했다. 국가들은 저마다 얼마간의 성과를 거두기도 하고, 실패하기도 했다.

이러한 경제적 공황은 자유주의 문명의 붕괴를 기대하거나 지지했던 공산주의자나 파시스트들에게는 둘도 없이 좋은 혁명의 배경이 되었다. 이들은 이제 힘을 쓰지 못하게 된 체제를 향해 기대에 찬 어조로 떠들어 대기

대공황 당시 미국의 한 무료 식당의 직원이 빈민들에게 무료로 나눠 줄 음식을 담고 있는 모습.

시작했다.

금본위 제도와 경제 비간섭주의의 종말은 경제적 측면에서 세계 질서가 붕괴했음을 의미했다. 이는 전체주의 정권과 파괴적이고 극단적인 민족주의의 등장이 정치적 측면에서 세계 질서가 붕괴했음을 보여 준 것과 마찬가지로 뚜렷한 현상이었다. 끔찍하게도, 자유주의 문명은 상황을 통제할 수 있는 능력을 상실했다.

그러나 많은 유럽인들은 이러한 현실을 깨닫지 못했고, 유럽의 문명이 무한한 권력을 누리던 시대가 돌아오기를 여전히 꿈꿨다. 이들은 유럽 문명의 가치관이 잠시 위세를 떨쳤으나 이미 세계 곳곳에서 눈에 띄게 쇠약해진 정치적, 경제적 패권에 의존했다는 사실을 잊고 있었다.

연대표(1800~1925년)

1807년
영국의 노예 매매 금지

1810~1822년
라틴아메리카의 해방

1805년 | 1810년

1825년
최초의 증기 기관차 철도 가동

1827년
옴의 법칙

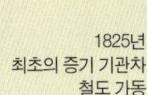

프랑스는 1830년에 알제리를 정복하기 시작하여 1839년에 이를 완료했다. 당시 모습을 담은 이 그림은 1834년에 그려진 '아랍 지도자들의 평의회 회의'라는 작품이다.
알제리의 아랍 지도자들

1825년 | 1830년

1831년
패러데이의 전자기 유도의 법칙

1846년
모튼의 마취술 발명

1847년
호의 윤전식 인쇄기 발명

1848년
유럽의 혁명

1850~1864년
중국의 태평천국운동

1845년 | 1850년

1864년
사회주의 제1인터내셔널 창설

1867년
오스트리아 헝가리제국의 이중 제국 설립

1869년 11월 17일 수에즈 운하 개통식에 이루어진 최초의 항해. 수에즈 운하는 유럽과 아시아 간의 항해 시간을 극적으로 단축했다.
수에즈 운하

1865년 | 1870년

1868년
일본의 메이지 유신

1870~1871년
프로이센 프랑스 전쟁

1871년
독일의 통일

프랑스의 화가 폴 고갱(1848~1903)은 1891년에 타히티에 정착했고 이와 같이 섬의 여인들을 작품으로 그려냈다.
해변의 여인들, 타히티에서

1884~1885년
아프리카 분할에 대한 베를린 회의 개최

1885년
인도 국민회의 결성

1885년 | 1890년

1889년
사회주의 제2인터내셔널 창설

1893년
뉴질랜드의 여성 투표권 인정

1903년
최초의 비행기 발명

말을 타고 있는 여성을 형상화한 이 도기상은 1905년에 제작된 '자유'라는 작품이다. 이 작품의 역동성은 여성의 새로운 이상을 나타내고 있다.
도기상

1905년 | 1910년

1904~1905년
러일 전쟁

1905년
아인슈타인의 특수상대성 이론

1911~1912년
중국의 신해 혁명

러시아 혁명

| 1816년
아르헨티나의
독립 선언

| 1818년
인도가 영국의
자치령이 됨

1815년　　　　　　　　　　　　　　　　**1820년**

| 1815년
비엔나 조약

스페인에 승리를 거두고 난 후,
1819년에 독립 운동 지도자인
시몬 볼리바르(1783~1830)는
콜롬비아공화국의 대통령이 되었다.
시몬 볼리바르

| 1834년
영국 식민지에서
노예 제도 철폐

| 1839~1842년
제1차 아편 전쟁

| 1842년
중국이 서양에 문호 개방

1835년　　　　　　　　　　　　　　　　**1840년**

| 1939년
사진의 발명

찰스 다윈(1809~1882)은 1859년에 최초로
발간된 자신의 저서인 『종의 기원』에 제시한
진화 이론으로 생물체에 대한 개념에
혁명을 일으켰다.
찰스 다윈

| 1853~1856년
크림 전쟁

| 1861년
이탈리아의 통일

1855년　　　　　　　　　　　　　　　　**1860년**

| 1861~1865년
미국의 남북 전쟁

| 1876년
빅토리아 여왕이
인도의 여황 칭호를 부여받음

| 1878년
에디슨의
전기 백열등 발명

| 1882년
코호의
결핵균 발견

1875년　　　　　　　　　　　　　　　　**1880년**

1894년에 쑨원은 국가의 독립,
토지 개혁, 공화국의 설립을
추구하는 개혁 운동인
흥중회를 조직했다.
쑨원

| 1896년
마르코니의 무선 전신 발명

1899년에서 1900년까지 서양 국가들은
힘을 합쳐 중국의 의화단 운동을
진압하기 위해 노력했다.
그림 속에서 독일 선원이 의화단과
전투를 벌이고 있다.
중국의 의화단 운동

1895년　　　　　　　　　　　　　　　　**1900년**

| 1894~1895년
청일 전쟁

| 1895년
뤼미에르 형제의
시네마토그래프 발명

| 1899~1902년
보어 전쟁

| 1900년
플랑크의 양자론

1915년 제1차 세계 대전에서 작전을 수행 중인
MK V 탱크의 모습. 1914에서 1918년까지
계속된 이 전쟁으로 유럽에서는 전례 없는
규모의 사상자와 피해가 발생했다.
제1차 세계 대전 당시의 탱크

| 1920년
국제연맹의 창설

| 1922년
이탈리아
파시즘의 승리

1915년　　　　　　　　　　　　　　　　**1920년**

| 1917년
러시아 혁명

색인

ㄱ
가리발디 99
계몽전제주의 49, 55
곡물법 120
공산당 선언 166
과학주의 132
교황 세속권 124
국제연맹 162, 163
국제연합 163
굴랍 싱 94
그레고리력 85
그루지야인 171
금본위 제도 18

ㄴ
나탈 공화국 36
나폴레옹 26
나폴레옹 3세 120
나폴레옹 전쟁 26, 45
난징 조약 18
남북전쟁 123
네오파시즘 172
네코 2세 21

ㄷ
다르다넬스 해협 151
단눈치오 172
대륙 횡단 철도 34
도쿠가와 막부 81, 82, 83
독립 전쟁 26, 63
동인도 회사 47, 48, 49

ㄹ
라스카사스 47
라이베리아 58, 59
라테란 조약 174
라플라타 25
량치차오 77
러시아-프랑스 동맹 137
러일 전쟁 91, 111
레닌 154, 155, 168
레반트 54, 55
레오파드호 70
로마 진군 173
루디야드 키플링 56
루르드 오브 힌두이즘 49
루이 블레리오 130

리소르지멘토 149, 173

ㅁ
마디파 16, 59
마르크스 22, 133
마르크스주의 112, 113, 156
마오리족 34, 40, 41
마자르족 121
마치니 96, 99
마타벨레족 59
마하라자 94
마하트마 간디 38
막시밀리안 황제 29
매카트니 경 69, 70
먼로주의 26, 62, 65
메리 여왕 66
메스티소 30
메이지 유신 84, 85
메흐메트 알리 54
멕시코 혁명 31
무굴제국 48, 52
무균 수술법 128
무솔리니 173, 174
무정부주의 113
미쓰이 82
민족자결주의 161

ㅂ
바부 97
바수톨란드 36
바타비아공화국 105
바티칸 시국 174
반성직자주의 29, 125
발칸 반도 144
발칸 전쟁 147, 149
백호주의 24
범이슬람주의 100
베니토 후아레스 29
베르사유 조약 160
베를린 회의 143
베이비 킬러 152
벤담 133
변법자강운동 77
보복주의 122
보스니아 합병 144
보어 전쟁 36, 37, 38, 39
보어인 35, 36

볼셰비키 114, 154
볼테르 125
브레스트리토프스크 조약 155
블라디보스토크 89
비스마르크 120, 136, 144, 145
빅토리아 여왕 42, 46, 92
빌헬름 2세 149

ㅅ
사라예보 147
사레카트 이슬람 105
사모아 63
사쓰마번의 반란 87
3국 간섭 89
3국 동맹 전쟁 28
세포이 항쟁 51, 53
소비에트 154
수에즈 운하 20, 21
수정 마르크스주의 113
술탄 54, 102
슐리펜 계획 147, 148
스와라지 정신 98
슬라브인 144
슬럼 110
시모노세키 조약 89
시몬 볼리바르 27, 29
시암 왕국 93, 102
10월 혁명 154
시크교 50
식민지주의 41
신도 87
신해 혁명 68, 71
실증주의 133
쑨원 78, 79, 80

ㅇ
아라비아의 로렌스 151
아베 레이날 47
아보리진족 40, 41
아편 전쟁 18, 70, 71
안도 히로시게 82
안토니오 갈바오 65
알렉산더 1세 144
알렉산더 2세 137
알렌 옥타비아 홈 97
애덤 스미스 18
앤콘호 65

에르네스트 르낭 126
NEP 170
MK V 탱크 141
여성 참정권론자 118
영국-이집트 연합군 16
영일 동맹 89
예수의 생애 126
옌푸 78
오노레 드 발자크 111
오렌지 자유국 36, 38
오스트레일리아 연방 34
오스트리아 합스부르크 왕가 137
오스트리아–헝가리 제국 136, 137, 143
와이탕기 조약 34
와하브 운동 99
요하네스버그 37
워런 헤이스팅스 48
위안스카이 80, 81
윌슨 대통령 158
유물론 133
의화단 운동 78
인간의 유래 127
인도국민회의 97, 98
인도법 47
인형의 집 116

ㅈ

자바 전쟁 105
자연선택 128
자유 무역 18
장 조레스 114
재보장 조약 145
전자기 유도 법칙 128
제1차 세계 대전 136~181
제2인터내셔널 113, 114
제2차 세계 대전 141
제3공화국 103
제3인터내셔널 167
제국주의 45
조르주 클레망소 149
조지 5세 66, 100
조차권 77
존 스튜어트 밀 78, 96
존 F. 스티븐스 65
종의 기원 127
주정주의 120
줄루족 35

중국혁명동맹회 79
지질학 원리 126
진화론 127

ㅊ

찰스 다윈 127, 128
찰스 디킨스 111
청년 투르크당 143
청일 전쟁 76, 89

ㅋ

칼리프 59, 101
캉브레 전투 150
캉유웨이 77
캐나다 자치령 33, 34
케이프 식민지 35, 36
케츠와요 35
코르닐로프 157
코르테스 41
코민테른 167
코친차이나 102
콩트 133
크리올인 26
크림 전쟁 120

ㅌ

태평천국운동 73~76
텍사스 공화국 31
투하체프스키 171
트라팔가르 해전 26, 46
트란스발공화국 36, 37, 38
트로츠키 156

ㅍ

파나마 운하 32, 64, 65
파나마 회의 27
파나마공화국 65
파리 코뮌 145
파리강화회의 158~165
파샤 54
파스퇴르 131
파시 디 콤바티멘토 173
파시스트 독트린 174
파시즘 172~181
팍스 브리태니카 17
팔레스타인 151
패러데이 128

펀치 33, 134, 146
페닌술라레스 26
페르디난트 147
페르디낭 드 레셉스 21, 65
페리 제독 83
페미니즘 116
폴 크루거 36, 37
폴란드 회랑 160, 162
폴란드–러시아 전쟁 168
폴케반데링 25
프란츠 요제프 황제 136, 145
프랑스 혁명 전쟁 45
프랑스–프로이센 전쟁 85, 120, 122, 138
프롤레타리아 20
프리모 데 리베라 장군 176
플라시 전투 48
피트 총리 47

ㅎ

하와이공화국 63
헉슬리 133
헤레로족 59
호르티 장군 176
호엔촐레른가 157
홍씨우취엔 73, 74
후루시초프 171

도판 출처

이 책에 도판을 실을 수 있도록 허락해 주신 다음의 기관과 개인에게 감사드립니다.

설명

AGE: AGE Fotostock

AISA: Archivo Iconografico S.A.

AKG: AKG London

BAL: Bridgeman Art Library, London/ New York

BL: British Library, London

BN: Bibliothèque Nationale, Paris

ET: e.t. Archive, London

IWM: Imperial War Museum, London

JLC: Jean-Loup Charmet, Paris

V&A: London Victoria&Albert Museum 이사회의 허가를 받음

9 BL/ Oriental & India Office Collections. Mss Eurf. 111/270 No.35

10 Hulton Getty

12 AKG

13 AISA

14 AISA

15 AISA

16 AISA

17 위 AGE

17 아래 AISA

18 AGE

19 위 AISA/ Bibliothèque des Arts Décoratifs, Paris

19 아래 AISA

20 Popperfoto

21 Zardoya/ Camera Press Ltd. London

22 Hulton Getty

23 AISA

24 AISA

25 AISA

26 AISA/ Museo Nacional de Historia, Mexico

27 AISA

29 위 AISA/ Museo Municipal, Quito

29 아래 AISA

30 AISA

31 위 AISA/ Biblioteca de Ajuda, Lisbon

31 아래 AISA

32 BAL/ Private Collection

33 Punch Library, London

34 AISA

35 AISA

36 AISA

37 AISA

38 AISA

39 AGE

40 AGE

41 AGE

42 JLC

44 AISA

45 AISA

46 Zardoya/ Camera Press Ltd, London/ Bassano

47 위 AISA/ Bibliothèque des Arts Décoratifs, Paris

47 아래 AISA

48 AGE

49 AISA

50 AISA/ V&A

51 Hulton Getty

52 AISA/ BN

54 AISA/ Musée Condé, Chantilly

55 AISA

59 AISA

60 AISA

61 AISA/ Musée des Beaux-Arts, Orléans

62 AISA/ Musée d'Orsay, Paris

63 AISA

64 AISA

65 Popperfoto

66 Hulton Getty

68 AISA/ BN

69 AGE

70 AGE

71 AGE

74 ET/ Private Collection

75 AISA

76 AISA

77 AISA

78 AISA

79 위 AISA

79 아래 Zardoya

80 Popperfoto

81 AISA/ Museo d'Arte Orientale "Edoardo Chiossonè", Genova

82 AISA/ Museo d'Arte Orientale "Edoardo Chiossonè", Genova

83 AGE

84 AISA

86 AISA

87 Kyodo News, Tokyo

89 AISA

90 AISA

91 AISA/ Galerie de l'Imagerie, Paris

92 AISA

94 AISA/ V&A

95 AISA

96 AISA

98 BL/ Oriental & India Office Collections

100 AISA

102 AISA

103 AISA

104 Roger-Viollet

106 Roger-Viollet/ Branger

107 Roger-Viollet

108 Zardoya/ Camera Press Ltd, London

110 AISA/ Musée d'Orsay, Paris

112 위 Zardoya/ Camera Press Ltd, London

112 아래 AISA

113 AISA

114 BAL/ Giraudon/ Bibliothèque de l'Assemblée Nationale, Paris

115 Roger-Viollet/ Cap

116 AISA/ BN

117 AISA

118 AISA

119 Popperfoto

120 AISA

121 AISA

122 AGE

123 Zardoya/ Camera Press Ltd, London

124 AISA

125 AISA

127 Popperfoto

128 AISA/ Biblioteca Nacional, Madrid

130 AISA

131 AGE/ Science Photo Library/ JLC

132 AGE

134 Punch Library, London

136 AISA

137 AISA/ Musée National du Château de Versailles, Paris

138 ET

139 Popperfoto

140 Hulton Getty

141 ET/ IWM

142 ET

143 AGE

144 JLC

145 AISA

146 Hulton Getty

147 Zardoya/ Camera Press Ltd, London

149 위 AGE

149 아래 AGE

150 Zardoya/ Camera Press Ltd, London/ IWM

151 ET

152 AGE

153 Zardoya/ Camera Press Ltd, London/ IWM

154 AGE

155 BAL/ Novosti

156 위 Zardoya/ Camera Press Ltd, London

156 아래 AISA

157 AISA

159 ET/ Syndication International(Daily Mirror), London

160 위 Archive Photos/ Image Bank

160 아래 AISA

161 ET/ IWM

162 AISA

163 Popperfoto

164 Hulton Getty

165 AISA

166 AGE

169 Roger-Viollet/ Harlingue

170 AISA/ State Tretyakov Gallery, Moscow

171 Zardoya/ Camera Press Ltd, London

172 AGE

173 AISA

174 Roger-Viollet

175 Zardoya/ Camera Press Ltd, London

176 위 AGE

176 아래 Popperfoto

177 AISA

178 Hulton Getty

179 Archive Photos/ Image Bank

180 AGE

181 AGE

지도

지도 판권 ⓒ1998 Helicon/Debate(모든 지도)

문헌 판권

발행자은 이 책에 번역 내용과 판권 자료를 인쇄하도록 허락해주신 아래 분들에게 감사드립니다. 판권 소유자를 찾기 위해 최선의 노력을 하였으나 만일 빠진 분이 있다면 사과드리며, 알려주실 경우 장래의 재판에서 바로잡도록 하겠습니다.

56쪽에 수록된 루디야드 키플링의 『백인의 짐』 발췌 부분(Kyle Cathie 1990): 역사 명승·자연 경승지를 위한 내셔널트러스트(National Trust for Places of Historic Interest or National Beauty)를 대신하여 A. P. Watt Ltd의 허가로 인쇄했습니다.

168쪽에 수록된 블라디미르 일리치 레닌의 『좌익 공산주의의 소아병』(Bookmarks, 1993) 발췌 부분: Bookmarks의 허가로 인쇄했습니다.

히스토리카 세계사 8
- 유럽의 제국들

1판 1쇄 인쇄 | 2007. 10. 19
1판 1쇄 발행 | 2007. 10. 29

지은이 | J. M. 로버츠(J. M. Roberts)
옮긴이 | 이은경
펴낸이 | 김영곤
펴낸곳 | (주)이끌리오
본부장 | 정성진
기획책임 | 김성수, 박효진
편집책임 | 한세정, 오원실
마케팅 | 주명석, 허준영, 이시몬
영   업 | 윤지환, 최창규, 서재필, 도건홍, 정민영
표지 디자인 | 씨디자인

등록번호 | 제16-1646
등록일자 | 2000.04.10

주소 | 경기도 파주시 교하읍 문발리 파주출판문화정보산업단지 518-3(413-756)
전화 | 031-955-2403
팩스 | 031-955-2422
이메일 | eclio@book21.co.kr
홈페이지 | http://www.eclio.co.kr

ISBN 978-89-5877-052-7 04900
ISBN 978-89-5877-055-8(세트)

값 28,000원

이 책 내용의 일부 또는 전부를 재사용하려면 반드시 (주)이끌리오의 동의를 얻어야 합니다.
잘못 만들어진 책은 구입하신 서점에서 교환해드립니다.